Bill Irwin, 1940 geboren, studierte Chemie und Biologie, war National Education Director von Roche Biomedical Laboratories und arbeitete als Familienberater in North Carolina. Er ist Herausgeber des Newsletters »The Orient Express« und ist in der amerikanischen Öffentlichkeit durch seine Vorträge und Fernsehauftritte mit seinem Blindenhund Orient bekannt geworden.
Heute lebt Bill Irwin in Maine. Neben seiner schriftstellerischen Tätigkeit engagiert er sich für jugendliche Straftäter sowie für die Gesundheitsvorsorge im Land. Sein treuer Begleiter Orient starb 1997 und erhielt einen nicht weniger würdigen Nachfolger namens Bronnie.

David Mc Casland lebt in Colorado Springs und ist freier Journalist und Buchautor. Er hat Bill Irwin und Orient fünf Wochen von insgesamt neun Monaten auf dem Appalachian Trail begleitet und fotografiert.

Bill Irwin

Dunkle Nacht am hellen Tag

Ein Blinder auf dem Appalachian Trail

Aus dem Amerikanischen
von Angela Djuren

SIERRA

Die Deutsche Bibliothek – CIP-Einheitsaufnahme
Ein Titeldatensatz für diese Publikation ist bei
der Deutschen Bibliothek erhältlich

REISEN · MENSCHEN · ABENTEUER

Im Text ungekürzte Taschenbuchausgabe,
1. Auflage 2000
Sierra bei Frederking & Thaler Verlag, München
in der Verlagsgruppe Bertelsmann GmbH
www.frederking-und-thaler.de

Titel der Originalausgabe »Blind Courage«
Erschienen bei WRS Publishing, ein Unternehmen der WRS Group, Inc.
Titelfoto: Bill Greene, Boston Globe
2. Foto im Bildteil: Tom Reed, Stock South
Lektorat der überarbeiteten Taschenbuchausgabe:
Ariadne Buchkonzeption, München
Umschlaggestaltung: Atelier Bachmann & Seidel, Altötting
Produktion: Sebastian Strohmaier, München
Papier: Das Papier wurde aus chlorfrei gebleichtem Zellstoff hergestellt
ISBN 3-89405-099-3
Printed in Germany

Inhalt

Mein Appalachian Trail

① **Springer Mountain, Georgia:**
Die Reise beginnt, 8. März 1990

② **Hawk Mountain, Georgia:**
Bill und Orient kampieren in der Schutzhütte am Hawk Mountain

③ **Neel's Gap, Georgia:**
Bill reduziert sein Gepäck und bestellt neue Wanderschuhe

④ **Hog Pen Gap, Georgia:**
Bill übersteht eine Unterkühlung mit Hilfe zweier Wanderfreunde

⑤ **Hot Springs, North Carolina:**
Bill gönnt sich ein Wochenende, um auszuruhen und der Presse Interviews zu geben

⑥ **Erwin, Tennessee:**
Bill schlittert einen Bergabhang hinunter

⑦ **An der Grenze zwischen Tennessee und Virginia:**
Ein Bär versperrt den Wanderern den Weg

⑧ **Damascus, Virginia:**
Anna Vail stürzt und bricht sich das Bein

⑨ **Harper's Ferry, West Virginia:**
Der »Orient-Express« hat den psychologisch wichtigen Punkt erreicht, wo die Hälfte des Weges zurückgelegt ist

⑩ **Turner's Gap, Maryland:**
Bill und Orient verfehlen eine Schutzhütte und müssen die Nacht in einem Geröllfeld verbringen

⑪ **Duncannon, Pennsylvania:**
Orient wird zum zweiten Mal untersucht

⑫ **Ostpennsylvania:**
Bill stürzt auf felsigem Gelände und bricht sich eine Rippe

⑬ **Süd-New-York:**
Dreitägige Rast im Kloster Graymoor

⑭ **Silver Hill Cabin, Connecticut:**
Orient wird für einen Bären gehalten

⑮ **White Mountains, New Hampshire:**
Erbärmliches Leben im Fels bei Regen, Wind und Eiseskälte

⑯ **Mt. Katahdin, Maine:**
Bill besteigt den Mt. Katahdin

⑰ **Bigelow Mountain, Maine:**
Bill und Orient verbringen ein paar Tage allein in einer Rangerhütte

⑱ **Abol Bridge, Maine:**
Bill und Orient am Ziel

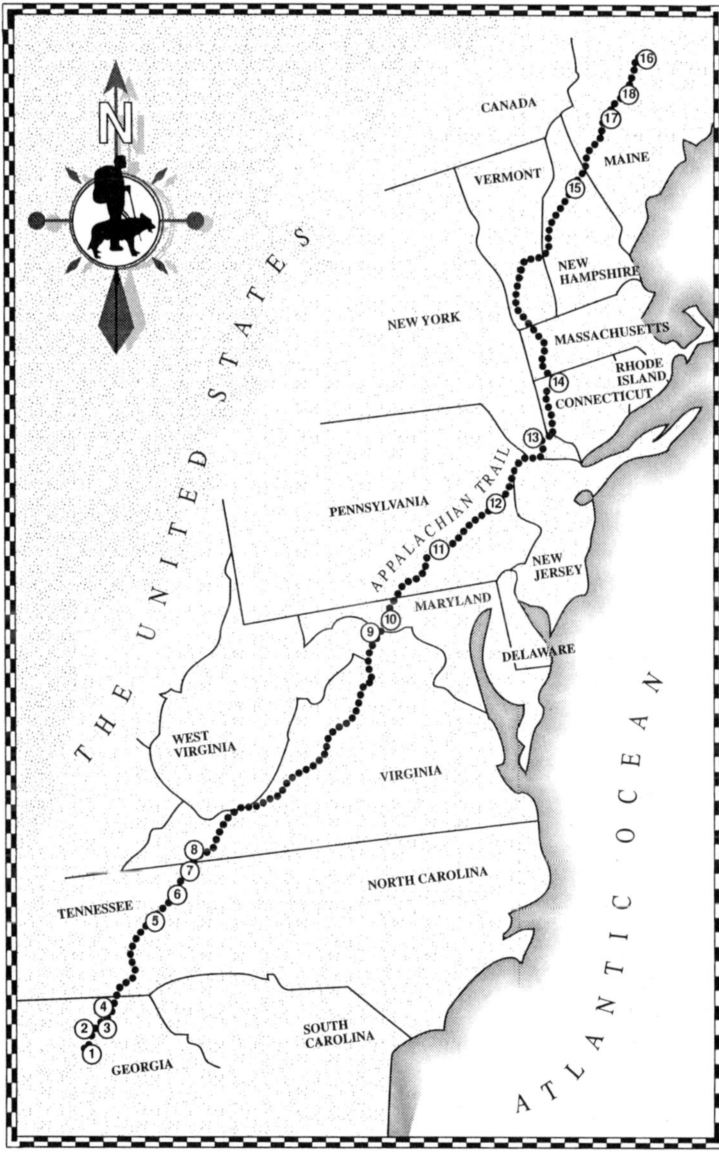

N
CANADA
MAINE
VERMONT
NEW HAMPSHIRE
NEW YORK
MASSACHUSETTS
RHODE ISLAND
CONNECTICUT
THE UNITED STATES
APPALACHIAN TRAIL
PENNSYLVANIA
NEW JERSEY
MARYLAND
DELAWARE
WEST VIRGINIA
VIRGINIA
NORTH CAROLINA
TENNESSEE
SOUTH CAROLINA
GEORGIA
ATLANTIC OCEAN
1
2
3
4
5
6
7
8
9
10
11
12
13
14
15
16
17
18

ORIENT

Vorwort

Ehe Sie mit der Lektüre dieses Buches anfangen, machen Sie bitte ein ganz einfaches Experiment: Gehen Sie mit geschlossenen Augen durch ein Ihnen vertrautes Zimmer. Obwohl Sie das Zimmer kennen, werden Sie irgendwo anstoßen. Wenn Sie sich jetzt vorstellen, Sie würden fast dreieinhalbtausend Kilometer mit geschlossenen Augen durch unbekanntes Gelände gehen, bekommen Sie einen Begriff von der ungeheuren Herausforderung, die der Appalachian Trail für Bill Irwin darstellte.

Ich traf Bill Irwin und seinen Blindenhund Orient zum ersten Mal auf dem Trail, fast durch Zufall – wenn ich auch weiß, daß Bill es nicht so nennen würde. Da mein Sohn David und ich während unseres Aufenthalts in Washington D. C. ein paar Tage Zeit hatten, beschloß ich, die Geschichte von dem blinden Mann, der den Appalachian Trail von Anfang bis Ende durchwanderte, auf ihren Wahrheitsgehalt zu überprüfen. Wie vielen anderen Zeitungslesern kam sie mir sehr unwahrscheinlich vor.

Wir parkten unseren Leihwagen an der Kreuzung des Trails mit einem Highway und beschlossen, den Trail eine Stunde lang in einer Richtung zu gehen. Wir wußten nur, daß Bill sich in einem Umkreis von dreißig Kilometern befinden mußte. Wenn wir Bill und Orient in dieser Zeit nicht über den Weg liefen, wollten wir die ganze Angelegenheit vergessen.

Wir waren noch keine zweihundert Meter gegangen, da trafen wir Bill und Orient schon. In den nächsten Stunden wurde mir sehr schnell klar, daß dieser Mann kein Scharlatan sein konnte. Einige Wochen später überzeugten wir Bill davon, daß er seine Geschichte veröffentlichen mußte, und dieses Buch ist das Resultat.

Wenn Sie Bills Geschichte gelesen haben, werden Sie ihn nie wieder vergessen.

Bill war ein »zorniger Mann« mittleren Alters mit wenig Zukunftsaussichten und noch weniger Freunden. Seine vier Ehen waren gescheitert. Er war Alkoholiker, rauchte fünf Schachteln Zigaretten am Tag, manipulierte seine Mitmenschen und nutzte sie aus.

Bei den seltenen Gelegenheiten, an denen er mit seinen Kindern zusammen war, machte er ihnen nur Vorschriften und hielt ihnen Standpauken und Predigten. Schließlich tat das ja auch sein strenger und herrischer Vater, wenn sie sich sahen – was nicht sehr oft vorkam.

Aber Bill hatte noch einen anderen Grund für seinen Zorn. Eine seltene Augenkrankheit hatte ihn erblinden lassen und in den besten Jahren seines Lebens einen verbitterten Mann aus ihm gemacht.

Doch damit ist die Geschichte nicht zu Ende. Konnte es nicht sein.

Denn Bill Irwin, der Abend für Abend bis zur Bewußtlosigkeit trank, dieser Mann, der keinen Blindenhund haben wollte, weil der ihn bei seinen amourösen Abenteuern nur stören würde, dieser Bill Irwin wurde ein Held. Heute ist er eine Inspirationsquelle für viele, ein vielgefragter Redner, ein Symbol der Hoffnung und des Stolzes für Millionen körperbehinderter Amerikaner.

Dieser Bill Irwin legte – zusammen mit Orient – den gesamten Appalachian Trail zu Fuß zurück. Seine Triebfedern waren Glaube und Entschlossenheit. Er begann seine Wanderung im eisigen Märzregen der Berge Georgias und beendete sie in den Novemberblizzards der Berge von Maine.

Unterwegs entging er mehrmals mit knapper Not dem Tode, überlebte die Begegnung mit einem zähneknirschenden, aufdringlich neugierigen Bären und einer Horde gefräßiger Feldmäuse. Er brach sich die Rippen und fiel unzählige Male zu Boden. Er lernte unglaublich viele und unglaublich beeindruckende Menschen kennen, die das gleiche taten wie er. Der einzige Unterschied zwischen ihnen und ihm bestand darin, daß sie sehen konnten.

Die Geschichte von Bill Irwin ist für mich eine der faszinierendsten Geschichten, die das Leben jemals geschrieben hat. Wir haben es hier mit einem Mann zu tun, der körperlich behindert war, erfrorene Füße hatte (das war in seiner Jugend passiert, als er in eiskaltem Wasser auf Ölfeldern arbeitete) und das Wandern verabscheute – und der doch mehr als dreitausend Kilometer durch eins der wildesten Gebiete Nordamerikas gewandert ist.

Warum tat er das? Warum verbrachte er neun Monate auf dem Trail und zitterte vor Kälte in einem Wetterschutz oder in einem dünnen Zeltchen? Warum ertrug er aufgerissene Finger und blutende Knie, warum kroch er stundenlang durch ein Geröllfeld, das sehende Wanderer in wenigen Minuten überqueren?

Weil für Bill Irwin die Reise selbst genauso wichtig war wie das Ziel. Für ihn verkörperte der Appalachian Trail eine Suche. Aber eine Suche, deren reicher Lohn nicht in der Aussicht vom Gipfel des Mount Katahdin in Maine lag, sondern in jedem ersten Schritt, den er am Morgen tat, wenn er z. B. im August eine glühendheiße Schutzhütte irgendwo in Pennsylvania verließ. Oder wenn er zum tausendsten Mal irgendwo im Staate New York über eine Wurzel stolperte. Oder sein Feuer, seine Tafel Schokolade und seinen Glauben mit einem abgerissenen Wanderer irgendwo in Georgia teilte.

Für Bill Irwin war jeder Tag auf dem Appalachian Trail ein eingelöstes Verprechen.

Gott gegenüber.

Sich selbst gegenüber.

Den ungezählten hunderten und tausenden von Menschen gegenüber, die in ihren Zeitungen über ihn lasen oder die Interviews mit ihm im Fernsehen sahen.

Für Bill Irwin war jeder Schritt ein Sieg.

Aber lassen wir ihn selbst sprechen. Ich habe Ihnen nur die vagen Umrisse, das Skelett von *Dunkle Nacht am hellen Tag* gegeben. Auf den nächsten Seiten werden Sie eine Palette von einzigartigen Typen, aufregenden Abenteuern und überzeugenden Einsichten in das Leben kennenlernen.

Wayman R. Spence, M. D.
Vorsitzender WRS Publishing, 1992

Einleitung

Bill Irwins Geschichte ist nicht nur eine Geschichte des Glaubens und der Entschlossenheit, sondern auch eine Geschichte des Appalachian Trail. Er ist der längste durchgängig markierte Wanderweg der Welt und erstreckt sich über 2167,9 Meilen (= 3469 km) vom Springer Mountain in Georgia bis zum Mt. Katahdin im Norden von Maine.

Der Appalachian Trail folgt den Gipfeln und Tälern der Appalachen durch vierzehn Staaten mit einer jeweils einzigartigen Kultur und Geographie. Im Unterschied zu anderen Trails, die sich aus den Wegen der Ureinwohner Nordamerikas, der Entdecker und Pioniere entwickelten, wurde der größte Teil des A. T. in Gegenden angelegt, wo es vorher noch keinen Fußweg gegeben hatte. Er ist für Leute gedacht, die großartige Landschaften erleben und die körperliche Herausforderung auf sich nehmen wollen, immer wieder zerklüftete Felsen zu erklettern; ein gemütlicher Spaziergang sollte es nicht sein.

Benton MacKaye wird oft als der Vater des A. T. bezeichnet. Im Oktober 1921 schrieb er im *Journal of the American Institute of Architects* einen Artikel, in dem er seine Vision von einem »linearen Park« umriß: »eine Reihe von Freizeitstätten, die sich über die Appalachen von Neuengland nach Georgia erstrecken und durch einen Pfad miteinander verbunden sind.«

MacKaye war nicht der erste, der die Idee zu einem Pfad durch die östlichen Appalachen hatte, aber sein Artikel gab dem Traum erstmals Substanz. MacKaye entwickelte einen Plan, an dem sich andere mit ähnlichem Interesse orientierten. Die überwältigende Idee war schon 1937 so gut wie realisiert – nicht mehr als sechzehn Jahre, nachdem MacKaye seine Vision veröffentlicht hatte.

Das ist zu einem großen Teil das Verdienst von Myron Avery, der 1931 Vorsitzender der Appalachian Trail Conference wurde. In den nächsten einundzwanzig Jahren, bis zu seinem Tode im Jahre 1952, arbeitete Avery unermüdlich daran, diesen Traum zu verwirklichen. 1936 war Avery mit einem Meßrad die vorgeschlagene und dann auch angelegte Strecke von Maine nach Georgia abgegangen und war damit der erste »Zweitausendmeiler« auf dem A. T. gewesen.

Heute demonstriert der A. T. das Beispiel für eine gelungene Zusammenarbeit zwischen Volk und Regierung. Der Trail führt sowohl durch dem Bund gehörende Parks und Wälder als auch durch Parks, Wälder und Wildgebiete einzelner Bundesstaaten und lokaler Gemeinden. Während die Bundesregierung für den geschützten Korridor entlang dem Trail sorgt, wird der Löwenanteil der Instandhaltung des Trails selbst von zahllosen Freiwilligen aus staatlichen und lokalen Wanderclubs geleistet. In einem Jahr haben 4500 Männer und Frauen mehr als einhunderttausend Arbeitsstunden auf dem Trail und dem angrenzenden Land geleistet.

Da der A. T. so lang ist und durch den dichtbesiedelten Ostteil des Landes führt, leben Zweidrittel der amerikanischen Bevölkerung nur höchstens eine Tagesreise vom Trail entfernt. Von Philadelphia, Washington D. C. und New York City sind es weniger als zwei Stunden mit dem Auto. In klaren Nächten kann man von bestimmten Punkten des Trails aus die Lichter von Manhattan sehen.

In anderen Staaten schlängelt sich der A. T. durch abgelegene Gegenden, wo man nur selten Spuren der Zivilisation zu Gesicht und Gehör bekommt. In Maine kreuzt der Trail auf einer Strecke von 160 km keine gepflasterte Straße.

Manchmal kann das Gefühl der Einsamkeit überwältigend sein, trotz der Tatsache, daß jährlich hunderttausende von Menschen auf dem Trail wandern. Manche machen Tagestouren und suchen dabei die innere Erneuerung, die schon eine kurze Begegnung mit der Natur gewährt. Andere wandern das ganze Wochenende und lassen die Stadt und den stumpfsinnigen Trott ihrer Arbeitswelt hinter sich, um einen atemberaubenden Sonnenuntergang zu erleben oder in einem Gewitter bis auf die Haut naß zu werden. Andere gehen den ganzen Trail: einmalige Persönlichkeiten, Männer und Frauen, die in einer einzigen Saison den ganzen Trail von Anfang bis Ende »machen«. Sie tragen ihre Sachen auf dem Rükken und schlafen, wo es ihnen gerade einfällt. Unter ihnen herrscht eine Kameradschaft, wie man sie in dieser modernen, unpersönlichen Welt kaum noch findet.

Ihre Gründe, vier bis sechs Monate aus dem »wirklichen Leben« auszusteigen und von Maine nach Georgia zu wandern, sind genauso unterschiedlich wie ihre Herkunft und ihr Beruf. Alle, die heute den Trail entlangwandern, sind Nutznießer der Träume – und Schwielen – vieler tausender von Menschen, die dazu beigetragen haben, diesen »Tunnel durch die Zeit« zu schaffen und zu erhalten.

In seinen späteren Lebensjahren pflegte Benton MacKaye zu sagen, daß man auf dem A. T. drei Dinge gleichzeitig tun könne: 1. wandern, 2. sehen und 3. sehen, was man sieht. Bill Irwin konnte im gewöhnlichen Sinne *nicht* sehen, »was er sah«, als er und sein Blindenhund 1990 acht Monate lang auf dem A. T. gingen. Aber seine Erinnerung an die Ereignisse, die Leute und Stationen auf dem A. T. mag anderen helfen, etwas von dem Trail – und vielleicht etwas von sich selbst – zu entdecken, was sie sonst vielleicht nie entdeckt hätten.

1 Fast am Ende

Am Abend des 4. November 1990 riet der Wetterfrosch im Radio seinen Zuhörern, sich auf den Herbst einzustellen, da in der Nacht mit einer Kaltfront zu rechnen sei. Kurz vorm Einschlafen hörte ich sie kommen – in Maine ist eine Kaltfront keine Kleinigkeit.

Es war das passende Vorspiel zu den Ereignissen des nächsten Tages.

Im Laufe der Nacht begann der Schneeregen auf das Blechdach des Wetterschutzes zu trommeln, unter dem Dave, Orient – mein Blindenhund – und ich Zuflucht gesucht hatten. Gegen Morgen waren jeder Felsen und jede Wurzel mit einer Eisschicht bedeckt.

Dave und ich wanderten diesen Abschnitt des Appalachian Trail gemeinsam, und ich merkte, daß ihm die Strapazen der vor uns liegenden Strecke Sorgen machten. In den nächsten Tagen mußten wir mindestens ein Dutzend Flüsse durchqueren, was sogar für einen sehenden Menschen schwierig sein würde.

Für mich und Orient war es so gut wie unmöglich. Zum tausendsten Mal fragte ich mich, wieso ich als Blinder versuchte, den mehr als dreitausend Kilometer langen Trail zwischen Georgia und Maine zu Fuß zurückzulegen.

Als ich am nächsten Morgen zu dem dreißig Meter entfernten Bach ging, um Wasser zu holen, fiel ich dreimal hin. An jedem anderen Tag meiner Wanderung hätte ich in Ruhe abgewartet, daß das Wetter besser wurde. Aber wenn sich das Wetter jetzt änderte, würde es nur noch schlechter werden. Jeden Tag, den wir nicht auf dem Trail verbrachten, war ein verlorener Tag, jetzt, wo wir dem Ende so nahe waren. Und da Dave mich auf diesem Stück begleitete, hatte ich neben Orients Augen noch ein anderes Paar, auf das ich mich stützen konnte, und außerdem jemanden, mit dem ich kritische Entscheidungen besprechen konnte, die vielleicht unterwegs getroffen werden mußten.

In gefrierendem Regen, der unterwegs zu Schnee wurde, begannen wir mit dem Aufstieg zum Moxie Bald Mountain. Ungefähr vierhundert Meter vor dem Gipfel stießen wir auf steile Felswände, die mit einer dicken Schneeschicht bedeckt waren. Für Orient und mich ein unüberwindliches Hindernis. Wir kehrten deshalb um und folgten einem blau markierten Seitenweg*. Es war eine alternative Route, gegen die wir uns erst vor einigen Stunden entschieden hatten. Ich hatte versucht, mich immer an den weiß markierten Trail** zu halten und den blau markierten Weg nur dann zu wählen, wenn es wirklich nicht anders ging. Und heute ging es nicht anders.

An dem Tag schafften wir nur 8,5 Kilometer und verbrachten die Nacht in dem Wetterschutz von Moxie Bald. Am nächsten Morgen beschloß ich, gegen mein selbst auferlegtes Koffeinverbot zu verstoßen, und begann den Tag mit einer großen Portion heißer Schokolade, die ich mit einem gehäuften Teelöffel Pulverkaffee verstärkte.

---

* Eine blaue Markierung weist darauf hin, daß es sich um einen Seitenweg handelt, gelegentlich auch um eine alternative Route

** Die weiße Markierung weist auf den eigentlichen A. T. hin

Zum ersten Mal seit März hatte ich den brennenden Wunsch, endlich ans Ziel zu kommen, damit ich mir weitere Verletzungen ersparen und nach Hause gehen konnte.

Aber Gott war noch nicht fertig mit mir.

Gleich nachdem wir uns die heiße Schokolade einverleibt hatten, machten Dave und ich uns auf den Weg zu der kleinen Stadt Monson, die fünfzehn Meilen entfernt war. Wir waren früh aufgestanden und hofften, es an diesem Tag mit viel Glück bis dorthin zu schaffen.

Vier Kilometer später waren meine Füße zu Eisklumpen gefroren, nachdem wir durch den knietiefen Ausfluß des Bald Mountain Pond gewatet waren. Ich mußte eine Pause machen, um sie aufzutauen. Dave setzte Wasser auf für heißen Kakao, und ich massierte eine Stunde lang meine Füße, damit sie warm wurden und ich ohne Schmerzen weitergehen konnte.

Am späten Nachmittag erreichten wir die Stelle, an der der Bald Mountain Stream und der westliche Arm des Piscataquis River zusamenfließen. Zwei Tage mit Regen und Schnee hatten das Gewässer zu einem reißenden Strom werden lassen, den wir schon aus der Ferne hören konnten.

Da die Sonne bald untergehen würde und es auch schon kälter wurde, hatten wir keine Zeit zu verlieren. Wir setzten uns ans Ufer, zogen unsere Socken aus, krempelten unsere langen Unterhosen so weit wie möglich hoch und zogen dann wieder unsere Stiefel an, um den Fluß zu durchqueren. Dave sagte, der Fluß teile sich hier in drei, jeweils ungefähr zehn Meter breite Arme. Trotz der schnellen Strömung glaube er, daß man hindurchwaten könne. Das hoffte ich natürlich ebenfalls stark. Ich konnte schon das Donnern der Stromschnellen hören, die sich an dem Zusammenfluß der drei Arme gebildet hatten.

Ich nahm Orient das Führgeschirr ab und befahl ihm, sich selbst seinen Weg zu suchen. Da er ein ausgezeichneter Schwimmer war, wußte ich, daß er es allein schaffen konnte.

»Wir sehen uns auf der anderen Seite wieder, Junge«, sagte ich und trat zusammen mit Dave in das eisige Wasser. Wir hatten uns untergehakt und unsere Rucksäcke nicht festgeschnallt, damit wir sie im Notfall schnell abwerfen konnten. Zentimeter für Zentimeter schoben wir uns durch das Wasser. Wir bewegten uns langsam, Schritt für Schritt, stützten uns auf unsere Wanderstöcke und gingen immer erst weiter, wenn wir unter unseren Stiefeln festen Untergrund spürten. Das Wasser ging uns bis an die Knie, aber wir kamen wohlbehalten bis zu einer sumpfigen Insel.

Als wir den nächsten Arm halb durchquert hatten und bis zur Taille in der starken Strömung standen, verlor Dave plötzlich den Halt und fiel ins Wasser. Ich hörte, wie er keuchend mit den Armen um sich schlug und versuchte, die nächste Insel zu erreichen. Sekunden später wurde auch ich umgerissen und flußabwärts getrieben.

Ich ging unter, tauchte wieder auf, hampelte und strampelte in der Strömung und setzte alles daran, nicht ohne den Rucksack zur Insel zu gelangen, war aber bereit, ihn notfalls zu opfern, wenn es nötig werden sollte. Inzwischen hatte Dave die Insel erreicht. Ich hörte, wie er mir etwas zuschrie, konnte ihn aber nicht verstehen. In den nächsten Sekunden zählten nur noch der reine Instinkt und das Adrenalin.

Alle Versuche, mich auf Daves Stimme zuzubewegen, schlugen fehl, weil die Strömung zu stark war. In meiner Verzweiflung hockte ich mich auf den Grund des Flusses und versuchte, mich mit den Händen vorwärtszuziehen, denn meine Füße fanden keinen Halt mehr.

Immer wenn ich wieder auftauchte, um nach Luft zu schnappen, hörte ich, wie Dave mich ans Ufer dirigierte, bis ich mit dem Kopf wieder unter Wasser ging. Jedesmal wenn ich hochkam, um Luft zu holen, hatte ich das Gefühl, weiter und weiter flußabwärts zu treiben, immer näher auf die Stromschnellen zu.

Nach Minuten, die mir wie Stunden vorkamen, glaubte ich endlich nahe genug zu sein, um Daves Hand ergreifen zu können. Aber ich faßte ins Leere. Die Böschung führte steil nach oben, und ich wußte, daß ich nicht allein hinaufgelangen konnte. Als ich wieder wegrutschte, fuchtelte ich wie ein Wilder nach Daves Hand und stieß plötzlich gegen einen Zweig. Ich packte ihn mit aller Kraft!

Die meisten Menschen würden es einen Zufall nennen, daß der Zweig genau an dieser Stelle saß. Ich nicht.

Jetzt, wo ich mich mit der einen Hand an dem Zweig festhalten konnte, gelang es mir, mit der anderen Daves Hand zu ergreifen, mit der er mich nach oben zog. Nicht weit unterhalb hörte ich das Tosen der Stromschnellen, bei dem eine Kälte in mir aufstieg, die eisiger war als das Wasser.

Orient hatte das Wasser sicher durchquert und kam schnell zu mir. Er zitterte auch, aber nicht vor Kälte, sondern vor Angst.

Beim letzten Abschnitt standen wir wieder bis zur Taille im Wasser, aber die Strömung war ruhig. Taub vor Kälte kamen wir auf der anderen Seite an und hätten eigentlich sofort einen Zeltplatz gebraucht. Wir waren erstaunt und dankbar, daß wir unsere Rucksäcke noch hatten, aber wir hatten keine Zeit, trockene Kleidung anzuziehen. Wir mußten weiter. Nach meiner Schätzung würde es in einer Stunde dunkel sein, und schon vorher würde die Unterkühlung uns wieder schwer zu schaffen machen. Ich bat Dave, nach einem ebenen Platz Ausschau zu halten, wo wir unser Zelt aufschlagen konnten.

Eine halbe Stunde lang kämpften wir uns einen Höhenzug hoch, bis wir im dichten Wald einen offenen Platz fanden. Mit unseren steifgefrorenen Fingern brauchten wir länger als sonst für das Zelt, aber Minuten vor Einbruch der Dunkelheit saßen wir drinnen, und das Wasser kochte. Orient streckte sich mit einem tiefen Seufzer zwischen uns aus.

Noch immer zitternd lagen wir in unseren Schlafsäcken, unterhielten uns über den Fluß und überlegten, wie nahe wir wohl dran gewesen waren, ganz weggerissen zu werden. Immer wieder durchquerten wir im Geiste den Fluß, schilderten uns gegenseitig unsere Reaktionen und fragten uns, was wir anders hätten machen können. Wenn wir unsere Rucksäcke verloren hätten, wären wir meilenweit von aller Hilfe entfernt gewesen, hätten nichts zu essen und keinen Schutz gegen die Kälte gehabt.

Nach einer Weile des Schweigens fragte Dave plötzlich: »Wie sollen wir es bis zum Ende schaffen?«

»Ich weiß es nicht«, antwortete ich.

Es war das erste Mal, daß ich ernsthaft in Erwägung zog, die Wanderung abzubrechen. Wenn ich weitermachte, setzte ich nicht nur mein und Orients Leben aufs Spiel, sondern auch das von Dave. Als ich so dalag, kam es mir vor, als ob seit dem Beginn meiner Wanderung ein Jahrhundert vergangen wäre. Aber ich wußte ja doch, daß es nicht mehr als acht Monate gewesen waren.

2 Aller Anfang ist schwer

Vor acht Monaten, am 8. März 1990, war ich in einem Motel in Dahlonga, Georgia, im Bett gelegen und hörte auf den Regen, der draußen durch die Regenrinne gurgelte. Der Wetterfritze der Fernsehstation von Atlanta hatte gerade gesagt, daß es in den letzten siebzig Jahren noch nie einen so nassen März gegeben habe. Um acht Uhr zwang ich mich aufzustehen.

Seit fast vier Monaten bereitete ich mich auf den Appalachian Trail vor, doch jetzt schien eine Unzahl unwichtiger Kleinigkeiten mich davon abzuhalten, mich dem strömenden Regen auszusetzen. Zum hundertsten Male packte ich mein Gepäck um, rief einen Freund zu Hause an und kam mir hinterher vor wie ein Kind, das zum ersten Mal zum Zelten fährt. Als ich ein paar Minuten später unter der Dusche stand, empfand ich das heiße Wasser und die Seife mehr als einen Luxus denn als eine Notwendigkeit.

Orient wachte auf, frühstückte und schlief dann wieder neben seinem Segeltuchrucksack ein. In dem steckten siebzehn Pfund Hundefutter, ein Pflege-Set, zwei Plastikschalen und Stiefelchen aus Leder, die ich ihm zum Schutz seiner Füße gemacht hatte. Für Orient war dies ein Tag wie jeder andere. Da er mich gut kannte, rechnete er nicht damit, daß wir vor dem Ende des Regens rausgehen würden. Als er sich gähnend ausstreckte, fragte ich ihn, ob er gern einen kleinen Spaziergang machen würde.

Regen oder nicht Regen, dieser Tag mußte es sein. Es war der dritte Jahrestag meiner Abstinenz, ein fast unvorstellbarer Meilenstein im Leben eines Menschen, der die meiste Zeit seines neunundvierzigjährigen Lebens Alkoholiker gewesen war. Da nun ein Teil von mir tausend Tage lang trocken gewesen war, spielte es keine Rolle, wenn der Rest sehr naß werden würde.

Gegen neun Uhr stiegen Orient und ich in den Lieferwagen meines Freundes Marvin, um uns von ihm zu dem Startpunkt des Trails am Springer Mountain fahren zu lassen.

Wir fuhren und fuhren, und langsam wurde ich unruhig. Eine Fahrt, die keine dreißig Minuten hätte dauern sollen, dehnte sich auf eine Stunde aus. Auf diese Weise bekam ich viel Zeit zum Nachdenken – genau das, was ich nicht gebrauchen konnte, war mein Gemütsleben doch schon jetzt starken Schwankungen unterworfen. An diesem Morgen würde ich aus einem Leben aussteigen, das mir vertraut war und keine körperlichen Anstrengungen verlangte, und ein Leben beginnen, das fast nur aus Unbekannten bestand. Unentwegt sagte ich mir vor, daß jetzt, unbedingt jetzt, die Zeit für den Trail gekommen war.

Nur finden mußten wir ihn zuerst.

Die Auskunft, die wir an einer Tankstelle bekommen hatten, widersprach der Auskunft im Supermarkt. Das führte dazu, daß wir im Kreis herumfuhren und nirgendwo ankamen. Marvin war frustriert, Orient schlief, und ich machte mir Sorgen.

Wenn wir schon in einem Lieferwagen den Anfang des Appalachian Trail nicht finden konnten, wie sollte dann ich, ein Blinder, zu Fuß den Weg nach Maine finden? Aber eineinhalb Stunden nachdem ich das Motel verlassen hatte, hielt Marvin doch plötzlich an einem Waldweg an und sagte: »Hier ist es.« Er versicherte mir, daß wir direkt vor einem Baum stünden, der mit einem weißen Strich von fünf Zentimeter Breite und fünfzehn Zentimeter Länge markiert war. Ich mußte ihm glauben.

Aus den nächsten 3469 Kilometern würden diese weißen Striche den Appalachian Trail markieren – wenn wir nicht in die Irre gingen. Das lag durchaus im Bereich des Möglichen, da ich die Striche nicht sehen konnte und Orient nicht wußte, was sie bedeuteten.

Der Lieferwagen war noch nicht außer Hörweite, als ich feststellte, daß ich meinen Wanderstock aus Aluminium darin liegengelassen hatte. O je! Aber vielleicht würde ich ja unterwegs einen Stock finden, mit dem ich mir den Weg ertasten und auf den ich mich stützen konnte.

Ich versuchte, meinen schweren Rucksack in eine bequeme Trageposition zu bringen. Meine Stiefel kamen mir zu eng und meine Shorts zu klein vor. Ganz naiv hoffte ich darauf, daß irgendwann alles besser werden würde. Davon abgesehen war es zu naß und zu kalt, um hier herumzustehen und sich über so etwas den Kopf zu zerbrechen.

»Orient, voran!«

Der Ledergurt spannte sich unter den Fingern meiner linken Hand, als Orient seine ersten Schritte auf dem Trail machte. Zögernd und unsicher. Wo ging es hin? Nach zehn Metern blieb er vor einem großen Felsbrocken stehen, der mitten auf dem Weg lag. Ich stieß mit dem Stiefel dagegen, um Orient zu verstehen zu geben, daß ich das Hindernis bemerkt hatte, und gab ihm den Befehl: »Geradeaus!« Wenn er bei jedem Felsbrocken auf dem Appalachian Trail stehenblieb, würden wir nicht vor der Jahrtausendwende in Maine ankommen.

Natürlich tat Orient genau das, was ihm für die Stadt beigebracht worden war – er blieb an jedem Hindernis stehen, das höher als fünf Zentimeter war. Bei Bordkanten und Treppenstufen war das eine prima Sache, aber hier draußen hatte es natürlich keinen Sinn. Als er wieder an einem Felsbrocken anhielt, tadelte ich ihn, und als er den nächsten ignorierte, lobte ich ihn.

Er hatte es gerade kapiert, da stolperte ich über einen Stein, an dem er gehorsam vorbeigegangen war. Mit achtzig Pfund auf dem Rücken hinzufallen, war etwas ganz anderes, als sich den Zeh an einer Bordsteinkante zu stoßen. Orient stand winselnd da, als ich mich mühsam wieder aus dem Dreck erhob.

Für Orient war mein Sturz ein Versagen seinerseits. Seine Aufgabe war es, dafür zu sorgen, daß so etwas nicht passierte. Es war nicht sein Fehler gewesen, aber ich wußte nicht, wie ich ihm beibringen sollte, daß alles in Ordnung war. Wir hatten beide eine Menge zu lernen, und das würde uns nur gelingen, wenn wir weitergingen.

Vor ein paar Monaten wußte ich über den Appalachian Trail nur, daß es ihn gab und daß er u. a. auch durch meinen Heimatstaat North Carolina führte. Dann aber hatte ich öffentlich erklärt, daß ich in den nächsten sechs Monaten zu Fuß die ganze Strecke von

Georgia nach Maine gehen würde. Meine Vorbereitung bestand in einem viertägigen Kurs im Appalachian Trail Institute von Warren Doyle und einer knapp zehn Kilometer langen Wanderung auf dem Trail in Virginia.

Das Institut veranstaltet einen Intensivkurs mit dem Ziel, denjenigen, die den ganzen Trail gehen wollen, alles dafür Notwendige beizubringen, damit sie es auch schaffen. Die fünf Tage waren sehr lehrreich gewesen, doch jetzt wurde die Theorie einem Test in der Praxis unterzogen. Warren, der den Trail schon sieben Mal gegangen war, hatte sich mit vorsichtigem Optimismus über meine Chancen, den gesamten Trail zurückzulegen, geäußert.

Er hatte mir einen dringenden Rat mit auf den Weg gegeben: »Verlaß dich nicht nur auf Orients Führung!«

Er hatte gute Gründe für diesen Rat. Viele Leute glauben, daß Orient, wenn er und ich eine Straße überqueren, die grüne Ampel oder das kleine Symbol für »Gehen« sieht. Aber Orient ist farbenblind und hat keine Ahnung, was das Symbol für Gehen bedeutet. Er ist darauf trainiert, anzuhalten, wenn wir an eine Bordsteinkante kommen. Meine Aufgabe ist es dann, auf den Verkehr zu hören und festzustellen, in welche Richtung er sich bewegt. Wenn er anfängt, sich parallel zu uns zu bewegen, gebe ich Orient den Befehl vorwärtszugehen, und so führt er mich über die Straße, es sei denn, irgendwo tauche eine Gefahr auf.

Andere Leute haben die Vorstellung, daß ich Orient nur zu sagen brauche: »Laß uns zur Bank gehen, Junge«, und er mich dann direkt bis zum Schalter bringt. Aber so ist es nicht. Wenn wir zur Bank oder woanders hingehen, muß ich die Strecke kennen und Orient sagen, wo er abbiegen muß. Seine Aufgabe ist es nur, mich sicher an den Leuten und Hindernissen vorbeizulotsen. Ein Blindenhund ist darauf trainiert, dorthin zu gehen, wohin ihn sein blinder Herr schickt.

So stellte sich natürlicherweise für mich die Frage, wie ich Orient sagen sollte, wohin er zu gehen hatte, wenn ich den Trail selbst nicht kannte. Es wäre schön gewesen, wenn ich Orient die erste weiße Markierung an einem Baum in Georgia hätte zeigen und sagen können: »Siehst du das? Fein, mein Junge! Jetzt folgst du diesen Markierungen, bis wir in Maine angelangt sind.«

Nach einer halben Stunde auf dem Trail war der Teil meiner Kleidung, der nicht vom Regen durchnäßt war, vollkommen durchgeschwitzt. Obwohl es nur wenige Grade über Null waren, kam ich mir in meiner Regenjacke vor wie in einer Sauna. Doch nach einer fünfminütigen Pause zitterte ich bereits wieder vor Kälte. Es war mir ein Rätsel, weshalb das Wundermaterial meiner Jacke die Feuchtigkeit nicht besser absorbierte und meine Körpertemperatur regulierte. Zu den Erkenntnissen des ersten Tages gehörte die Feststellung, daß dieses Material sich nicht für Leute eignete, die auf meine Art schwitzten.

Am frühen Nachmittag erreichte ich Hawk Mountain Shelter, einen aus drei Wänden bestehenden Holzbau mit Bretterboden und schrägem Dach. Der Untergrund gewährte Schutz vor dem Regen, aber nicht vor dem Wind, der ungehindert durch die offene Seite hereinstürmte. Ich hörte mir den Trail-Führer auf meinem Kassettenrecorder an und kam zu dem Schluß, daß ich insgesamt ungefähr zwölf Kilometer zurückgelegt hatte. »Nicht schlecht«, sagte ich mir, »und dabei bin ich nur vier Stunden gewandert.«

Da der nächste Wetterschutz ungefähr vierzehn Kilometer entfernt war, beschloß ich hierzubleiben. Nachdem ich mein T-Shirt und meine Shorts zum Trocknen aufgehängt hatte, kroch ich in meinen Schlafsack, um mich zu wärmen.

Trotz der Anstrengungen dieses ersten Tages klang meine Eintragung in mein Kassetten-Tagebuch optimistisch:

»Ich glaube, daß ich auf den ersten sechshundert Kilometern mehr als die geplanten dreizehn Kilometer pro Tag schaffen kann. Wenn es nicht steiler ist als heute, wird es auszuhalten sein. Morgen werde ich wahrscheinlich früh aufstehen und die vierzehn Kilometer nach Gooch Gap Shelter ziemlich früh am Tag hinter mich bringen.«

An jenem Abend fraß Orient so gut wie gar nichts, und zu meiner Überraschung kuschelte er sich auch nicht wärmesuchend an meinen Schlafsack. Wir hatten so etwas noch nie unternommen, und mir war klar, daß er verwirrt war. Es würde nicht viel nützen, ihm das zu erklären. Deshalb hoffte ich nur, daß er sich in ein paar Tagen an den Trail gewöhnen und doch seinen Spaß haben würde.

Mit ein bißchen Glück würde es mir genauso gehen.

Nach einer unruhigen Nacht, in der meine Füße nie richtig warm wurden, mußte ich die Erfahrung machen, wie schrecklich es ist, aus einem gemütlichen Schlafsack zu kriechen und ein kaltes, klammes T-Shirt und ebensolche Shorts anzuziehen. Das war eine wirklich unangenehme Erfahrung, die ich noch mehr zu fürchten lernen würde. Glücklicherweise konnte niemand mein Gestöhne hören.

Der zweite Tag auf dem Trail setzte meinem Optimismus vom Vortag sehr schnell einen Dämpfer auf. Es regnete den ganzen Tag, und schon bald rauschte das Wasser zentimeterhoch über den Trail. Wenn ich hügelaufwärts ging, floß es über meine Stiefel, ergoß sich über meine Knöchel und spritzte mir ins Gesicht. Hügelabwärts erlebte ich das gleiche von hinten.

Obwohl ich den ganzen Tag gewandert war, hatte ich um halb fünf Gooch Gap Shelter immer noch nicht erreicht. Meine Beine zitterten, und ich fiel häufig hin, wobei ich Orient oft mit umriß. Fast alles in meinem Rucksack war durchnäßt. Er fühlte sich mindestens zwanzig Pfund schwerer an. Als Orient auch noch zu hinken anfing, gab ich es auf, den Wetterschutz zu erreichen, und schlug mein Zelt neben einem Bach auf.

An diesem Tag waren wir im Schnitt weniger als anderthalb Kilometer pro Stunde gegangen. Meine Knie bluteten nach mehreren Stürzen auf den felsigen Boden. Außerdem hatte ich den Verdacht, daß ich am Tage vorher nicht zwölf Kilometer geschafft, sondern meinen Startpunkt falsch berechnet hatte und nur die Hälfte gegangen war.

An jenem Abend untersuchte ich Orient und entdeckte eine offene Wunde an seiner Vorderpfote, wo der Gepäckriemen ihm die Haut aufgerieben hatte. Nachdem ich ihn mit Salbe eingeschmiert hatte, versuchte ich, mir ein warmes Essen zuzubereiten, brachte aber meine nassen Streichhölzer nicht zum Brennen. So bestand mein Abendessen nur aus Studentenfutter, Erdnußbutter und kaltem Wasser. Auch an diesem Abend rührte Orient sein Futter kaum an.

Ich hatte mit solchen Tagen gerechnet – aber nicht damit, daß sie so schnell kommen würden.

Während des Intensivkurses hatte Warren nicht nur über die körperlichen Anforderungen des Appalachian Trail gesprochen, sondern auch über die psychischen. Man würde es nur schaffen, sagte er, wenn man jedes Erlebnis von einer positiven Seite betrachtete.

»Wenn Sie einen ganzen Tag im Regen gewandert und naß und kalt sind«, hatte er gesagt, »müssen Sie sich damit trösten, daß die Wasserreservoirs gefüllt sind und Bäche und Flüsse wieder reichlich Wasser führen.«

In diesem Augenblick empfand ich das aber nicht als besonders tröstlich und konnte mir nicht vorstellen, daß Durst jemals ein Problem für uns werden würde. Trotzdem versuchte ich, wirklich nur das Positive zu sehen. Das Wort aufgeben gab es in meinem Wortschatz nicht, selbst nicht nach einem anstrengenden Tag und einem kalten Abendessen. Ich wußte genau, wie weit es bis zum Mount Katahdin in Maine war, weigerte mich aber, daran zu denken. Ich war heute einige Meilen gegangen und würde morgen das gleiche tun.

Ich strich Orient über den Kopf, sagte ihm, daß er ein guter Junge sei, und schlüpfte an seiner Seite in meinen Schlafsack. Wir waren ohne Frage ein Team, denn ohne ihn hätte ich hier draußen nicht sein können. Davon abgesehen verband uns eine große Liebe. Er schlief schon, stieß aber einen kleinen Grunzlaut hervor, um mir zu sagen, daß er nicht ganz dagegen sei, mein Freund zu sein.

Das Rauschen des Regens übertönte das Rauschen des nahen Baches. Es herrschte sozusagen geräuschvolle Stille, was in einem trockenen Zelt eine sehr entspannende Wirkung hat. In den letzten sechsunddreißig Stunden war ich keinem einzigen menschlichen Wesen begegnet und hatte nur ein einziges von Menschen erzeugtes Geräusch gehört, den Motor eines Flugzeuges in der Ferne. Ich genoß die Einsamkeit, da sie mir die Möglichkeit gab, in einer Art und Weise nachzudenken und zu beten, wie ich es noch nie getan hatte.

Erfrischt und bereit, den Trail zu erobern, wachte ich auf, aber als ich in dem strömenden Regen mein Zelt abbauen mußte, sank meine gute Laune. Gegen Nachmittag näherte sich meine Stimmung dem Nullpunkt. Nachdem ich drei Tage lang meinen viel zu schweren Rucksack steile Berge rauf- und runtergeschleppt und dem erschöpften Orient über die Felsen geholfen hatte, fragte ich Gott: »Warum hast du einen friedliebenden, ruhigen blinden Mann wie mich hierhergeschickt?«

Warren hatte uns erzählt, daß es von den 1500 Menschen, die sich jährlich vornahmen, den Appalachian Trail von Anfang bis Ende zu gehen, keine zehn Prozent schafften. Bei manchen reichte die Zeit oder das Geld nicht. Bei anderen machten Verletzungen oder Krankheiten der Wanderung ein Ende. Sehr viele entdeckten, daß ihre Motivation für die ganze Strecke nicht stark genug war.

Ich hatte ein gutes Motiv – das beste, das ich mir vorstellen konnte: Gott hatte mich auf den Trail geschickt.

Aber warum?

Ja, warum?

3 Wie ich blind wurde

Die Antwort auf das »Warum« hatte Wurzeln, die weit in die Vergangenheit zurückreichten. Sie hatte mehr mit der Blindheit meiner Seele als mit der Blindheit meiner Augen zu tun. Trotzdem ist es meine körperliche Blindheit, die viele Leute fasziniert.

Wenn die Leute mich fragen: »Können Sie überhaupt etwas sehen?« antworte ich, daß ich Helligkeit wahrnehmen kann. Macht jemand in einem dunklen Zimmer das Licht an, merke ich das. Ich kann den Tag von der Nacht, die Mittagsstunde von der Dämmerung, strahlenden Sonnenschein vom Schatten unterscheiden. Umrisse oder Bilder kann ich nicht sehen.

Meine Augenprobleme begannen 1968, als ich achtzehn Stunden täglich in drei verschiedenen Berufen arbeitete. Von fünf bis acht Uhr morgens arbeitete ich als Laborant in einem Krankenhaus in Birmingham/Alabama. Von acht bis zwölf Uhr unterrichtete ich Chemie an einer privaten Oberschule, um das Schulgeld meiner Kinder bezahlen zu können. Danach arbeitete ich bis Mitternacht in meinem klinischen Labor, das ich mir gerade eingerichtet hatte.

Eines Tages schrieb ich während des Chemieunterrichts eine Formel an die Tafel. Als ich sie unter einem anderen Blickwinkel lesen wollte, war sie verschwunden. Ich brauchte mehrere Minuten, um festzustellen, daß ich sie mit meinem rechten, aber nicht mit meinem linken Auge sehen konnte. An jenem Nachmittag bat ich Walter Ford, Arzt und mein Partner im Labor, sich mein Auge anzusehen. Nach einer kurzen Untersuchung sagte er alle seine Termine ab und fuhr sofort mit mir zu einem Augenarzt.

Nach einer gründlichen Untersuchung und weiteren Tests kamen der Augenarzt und fünf seiner Kollegen einstimmig zu dem Schluß, daß mein linkes Auge von einem bösartigen Melanom befallen war. Da der Krebs sich rasch ausbreitete und in unmittelbarer Nähe des Gehirns saß, beschlossen sie, mein linkes Auge so bald wie möglich zu entfernen. Außerdem teilten sie mir, natürlich mit größter Behutsamkeit, mit, daß ich höchstwahrscheinlich nur noch drei Monate zu leben hätte. Ich hatte das Gefühl, mir würde der Boden unter den Füßen weggezogen.

Vom Verstand her wußte ich, daß junge Männer manchmal Krebs hatten, aber mit achtundzwanzig Jahren wollte ich noch nicht sterben. Ich hatte eine Frau, drei Kinder unter acht Jahren und ein ganzes Leben vor mir.

Und plötzlich saß ich in der Todeszelle.

Der Gedanke ans Sterben lag mir nicht nur fern, ich war auch nicht darauf vorbereitet, weder vom Verstand, noch vom Gefühl, noch von meiner geistigen Verfassung her. Gott, so wie ich ihn damals kannte, war mit meinem Lebensstil bestimmt nicht einverstanden. Ich hatte kein Interesse daran, ihm in allernächster Zukunft darüber Rechenschaft abzulegen.

Die Aussicht, Gott von Angesicht zu Angesicht gegenübertreten zu müssen, rief die Erinnerung an die Konfrontation mit meinem Vater wach, als mein Freund Dan Davis und ich das Auto meiner Eltern nahmen. Dan und ich waren ungefähr zwölf Jahre alt und wollten in unserer kleinen Stadt etwas Aufregendes erleben. Deshalb machten wir eines Abends, als meine Eltern ausgingen, eine kleine Spritztour, und erlebten mehr Aufregung, als uns lieb war, da meine Mutter und mein Vater vor uns zurückkamen.

Ich weiß es noch wie heute. Mein Vater, ein prominenter Chirurg, trat ans Auto und sagte zu Dan, daß er »entschuldigt sei« und nach Hause gehen könne. Dann ging mein Vater mit mir auf mein Zimmer, nahm seinen Gürtel ab und drosch damit auf mich ein. Die Striemen waren noch eine Woche später auf meinem Hinterteil zu sehen. Wenn der Allmächtige auch nur annähernd so streng war wie mein Vater, tat ich gut daran, die Begegnung mit Ihm so lange wie möglich hinauszuschieben.

In den acht Wochen nach der Entfernung meines Auges versuchte ich, meine Geschäftsangelegenheiten in Ordnung zu bringen und führte gleichzeitig das vergnügungstolle Leben eines Mannes ohne Zukunft. Die wenigen moralischen Regeln, die ich bis dahin mehr oder weniger eingehalten hatte, spielten jetzt keine Rolle mehr, da ich ja sowieso aus dem Spiel ausscheiden mußte.

Ich hätte mich durch mein ausschweifendes Leben wahrscheinlich selbst zugrunde gerichtet, wenn mein krankes Auge nicht bei den besten Augenärzten Amerikas die Runde gemacht hätte. Ein aufmerksamer Arzt untersuchte das Gewebe und kam zu einer ganz anderen Diagnose. Nach seinen Tests litt ich nicht an Krebs, sondern an einer unbekanten degenerativen Krankheit. Ihm zufolge war ich nicht zum Sterben verurteilt, sondern würde im schlimmsten Fall – die Chancen standen fünfzig zu fünfzig – auch das Sehvermögen meines rechten Auges verlieren.

Ich war über diese Begnadigung so erleichtert, daß der Verlust meines linken Auges mir ganz unbedeutend vorkam. Es bestand sogar die Aussicht, daß ich in Zukunft keine weiteren Probleme bekommen würde. Nicht einen Augenblick lang rechnete ich mit der Möglichkeit totaler Erblindung.

Am allerwichtigsten war es jedoch, daß ich dem Tod – oder Gott – nicht in allernächster Zukunft gegenübertreten mußte, und das war mir nur recht.

Mit einem Schlage war ich wieder ganz obenauf und stürzte mich erneut in das Leben eines Arbeitsnarkomanen, als ob nichts gewesen wäre.

Fünf Jahre später stellte mir meine Sekretärin im Labor eines Morgens wie gewöhnlich einen Becher mit heißem Kaffee auf den Tisch. Als ich ihn in die Hand nehmen wollte, sah ich nur den halben Becher. Ich wußte sofort, was los war, und bekam eine Todesangst.

Diesmal gaben die Ärzte meinem Leiden einen Namen: *Chorioretinitis*. Sie erklärten mir, daß es eine erbliche Autoimmunkrankheit sei, die durch Laserbehandlungen zwar aufgehalten werden könnte, aber mit vollkommener Blindheit enden würde. Sie könnten nichts weiter tun, als mich zu behandeln und zu versuchen, den Zeitpunkt meiner Erblindung hinauszuschieben.

Mein Unternehmen war inzwischen von zwei auf fünfundzwanzig Angestellte angewachsen, aber ich hatte ständig Liquiditätsprobleme, weil ich gezwungen war, einen ziemlich hohen Kredit zurückzuzahlen. Da ich wußte, daß meine Tage als Chemiker gezählt waren, verkaufte ich das Unternehmen und ließ mich von der Gesellschaft, die es kaufte, anstellen.

Was ich am meisten im Zusammenhang mit der Erblindung fürchtete, war die Aussicht, nicht mehr arbeiten zu können und allein leben zu müssen.

Damals stellte die Arbeit für mich eine Flucht vor meinen bisherigen Beziehungsproblemen dar. Meine erste Ehe war 1971 gescheitert, und meine zweite ging, kurz nachdem meine Sehprobleme 1973 wiederkehrten, in die Brüche. Allein zu leben war für mich genauso schlimm wie sterben, da ich das wahre Glück mit einer guten Ehe gleichsetzte. Blindheit würde meine Chance, eine glückliche Partnerschaft aufzubauen, bestimmt nicht gerade erhöhen.

Nicht viel besser sah es für die Beziehung zu meinen drei Kindern aus. Ein Mann hat einmal über das Eltern-Sein gesagt: »In den ersten zwölf Jahren kannst du nichts verkehrt machen, und in den nächsten zwölf Jahren kannst du nichts richtig machen.« Wenn das stimmte, war ich übel dran. Denn schon in den *ersten* zwölf Jahren hatte ich nicht gerade vieles richtig gemacht. Und jetzt, wo sich die Kinder den schwierigen Pubertätsjahren näherten, wurden sie zwischen ihrer Mutter und mir hin und her geschoben. Unser zweiter Eheversuch war nach drei Monaten gescheitert. Offenbar waren wir alle dazu verurteilt, die gleichen Konfliktsituationen durchzumachen, mit denen ich selbst aufgewachsen war.

Das lag zum Teil an meiner Methode, mit Problemen umzugehen. Ich ignorierte oder unterdrückte sie – aber über sie zu diskutieren lehnte ich ab.

Als sich mein Sehvermögen allmählich immer mehr verschlechterte, schwankte ich zwischen Perioden aktiver Vorbereitung auf mein Leben als Blinder und tiefster Depression. Eine Zeitlang lernte ich Braille, die Blindenschrift, machte in meiner Wohnung alle Lichter aus und übte im Dunkeln zu kochen und klarzukommen. Dann gab es Monate, in denen ich von der Arbeit nach Hause kam, mich in meinen Lehnstuhl fallen ließ und trank, bis ich einschlief. Ich habe keinen einzigen Tag auf meiner Arbeitsstelle gefehlt, aber nach der Arbeit kaum eine Stunde ohne einen Drink in der Hand verstreichen lassen.

Vielleicht waren die Laserbehandlungen für die bizarren Visionen verantwortlich, denen ich von da an ausgesetzt war. Aus den Zähnen meiner Mitmenschen wurden Hauer, die aus verzerrten Gesichtern hervortraten. Die schöne Welt, die ich so liebte, präsentierte sich deformiert und mißgestaltet. Mit Hilfe eines starken beleuchteten Vergrößerungsglases konnte ich immer noch lesen, aber es kostete mich jeden Tag größere Anstrengungen.

Dennoch war ich entschlossen, solange wie möglich Auto zu fahren, selbst als es gefährlich wurde. Erst nachdem ich um Haaresbreite einer Tragödie entronnen war, kam ich zur Besinnung. 1974 überfuhr ich einen Feuerwehrhydranten, ohne ihn überhaupt gesehen zu haben. Da wurde mir klar, daß der Hydrant die Größe eines zweijährigen Kindes hatte. Das machte mir solche Angst, daß ich freiwillig meinen Führerschein zurückgab, wenn mir auch der Verlust meiner Unabhängigkeit schwerfiel.

1976 hatte ich das Sehvermögen ganz verloren.

Zu der Zeit arbeitete ich als Personalchef in einem klinischen Labor in Burlington und versuchte, mit den neuen Beschränkungen meines Lebens fertigzuwerden. Ich hatte mir angewöhnt, mit einem weißen Stock zu gehen, der mir ein gewisses Maß an Beweglichkeit verlieh. Aber die Aufmerksamkeit, die ich dadurch auf mich zog, war mir ein Greuel. Das führte dazu, daß ich fast meine ganze Freizeit zu Hause verbrachte. Durch den gesteigerten Alkoholkonsum und die geringe körperliche Bewegung nahmen mein Gewicht und mein Blutdruck drastisch zu. Fast zwei Jahre lang saß ich fast jeden Abend zu Hause und war deprimiert über das, was ich verloren hatte und nie wiederbekommen würde. Ich machte noch nicht einmal Licht an, denn schließlich würde die Welt, in der ich den Rest meines Lebens zubringen würde, auch dunkel sein.

Man könnte aus dem Wort »deprimiert« ein Tätigkeitswort machen: Ich »deprimiere«. Es würde genau das beschreiben, was ich in jener Zeit tat. Ich saß zu Hause und überließ mich meinen Depressionen.

Heute bin ich der Meinung, daß ich für meine Haltung und meine Handlungsweise während dieser Zeit selbst verantwortlich bin und sie mir nicht von außen aufgezwungen worden sind.

Bei der Arbeit und in Gesellschaft kam ich mir vor wie eine Mißgeburt. Das eine Auge war aus Glas, das andere nicht zu gebrauchen. Mein weißer Stock schien nichts weiter als ein Signal zu sein, mit dem ich meine Mitmenschen wissen ließ, daß ich ihnen unterlegen war. Es war ein erbärmliches Dasein, dessen erbärmlichster Teil ich selbst war.

Zu meiner Verbitterung fingen die Leute auch an, mich anders zu behandeln. Wenn ich mit Freunden in einem Restaurant saß, nahm die Kellnerin die Bestellung von allen außer mir auf und fragte dann irgend jemand an meinem Tisch: »Und was will *er* haben?« Meistens sah ich sie dann an und sagte: »Wenn Sie *ihn* fragen, wird er Ihnen schon sagen, was er haben will.«

Nur weil ich die Speisekarte nicht lesen konnte, hieß das noch lange nicht, daß ich unfähig war, mein Essen zu bestellen.

Genauso ärgerlich war es, daß die Leute ihre Stimme erhoben, wenn sie mit mir sprachen. Glaubten sie etwa, daß ich auch noch taub war?

Helen Keller hat einmal gesagt: »Nicht die Blindheit, sondern die Einstellung des Sehenden zum Blinden ist die schwerste Belastung.« Dem kann ich nur zustimmen.

Ich war zu sehr mit mir selbst beschäftigt, um zu bemerken, wie sich all das auf meine Kinder auswirkte. Marianne, meine einzige Tochter, hielt ihre Gefühle gut unter Verschluß. Billy lebte seine Frustration dadurch aus, daß er in regelmäßigen Abständen von zu Hause verschwand. Jeff, der Jüngste, schämte sich meiner Blindheit. Wenn er morgens den Schulbus verpaßte, mußte er ein Taxi zur

Schule nehmen, weil ich ihn natürlich nicht fahren konnte. Spielte er Fußball, ging ich nicht hin, denn es kam mir unsinnig vor, auf der Tribüne zu sitzen, wenn ich ihm beim Spielen nicht zusehen konnte.

Durch meine Blindheit traten die Probleme, die ich vorher immer unter den Tisch gefegt hatte, deutlicher zutage. Je mehr Befreiung ich im Alkohol und in der Erfüllung eigener Wünsche suchte, desto stärker geriet ich in den Sog der Sucht. Zerstörte Beziehungen, verletzter Stolz und der Verlust der Unabhängigkeit verstärkten die Depressionen, die sich wie eine düstere Wolke über unser Haus legte.

Zum Glück hatte ich einen Freund, der mir ständig vorhielt, daß ich auf dem besten Wege war, ein Einsiedler zu werden. Immer wieder kam er zu mir und versuchte mich dazu zu überreden, mit ihm auszugehen, aber ich wollte nichts davon wissen. Ich war bei dem Punkt angelangt, wo ich nur noch zur Arbeit ging.

Eines Tages erschien er bei mir und sagte: »Du kannst hier bis ans Ende deines Lebens sitzen und dich vollaufen lassen, wenn du willst, aber ohne mich. Ich will nichts damit zu tun haben.« Und dann ging er. Eine Woche lang dachte ich über seine Worte nach. Schließlich rief ich ihn an.

»Ehm . . . hättest du Lust, heute abend mit mir essen zu gehen?«

Ich hatte endlich genug davon bekommen, zu Hause herumzusitzen und mir selber leid zu tun. Das war kein Leben. Eine innere Stimme sagte mir, daß sich erst etwas ändern würde, wenn *ich* es wollte. Da ich an der Tatsache, blind zu sein, nichts ändern konnte, beschloß ich, mich an meinen eigenen Haaren aus dem Sumpf zu ziehen und ihr zum Trotz zu leben.

Danach nahm ich mir für die Abende, an denen ich allein sein würde und vor allem, wenn die Kinder nicht bei mir waren, immer etwas vor. Gleichzeitig fing ich an, die Sozialleistungen für Blinde in Anspruch zu nehmen, lernte Stocktechnik, Mobilität und Orientierung. Das war zwei Jahre, bevor ich meinen ersten Blindenhund bekam. Mit Hilfe meines Freundes war es mir endlich gelungen, mein destruktives Verhaltensmuster zu durchbrechen.

Im nachhinein kommt es mir so vor, als ob ich von früher Kindheit an auf dieses Schicksal vorbereitet worden war. Meine Eltern hatten mir eingebleut, daß wir Irwins besser waren als andere Leute. Ein Irwin scheiterte nicht, ein Irwin gab niemals auf. Wenn ich für den Rest meines Lebens als Blinder leben mußte, würde ich doch alles tun, um mich so zu benehmen, als ob ich *nicht* blind wäre.

Die Entscheidung, mir einen Blindenhund anzuschaffen, fiel mir nicht leicht, da ich damit eine große Verpflichtung auf mich nahm. Der Hund und ich würden vierundzwanzig Stunden am Tag, sieben Tage in der Woche zusammensein, bis einer von uns hinfällig wurde oder starb. Das klang mir ganz nach Ehe, und in dieser Art von Beziehung stand es bereits Null zu Drei gegen mich. Außerdem konnte ich mir nicht vorstellen, meinen jetzigen Lebensstil in ständiger Gesellschaft eines Hundes fortzusetzen. Ich sah schon vor mir, wie ich mit einer Frau im Restaurant saß und sie bat, mich zu entschuldigen, da ich mit meinem Hund auf die Toilette müßte. Das empfand ich als eine Beeinträchtigung meiner persönlichen Freiheit, die schwer zu ertragen sein würde.

Ich hatte mich aber gehörig geirrt!

Das *Seeing Eye* – Trainingszentrum in Morristown, New Jersey, leistete zwei Aufgaben gleichzeitig: Es trainierte die Blinden und fand den passenden Hund für sie. Die Hunde verbrachten fast ihr ganzes erstes Lebensjahr bei einer tierlieben Familie auf dem Lande, wo sie Gehorsam und Benehmen lernten. Anschließend kamen sie ins Trainingszentrum, wurden zwölf Wochen lang trainiert und erst danach mit uns zusammengebracht. Vier Wochen lang unterzogen Hund und Mensch sich gemeinsam einem gründlichen und anspruchsvollen Trainingsprogramm. Wir lernten nicht nur, wie wir unsere Hunde behandeln sollten, sondern auch wie wichtig es war, eine Beziehung zu ihnen zu schaffen, die auf gegenseitiger Liebe und Achtung aufgebaut war. Beim Abschied verpflichteten wir uns, auf die Gesundheit und Pflege unserer Hunde zu achten, täglich mindestens drei Kilometer mit ihnen spazierenzugehen und auf unserem gesetzlich verankerten Recht zu bestehen, sie auf alle öffentlichen Plätze mitzunehmen.

Nachdem ich meinen ersten Hund Jorie bekommen hatte, nahm mein Leben schlagartig eine Wendung zum Besseren. Jeden Tag legten wir die dreizehn Kilometer zu und von meiner Arbeitsstätte zu Fuß zurück. Immer wieder staunte ich darüber, wie viele Leute stehenblieben, um mit Jorie zu sprechen, und später sogar auf die Frage verfielen: »Und wer ist der Typ, den du da bei dir hast?«

Das Gefühl, überall aufzufallen, verschwand, wenn ich einen Hund bei mir hatte. Er konnte mich um Hindernisse herumführen, ohne daß ich sie mit einem Blindenstock abtasten und identifizieren mußte. Er bestärkte mich in meinem Beschluß, alles zu tun, um nicht blind zu *wirken*, wenn ich schon blind sein mußte.

Mein Hund versetzte mich in die Lage, auch in der Geschäftswelt gut zurechtzukommen. Als Verkaufstrainer und später als unabhängiger Berater im Bereich des Betäubungsmittelwesens mußte ich viel reisen und mit vielen Menschen zusammenkommen. Und da war mein Hund in jeder Situation von Nutzen. Nun ja, in *fast* jeder.

Es gab einen denkwürdigen Ausnahmefall, als Jorie und ich an einem bitterkalten Wintertag auf dem Weg zu meiner Arbeitsstätte in Burlington waren. Da mir das Auge von dem kalten Wind wehtat, zog ich mir die Strickmütze ganz übers Gesicht. Ich war noch keine zwei Häuserblocks so gegangen, als ein Polizist mich anhielt und mir eine Verwarnung wegen Verkehrsgefährdung androhte. Wenn die Autofahrer sähen, erklärte er mir, daß ich den Bürgersteig entlangging und dabei offensichtlich auf den Gebrauch meiner Augen verzichtete, träten sie auf die Bremse und glotzten mich mit offenem Mund an. Da ich kein Bußgeld zahlen und auch keinen Unfall verursachen wollte, zog ich die Mütze wieder hoch, damit alle rechtzeitig zur Arbeit kamen.

Als Jorie an Dysplasie erkrankte, konnte er nur noch auf ebenem Boden gehen und keine Treppen mehr steigen. Ich trug ihn die Treppen rauf und runter und mußte mich wieder angaffen lassen. Schließlich gab ich Jorie weg und bekam dafür Sailor, meinen zweiten Hund.

Ein Blindenhund ist gewöhnlich fünf bis zehn Jahre im Dienst. Die Bindung, die sich mit der Zeit zwischen Hund und Herr entwickelt, läßt sich nur schwer beschreiben. Außer Freundschaft und Zuneigung schließt sie gegenseitige Bewunderung und Achtung ein. Ein Blindenhund ist bedingungslos in seiner Liebe, und kein

Mensch kann diese Liebe empfangen, ohne den Wunsch zu verspüren, sie in irgendeiner Form zu erwidern.

Als Sailor aufhören mußte, kam er in eine andere Familie. An seine Stelle trat Orient.

Wie meine beiden anderen Hunde kam auch Orient von der Organisation *The Seeing Eye*. Ihre Trainingsmethode basiert auf verbalem Lob und Tadel. Jede erwünschte Handlung wird mit enthusiastischem Lob bedacht: »Was für ein guter Junge (gutes Mädchen)!«, während jeder Fehler mit dem deutschen Wort *Pfui!*, einem Ausdruck höchster Mißbilligung, gerügt wird. (Wenn ich es sage, hört es sich mehr wie »fui« an.) Der natürliche Wunsch des Hundes, seinem Herrn zu gefallen, nicht körperliche Bestrafung, liegt dieser Unterrichtsmethode zugrunde.

Dieses Training führt zu einem ganz erstaunlichen Resultat: Der Hund lernt nicht nur zu gehorchen, sondern auch zu denken und Entscheidungen zu treffen. Der Trainer befiehlt dem Hund z. B., eine Straße zu überqueren, gerade wenn ein anderer Trainer in einem Auto um die Ecke biegt. Mit Hilfe von Lob oder Tadel bringt man dem Hund bei, dem Befehl seines Herrn nicht zu folgen, wenn diesem das schaden kann. Das Ergebnis dieses Trainings nennt *The Seeing Eye* »intelligenten Ungehorsam«.

Ich erinnere mich noch lebhaft an meine erste Begegnung mit Orient und die Spannung, die ich dabei fühlte. Der Blinde und sein Hund begegnen sich zum ersten Mal in einem stillen Raum, in dem sich nur der Trainer, der Hund und der zukünftige Besitzer befinden. Der Blinde muß Trainer und Hund gegenüber Platz nehmen, dann den Hund freundlich beim Namen rufen und gleichzeitig in die Hände klatschen. Daraufhin läßt der Trainer den Hund los, der dann – hoffentlich – zu seinem neuen Herrn geht. Ich wußte, daß die Hunde oft einen großen Kreis beschreiben und direkt wieder zu ihrem Trainer zurückkehren, mit dem sie eine ganz enge Beziehung verknüpft.

Als ich in dem Zimmer saß und auf Orient wartete, war ich natürlich sehr gespannt auf seine Reaktion. Alle meine Befürchtungen lösten sich in Nichts auf, als ich »Orient!« rief und in die Hände klatschte. Er schoß quer durch den Raum, legte mir die Pfoten auf die Brust, fing an zu jaulen und mir das Gesicht zu lecken. Da wußte ich, daß er mich mochte.

Ich habe immer die Ergebenheit der Blindenhunde bewundert, aber in den ersten Tagen auf dem Trail nahm meine Bewunderung für Orient eine neue Dimension an.

An unserem vierten Tag in Georgia stupste Orient mich mit seiner feuchten Nase wach. Zum ersten Mal begrüßte mich der Morgen mit Sonnenschein statt mit Regen.

4 Leben im Schrittempo

Am Sonntag, dem 11. März 1990, lag der Trail in hellem Sonnenschein, und mit der Wärme stieg auch meine Stimmung. Es war ein atemberaubend schöner georgianischer Frühlingstag. Die Vögel sangen, und die ganze Welt roch frisch und sauber. Ich weiß noch, wie ich dachte, daß es solche Erlebnisse sein mußten, die die Leute immer wieder auf den Trail zurücklockten.

Weder mein Sturz noch der zerbrochene Rahmen meines Rucksacks vermochten meine Stimmung zu dämpfen, als ich mich auf den Weg nach Neel's Gap machte, wo ich zum ersten Mal nach vier Tagen wieder mit der Zivilisation in Berührung kommen würde. Da wollte ich heiß duschen, in einem richtigen Bett schlafen und mein Gepäck um einige unnötige Dinge erleichtern. Ein Mann, dem ich unterwegs begegnet war, hatte meinen Rucksack hochgehoben und gesagt: »Mit diesem Gepäck schaffen Sie es nie bis nach Maine. Es wiegt doch sicher an die neunzig Pfund!« Mir kam es eher vor wie hundertneunzig, doch wahrscheinlich hatte er recht.

Außer meinen nassen Sachen und meinem Gepäck trug ich auch noch Orients Gepäck, weil er sich beide Vorderpfoten aufgeschürft hatte. Er hinkte immer noch, und jeder Schritt schien ihm Mühe zu machen. Mir war nie der Gedanke gekommen, daß ich meine Wanderung einmal wegen einer Verletzung Orients abbrechen müßte. Doch mit dieser Möglichkeit mußte ich jetzt rechnen. Sein Gepäck hatte ausgezeichnet gesessen, als wir es vor dem Trail getestet hatten, aber da hatte er auch nicht Berge hochklettern und siebzehn

Pfund Futter schleppen müssen. Vielleicht konnte jemand in Neel's Gap sein Gepäck neu packen, damit er es wieder tragen konnte, wenn seine Wunden verheilt waren.

Als ich mich den Big Cedar Mountain hochkämpfte, fragte ich mich, was das für ein Mensch sein mochte, der den Appalachian Trail folgendermaßen beschrieben hatte: Er sei »ein Fußweg für diejenigen, die die Gemeinschaft mit der Wildnis suchen«. Auf diesem Abschnitt konnte von einem »Fußweg« nicht die Rede sein, und mir reichte schon eine kleine Portion Gemeinschaft mit der Wildnis. Ich hatte gehört, daß der schwierigste Teil des Appalachian Trail in Georgia lag, und jetzt wußte ich, daß das stimmte. Aber auf diese Weise brachte ich wenigstens den anstrengendsten Teil gleich zu Anfang hinter mich.

Es war das reinste Bergklettern, ohne jedes gerade Stück dazwischen. Und kaum hatte ich einen Berg erklommen, ging es auch schon wieder steil abwärts. Das Abwärtsgehen war der gefährlichere und schwierigere Teil für mich. Das Aufwärtsgehen strapazierte zwar meinen Rücken, meine Beine und meine Lungen, aber es ist noch nie jemand durch einen Sturz nach oben umgekommen. Ein steiler Abstieg dagegen war lebensgefährlich. Ich mußte Orients Tempo drosseln und mich mit äußerster Vorsicht bewegen, weil jeder Ausrutscher mit einer Katastrophe enden konnte.

In der Sekunde, bevor ich den Fuß aufsetzte, stürmte immer ein Dutzend Fragen auf mich ein: »Wie ist der Boden beschaffen? Ist er eben oder steinig? Trocken oder matschig? Fällt er nach rechts, nach links, nach vorn oder hinten ab? Wenn ich auf einen Stein trete, sitzt er fest oder locker? Wenn er locker ist, in welche Richtung wird er sich dann bewegen? Wenn ich auf eine Wurzel oder einen Zweig trete, wird sie oder er nachgeben oder durchbrechen?«

Wenn mein Fuß die Antwort an mein Gehirn meldete, hatte ich jeweils eine millionstel Sekunde Zeit, eine Korrektur vorzunehmen und somit wieder wettzumachen, daß ich nicht sehen konnte. Am Ende jedes Tages war meine geistige Erschöpfung größer als meine körperliche. Und den armen Orient muß es genauso ermüdet haben, herauszufinden, wie er sich in dieser neuen Umgebung verhalten sollte.

Bei jedem Schritt nach unten rutschten meine Füße in meinen Neun-Dollar-Wanderschuhen ganz nach vorne, was so weh tat, daß der Schmerz bis in die Beine ausstrahlte. Der Mann, der sie mir verkauft hatte, hatte mir versichert, es sei nicht nötig, mehr für ein Paar Stiefel auszugeben. An diesem Sonntagnachmittag hätte ich einen Haufen Geld für ein Paar passende Stiefel bezahlt.

Am frühen Nachmittag hatten Orient und ich nur acht Kilometer geschafft und waren fix und fertig. War der Trail verlegt worden, nachdem der letzte Trail-Führer erschienen war? Den geschnitzten Zeichen zufolge – die ich mit meinen Fingern lesen konnte – war ich noch ungefähr zehn Kilometer von Neel's Gap entfernt.

Ich beschloß, mein Zelt aufzuschlagen und eine Wäscheleine aufzuspannen. Zumindest konnte ich alles trocknen und für den nächsten Tag neu ordnen. Nach nur vier Tagen auf dem Trail war ich schon einige Kilometer im Verzug, und wenn ich zu früh Schluß machte, würde ich mein Ziel an diesem Tag wieder nicht erreichen. Ich hatte ein schlechtes Gewissen und war ein wenig mutlos, als eine Frauenstimme sagte: »Hallo, wie geht's denn so?«

Patty, der die Stimme gehörte, wohnte in der Nähe von Atlanta und war auf der Rückkehr von einer Tageswanderung, als sie mich direkt neben dem Trail zelten sah. Ich erzählte ihr, wie mutlos und schuldbewußt ich mich fühlte, aber sie meinte: »Ich finde es richtig, wenn du alle deine Sachen trocknest.« Sie hatte den Appalachian Trail vor einigen Jahren gemacht und versicherte mir, daß mein Entschluß kein Zeichen von Schwäche oder Säumigkeit sei. Sie fügte hinzu, ich sähe aus wie ein Typ, der es bis nach Maine schaffen würde.

Als ich ihr von meinem Plan erzählte, einige von meinen Sachen von Neel's Gap aus mit der Post nach Hause zu schicken, sagte sie, daß viele Wanderer das täten. »Alle gehen mit Übergewicht los«, berichtete sie. »Es dauert ein paar Tage, bis man weiß, was man wirklich braucht.«

Wir wanderten ungefähr eine Stunde zusammen, ehe sie ihren Weg allein fortsetzte. Ich war überzeugt, sie sei ein Engel, der mir genau zu dem Zeitpunkt geschickt worden war, wo mir Zweifel an meinem Urteilsvermögen und meiner Fähigkeit kamen, den Trail zu schaffen. Sie muß auch Orient Mut gemacht haben, denn an jenem

Abend fraß er zum ersten Mal sein Futter ganz auf. Er war so müde, daß er die Schnauze quer über die Schüssel legte und im Liegen fraß. Er schob sich das Futter mit der Zunge ins Maul und zerkaute es. Ich behandelte seine Wunden mit antiseptischer Salbe und untersuchte seine Pfoten nach Schnitten. Seine Ballen waren in Ordnung, und ich hoffte, daß seine Energie bald wiederkehrte.

Nach dem Essen ging ich im Geiste all die Sachen in meinem Gepäck durch und überlegte mir, was ich nicht brauchte. Ich schleppte unglaublich viele Geräte mit mir herum. Alles, was man mit Batterien betreiben konnte, hatte ich bei mir: drei Tonbandgeräte, ein Radio und einen Wecker, den ich nachts nicht abstellen konnte. Dazu drei Messer und eine 35-mm-Kamera, damit die Leute Fotos für mein Sammelalbum machen konnten. Die Luftpistole, die zusätzlichen CO_2-Zylinder oder die Schrotkugeln brauchte ich bestimmt nicht. Die Pistole sah aus wie eine .357-Magnum und wog wahrscheinlich drei Pfund. Ich hatte sie mitgenommen, um die Mäuse und die Waschbären damit fernzuhalten, aber vielleicht reichte es, wenn Orient sie anknurrte.

Auch die Bänder mit den Vogelstimmen mußte ich zurückschikken. Ich hatte mir für die Ruhepausen auf der Wanderung ein großes Lernprogramm vorgenommen, zu dem u. a. gehörte, daß ich lernte, alle Vögel an ihrem Gesang zu erkennen. Vielleicht klappte das ja ein anderes Mal, wenn ich nicht sechs Kassetten mitschleppen mußte.

Über diesen Überlegungen muß ich eingeschlafen sein, denn ich wachte erst mitten in der Nacht wieder auf, so schien es mir jedenfalls. Die weibliche Stimme auf meiner sprechenden Uhr, die ich liebevoll Luanna nannte, sagte mir, es sei 19.24 Uhr. Ich mußte lachen. Das war wirklich ein Leben im Schrittempo.

Am nächsten Morgen nahm ich mir fest vor, an diesem Tag Neel's Gap zu ereichen. Doch beim Abstieg vom Blood Mountain ging ich in die Irre. Ich wußte, daß wir uns nicht mehr auf dem Trail befanden, als die Zweige mir ins Gesicht schlugen und statt des vertrauten felsigen Untergrunds Blätter und Zweige unter meinen Füßen raschelten und knackten. Orient mußte einen Seitenweg eingeschlagen haben.

Als wir den Gipfel des Berges überquerten und abzusteigen begannen, waren wir noch auf dem Trail gewesen. Wenn wir also um den Berg herumgingen und dabei die gleiche Höhe beibehielten, würden wir irgendwann den Appalachian Trail kreuzen. In einem Winkel von neunzig Grad bogen wir nach links ab und waren innerhalb von ein paar Minuten wieder auf dem Trail. Orient schien recht zufrieden darüber, daß er uns wieder auf den Trail zurückgebracht hatte.

Es war früher Nachmittag, als ich mich an die Theke im Walasi-Yi Center in Neel's Gap lehnte. Das, was ich in den nächsten vierundzwanzig Stunden erlebte, sollte mich mehr ermutigen als alles, was ich sonst im Verlauf der gesamten Wanderung erlebte.

Als Jeff und Dorothy Hansen mich fragten, was sie für mich tun könnten, dachte ich sofort an Orients Rucksack. Sie führten einige ausgezeichnete Hunderucksäcke in ihrem Ausrüstungsladen, die mir allerdings zu teuer waren. Da nannte Jeff mir den Namen einer Frau, die hier in der Gegend wohnte – Karen Padgett –, und sagte, sie sei seines Wissens die einzige, die über das Geschick und das Handwerkszeug verfügte, um Orients schweren Canvas-Rucksack umzuarbeiten. Er versuchte, sie telefonisch zu erreichen, aber als niemand abnahm, war er ziemlich pessimistisch, sie finden zu können. Sie sei die meiste Zeit auf Achse, sagte er, und er wüßte nicht, ob sie überhaupt in der Gegend sei.

Ein paar Minuten später spazierte Karens Mann in den Laden. Er war »zufällig« vorbeigekommen und hatte angehalten, um etwas Kaltes zu trinken. Jeff und Dorothy trauten ihren Augen kaum. Der Mann erklärte uns, wie wir seine Frau treffen konnten, und dann verbrachten wir drei einen wunderbaren Abend miteinander, während sie Orients Rucksack mit ihrer Fabriknähmaschine umarbeitete. Sie wollte noch nicht einmal Geld dafür nehmen.

Vor ein paar Jahren hätte ich wie so viele andere Leute von einem »wunderbaren« Zufall gesprochen oder wie viele Wanderer von der »Magie des Trails«.

Aber inzwischen war ich davon überzeugt, daß es keinen Zufall gab – es sei denn, man definierte Zufall als »Gottes Wunderwerk, bei dem Er anonym bleibt«. Mit dieser Überzeugung hatte ich mich meilenweit von der Denkweise entfernt, die den größten Teil meines bisherigen Lebens beherrscht hatte.

Mehrere Stunden ging Jeff mein Gepäck mit mir durch und half mir bei der Entscheidung, was ich behalten und was ich nach Hause schicken sollte. Manche Entscheidungen waren einfach, wie beim Radio und den zusätzlichen Tonbandgeräten, aber bei anderen Dingen wunderte ich mich. Jeff legte jeden Gegenstand auf eine Waage, sagte mir, was er wog, und fragte: »Ist er das wert?«

Der Hauptteil meines Übergewichtes bestand aus den Gramm einzelner Stücke, nicht aus Pfunden. Ich brauchte noch nicht einmal die Hälfte von dem, was in meinem Erste-Hilfe-Koffer war, auch nicht die extra Tube Zahncreme oder die Reservekleidung. Von allem habe ich offenbar etwas zur Reserve mitgenommen. Mein Schweizer Messer mit seinen neunundzwanzig Teilen wog fast ein Pfund und konnte leicht durch eins ersetzt werden, das nur dreißig Gramm wog. Mein Besteck-Set aus Metall tauschte ich gegen einen einzigen Löffel aus Plastik ein.

Jeff riet mir, meine gesamte Baumwollkleidung nach Hause zu schicken, und gab mir als Ersatz mehrere Stücke aus Polypropylen. Wenn »Polypro« naß wird, bewahrt es die Körperwärme und läßt die Feuchtigkeit entweichen. Baumwolle macht genau das Gegenteil und schafft damit ideale Bedingungen für eine Unterkühlung. Wahrscheinlich bezeichnen Wanderer deshalb alles, was aus Baumwolle ist, als »Kleidung des toten Mannes«.

Als wir alles durchgegangen waren, hatte ich sechsundzwanzig Pfund Kleidung und Ausrüstung aussortiert. Jeff versicherte mir, daß es fast allen so ging. Allein in der letzten Wandersaison hatte er mehr als viertausend Pfund Ausrüstung nach Hause geschickt. Zumindest würde ich jetzt wohl imstande sein, mit meinem Rucksack stillzustehen, statt ewig hin und her zu schwanken.

Jeff hatte eine große Auswahl von guten Wanderschuhen in seinem Laden, aber nicht in Größe vierzehn. Er erklärte sich jedoch bereit, mir ein Paar zu bestellen und sie zu meiner nächsten Postadresse schicken zu lassen. Ich war nicht gerade begeistert, weitere zweihundert Kilometer in meinen billigen Fußkillern zu gehen, aber es schimmerte ja wenigstens eine Hoffnung am Horizont. Wenn meine Zehennägel erst einmal abgefallen waren, würden sie vielleicht nicht mehr so weh tun.

Dorothy servierte uns die köstlichsten Spaghetti, die ich je gegessen hatte. Als sie Orient welche gab, tat ich so, als ob ich nichts merkte. Er schlang die Spaghetti schneller runter als jeder Wanderer.

Nach dem Essen tat ich das, was ich in den nächsten sieben Monaten fast jede Woche tun würde. Ich rief Carolyn Starling an, die Leiterin meines Organisationsteams in Burlington, North Carolina.

Als Carolyn sich bereit erklärt hatte, die Koordination für meine Wanderung zu übernehmen, war sie der Meinung, es handele sich bei dem Trail um einen gepflasterten Golfwagenweg. Sie nahm an, ihre Aufgabe bestünde darin, das Essen und die Post zu organisieren, ein paar Fragen von Freunden zu beantworten und meine Wünsche zu erfüllen, wenn ich eine Ruhepause einlegte. Als ich sie aber zum ersten Mal von Neel's Gap aus anrief und ihr meine ersten vier Tage schilderte, war sie zu Tode erschrocken. Und als ich ihr eine Liste von Sachen aufzählte, die bereits nach fünf Tagen ellenlang war, wurde ihr das Ausmaß ihrer Aufgabe erst klar.

Neben ihrer Familie und ihrem Ganztagsjob mußte sie sich plötzlich um die Sachen kümmern, die ich nach Hause schickte, mit Herstellern von Ausrüstung Kontakt aufnehmen und versuchen, mir wichtige Dinge an die Postämter zu schicken, die sich in kleinen, am Trail gelegenen Städten befanden, von denen sie noch nie etwas gehört hatte. Ihr schwindelte, und sie erkannte sehr schnell, daß sie ohne Gottes Hilfe nicht imstande sein würde, mir die Hilfe zu geben, die ich brauchte. Sie hatte nicht die leiseste Ahnung, was diese Aufgabe erforderte – und ich auch nicht!

An jenem Abend wurden Orient und ich immer wieder von Jamie und Christopher, den Kindern von Dorothy und Jeff, umarmt. Das tat wohler als die heiße Dusche, die Spaghetti und das richtige Bett. Der vierjährige Christopher erzählte mir von seinem »Waldhaus«, einem imaginären Haus am Himmel, in dem er Menschen aufnahm, die ihm etwas bedeuteten. Nur die Menschen, die er sehr gern mochte, durften in diesem Waldhaus zusammen mit seiner Familie wohnen. Als er mich seinen »Waldvater« nannte, empfand ich das als eine Ehre. Beim Zubettgehen hatte ich das Gefühl, den großen Preis aus der Fernsehshow der fünfziger Jahre: »Königin für einen Tag«, gewonnen zu haben.

Zu meiner großen Erleichterung schien es Orient heute besser zu gehen. Er lag neben meinem Bett und schnupperte an meiner Hand, als ich nach unten griff, um ihm den Kopf zu streicheln. Ich war entschlossen, nicht mehr von ihm zu verlangen, als er geben konnte, und eine Pause einzulegen, wann immer er sie brauchte. Ich nahm mir vor, sein Gepäck noch ein paar Wochen zu tragen, bis seine Wunden verheilt waren, und ihn dann langsam daran zu gewöhnen, es selbst zu tragen.

In den letzten vier Tagen hatte er mich durch Regen und Kälte geführt, war bis zum Bauch durch stark strömendes Wasser gegangen und hatte sich an seinem Rucksack wundgescheuert. Er hatte kein einziges Mal gejammert oder gejault, außer wenn er wirklich Schmerzen hatte. Ohne Orient war mir weder ein normales Leben möglich, noch hätte ich hier draußen auf dem Trail sein können. Ich war dankbar, daß er mein Partner und mein Freund war.

5 Wo ist mein Rucksack?

Am Dienstagnachmittag, den 13. März, verließen Orient und ich Neel's Gap mit erheblich leichterem Gepäck – und Herzen – als bei unserer Ankunft vierundzwanzig Stunden früher.

Das, was Jeff und Dorothy Hansen und Karen Padgett für mich getan hatten, versetzte mich in eine euphorische Stimmung. Nach meiner Überzeugung steckte mehr als ein Zufall dahinter, daß diese Menschen genau in dem Augenblick dagewesen waren, als ich sie so dringend brauchte. Jeff hatte fast mein ganzes Gepäck umgepackt, mir meine gefährliche Baumwollkleidung weggenommen und mir die Sachen gegeben, die erfahrene Wanderer tragen, und so gut wie nichts dafür verlangt.

Beim Abschied umarmten wir uns, und sie dankten Orient und mir, daß wir gekommen waren. Ich rechnete wahrhaftig nicht damit, daß ich auf dem ganzen Weg bis nach Maine solch ein Glück haben würde, aber ich gewann die Gewißheit, daß Gott sich um uns kümmern würde.

Als Orient und ich losgingen, standen uns noch vier Stunden Tageslicht zur Verfügung, um die elf Kilometer zu unserem nächsten Stopp hinter uns zu bringen. Dort wollten wir uns mit Tom Reed trefen, einem freiberuflichen Fotografen, der mich gefragt hatte, ob er ein paar Tage mit uns wandern könne. Dieses Treffen einzuhalten, würde keine Schwierigkeiten machen, wenn ich auch nicht gerade begeistert davon war, daß ich die Aufmerksamkeit der Medien auf mich zog.

Es kam an jenem Abend jedoch zu keinem Treffen, und die Gründe dafür illustrieren, wie schnell sich Ereignisse auf dem Trail zu meinen Ungunsten auswirken konnten.

Nachdem wir den Highway 348 bei Hog Pen Gap überquert hatten und schon mehrere hundert Meter weitergegangen waren, fiel mir ein, daß ich in der Nähe der Straße ein rotes Halstuch anbinden sollte, um Tom damit zu signalisieren, daß ich an dieser Stelle vorbeigekommen war. Ich nahm meinen Rucksack und wollte gerade zur Straße zurückgehen, als zwei Wanderer mit Namen John und Ed auftauchten. Sie gingen Richtung Süden und boten mir an, das Halstuch mitzunehmen und anzubinden. Als ich sie nach Zeltmöglichkeiten auf dieser Strecke fragte, sagten sie, daß nach ungefähr anderthalb Kilometer eine schöne ebene Fläche käme.

Zwanzig Minuten später führte Orient mich zu diesem Platz, der direkt neben dem Trail lag. Orient hatte keine Lust mehr zu gehen, aber wir brauchten Wasser. Wir hatten die zwei Liter getrunken, die ich von Neel's Gap mitgenommen hatte, und waren den ganzen Tag nicht wieder auf Wasser gestoßen. Eine ziemlich ironische Situation, wenn ich daran dachte, daß ich noch vor wenigen Tagen knöcheltief im Wasser gegangen war! Und jetzt konnte ich keins finden. Als ich meinen Rucksack abnahm, merkte ich, daß ich noch nie in meinem Leben so großen Durst gehabt hatte.

Ich setzte meinen Rucksack neben der Feuerstelle ab und schnappte mir den Wasserbehälter aus Stoff, den Jeff mir am Morgen noch gegeben hatte. Er meinte, ich würde ihn gut gebrauchen können, und er schien recht zu behalten!

Dann machten Orient und ich uns auf den Weg zum Fluß, von dem John und Ed gesprochen hatten.

Es ging steil nach unten, über Steine und umgestürzte Bäume. Wenn es überhaupt einen Weg gab, so konnte ich ihn nicht finden, und es spielte in dem Augenblick auch keine Rolle. Ich wurde von einem Durst getrieben, der mit jeder Sekunde heftiger brannte. Stolpernd und stürzend gelangte ich nach unten und tauchte mein Gesicht in das gurgelnde Wasser. Orient und ich löschten unseren Durst, holten tief Luft und tranken noch einmal.

Ich füllte den Wasserbehälter, schwang mir die zwanzig Pfund auf den Rücken und überlegte, ob wir unseren Zeltplatz oben auf dem Berg wohl wiederfinden würden. Vor dem Abstieg hatte ich versucht, mir die Lage unseres Platzes zu merken, hatte aber bei dem mühsamen Abstieg die Orientierung verloren. Der Aufstieg war noch schlimmer.

Orient übernahm die Führung, und ich kroch auf allen Vieren hinter ihm her. Das kostbare Wasser war in dem Dickicht und den Zweigen, die unseren Weg blockierten, eine schwere Last. Dornen rissen mir Arme und Beine auf und erschwerten den Aufstieg noch mehr. Als wir um die größten umgestürzten Bäume herumgegangen waren und oben ankamen, hatte ich keine Ahnung, wo wir waren.

Inzwischen war es vollkommen dunkel geworden, so daß Orients Sicht stark eingeschränkt war. Da ich meine Kopflampe von Neel's Gap aus nach Hause geschickt hatte, konnte ich Orient nicht helfen, in der Dunkelheit den Weg zu finden. Deswegen liefen wir mehrmals im Zickzack oben auf dem Berg herum, bis wir schließlich auf den Trail stießen, aber selbst dann gelang es uns nicht, den Zeltplatz zu finden. Jetzt begriff ich, wie dumm es von mir gewesen war, den Rucksack auf dem Zeltplatz statt direkt auf dem Trail zu deponieren.

Ich stellte mich darauf ein, daß Orient und ich die Nacht draußen verbringen mußten und nichts zu essen hatten.

Ohne Essen auskommen zu müssen, war nicht so schlimm. Viel schlimmer war es, kein Dach über dem Kopf zu haben. Orient trug seinen Pelz – aber ich war in Shorts und T-Shirt, und es wurde allmählich kalt. Die Temperatur schien auf sechs Grad gesunken zu sein, als auch noch Wind aufkam. Ich mußte verhindern, daß ich allzuviel Körperwärme verlor, und machte uns aus Blättern ein Bett. Obwohl die Blätter naß waren, glaubte ich, daß sie durch unsere Körpertemperatur warm genug werden und so einen gewissen Schutz gegen die Kälte bilden würden.

Wir legten uns zusammen hin, und ich war dankbar, daß wir wenigstens Wasser hatten und daß es nicht in Strömen regnete. Doch ich merkte, daß mein Körper die Wärme schneller verlor als produzierte. Wenn ich mir eine Unterkühlung zuzog, steckten wir in zweifachen Schwierigkeiten. Die Schwächung des Verstandes, die durch eine Unterkühlung hervorgerufen wird, würde mich daran hindern, das zum Überleben Notwendige zu tun.

Vielleicht war ja mein Denken schon angegriffen, da ich hier in einem kalten Bett aus nassen Blättern lag!

Plötzlich kam mir der Gedanke: »Geh los und versuche, Ed und John zu finden.« Die beiden hatten gesagt, daß sie bei Hog Pen Gap zelten wollten, ungefähr vier Kilometer von uns entfernt. Ich legte Orient das Führgeschirr an, ergriff den Wassersack und ging los – in die richtige Richtung, wie ich hoffte. Orient erschnüffelte sich den Weg und stolperte kein einziges Mal.

Als wir die Straße erreichten, blies ich dreimal in meine Pfeife, mein Notsignal. Innerhalb weniger Minuten waren Ed und John bei mir und nahmen uns zu ihrem Zeltplatz mit. Ich zitterte vor Kälte und konnte kaum die Tasse mit dem heißen Tee halten, die sie mir reichten. Sie meinten, ich hätte schon ein gefährliches Stadium der Unterkühlung erreicht. Ihr warmes Essen und ihre warmen Getränke retteten mir wahrscheinlich das Leben.

Sie waren froh, daß ich einen gefüllten Wassersack bei mir hatte, denn sie hatten kaum noch Wasser, und es gab auch keins in der Nähe. Sie sorgten für Nahrung und Unterkunft, ich lieferte das Wasser – genau das, wir wir in dieser Nacht zum Überleben brauchten.

Da Orients Hundefutter in meinem Rucksack war, bekam er etwas von unserem Essen. Er schleckte die Nudeln und den Haferbrei auf, als ob es sich um besondere Delikatessen handelte. Nach den Spaghetti in Neel's Gap und den Nudeln in Hog Pen Gap würde er wohl nach der Speisekarte verlangen, wenn wir das nächste Mal in die Stadt kamen!

Als wir uns zum Schlafen hinlegen wollten, gab es ein neues Problem. John und Ed hatten ihre Schlafsäcke, aber meiner war bei meinem verlorenen Gepäck. Dankbar nahm ich ihr Angebot an, mich in eine Mylar-Notdecke zu wickeln und mich zwischen sie zu legen. Es half, reichte aber nicht aus. Ich zitterte so stark, daß die Mylar-Decke unentwegt knisterte und uns alle wachhielt. Es muß sich angehört haben, als ob ein nasser Hund in Wachspapier eingewickelt war.

Nach einer Stunde bot mir einer der beiden an, zu ihm in den Schlafsack zu kriechen. Zuerst wollte ich es nicht, aber mir war immer noch ziemlich kalt, und dann dachte ich, was für eine liebenswürdige Geste es doch war, einen vollkommen Fremden so dicht an sich ranzulassen. Mit einem Körper auf der einen Seite und Orients auf der anderen Seite wurde mir rasch warm.

Der Ablauf der Ereignisse glich einem Beinahe-Zusammenstoß im Auto. Die Erkenntnis, wie knapp wir dem Tode entronnen waren, kam mir erst, als wir uns in Sicherheit befanden. Beim Einschlafen staunte ich darüber, daß immer jemand da war, wenn ich dringend Hilfe brauchte. Ich glaubte, daß Gott mir Ed und John geschickt hatte, ob sie es nun wußten oder nicht.

Am nächsten Morgen fanden Orient und ich unsere Rucksäcke, und ich verwöhnte Orient mit einer doppelten Portion Hundefutter und Hundeplätzchen. Irgendwo auf dem Trail wartete ein Fotograf und wunderte sich, wo wir blieben. Plötzlich dachte ich: Wenn er nun aufgab und nach Hause ging, wäre mir das sehr recht. Er würde andere Storys finden – und je weniger Publicity ich bekam, desto besser.

Jeff Hansen hatte mir erzählt, daß der Nachrichtendienst unter den Wanderern auf dem Appalachian Trail ein raffinierteres Kommunikationsnetz darstellte als die modernen Massenmedien, und es sei nur eine Frage der Zeit, bis alle wußten, wer und wo ich gerade war. Nach seiner Ansicht war Publicity unvermeidlich. Ich würde mich daran gewöhnen und mir überlegen müssen, wie ich damit umgehen sollte. Aber ich wollte nichts damit zu tun haben.

Ich gab Orient noch ein Hundeplätzchen. Wenn ich ihn dazu bringen könnte, das Reden zu übernehmen, wäre alles gut.

6 Warum ich, Gott?

Den Kontakt mit den Medien hatte ich weder gewünscht, noch hatte ich mich darauf vorbereitet. Vor meiner Wanderung war ich nicht sonderlich überrascht gewesen, als Jim Wicker von der *Burlington Times-News* mich zu Hause anrief und fragte, ob er über Orient und mich eine Geschichte machen könnte – eine Lokalzeitung soll ja über die Leute und Ereignisse eines Ortes berichten, für die sonst niemand Interesse hat. Da ich der Meinung war, daß das allgemeine Interesse an meiner Wanderung genauso groß war wie an der Hauptversammlung des Kaninchenzüchterverbandes oder der Erhöhung der Gebühren für die Müllabfuhr, fiel sein Anruf für mich nicht aus dem Rahmen des Üblichen.

Ich erklärte mich zu einem Interview bereit, und am 28. Februar erschien Jim mit dem Fotografen Jack Sink bei mir. Wir unterhielten uns eine Stunde, und da Jack ein paar Fotos von mir mit dem Rucksack auf dem Rücken haben wollte, gingen Orient und ich auf dem Rasen auf und ab. Orient trug keinen Rucksack, und ich hatte einen Pullover, Cordhosen und Slipper an. Wie wir auch ausgesehen haben mögen – wie Wanderer auf dem A. T. jedenfalls nicht.

Als Jims Artikel am 1. März erschien, enthielt er die mir später peinliche Behauptung, daß Orient und ich den Appalachian Trail in beiden Richtungen gehen wollten – eine Strecke von fast 7000 Kilometern. Der Aufstieg zum Mt. Katahdin würde die Hälfte des Weges markieren. Dort würden wir sofort umkehren und uns auf den Rückweg nach Georgia machen.

Das hatte ich ihm auch erzählt; so hatte ich es am Anfang vorgehabt.

Als mein Sohn Billy und ich im Januar in meinem warmen, trockenen Zimmer vor dem Kamin saßen, in *The AT Data Book* lasen und die tägliche Kilometerzahl festlegten, hielt ich es ohne weiteres für möglich, täglich dreißig Kilometer und oft auch noch mehr schaffen zu können. Orient und ich gingen jetzt schon jeden Tag an die fünfundzwanzig Kilometer auf den Straßen von Burlington und machten zwischendurch Tageswanderungen in dem nahegelegenen Duke Forest. Den Trail würde ich mit links machen, dachte ich.

Ursprünglich wollte ich Mitte Juli auf dem Katahdin sein.

Nach der ersten Woche auf dem Trail änderte ich meinen Wanderplan. Ich glaube nicht, daß ich von da an je wieder davon gesprochen habe, den Appalachian Trail hin und zurück gehen zu wollen.

Jim hatte auch geschrieben, weshalb ich den Appalachian Trail wandern wollte. Das freute mich, den es war die einfache, ungeschminkte Wahrheit.

Nun ja, ganz so einfach war sie auch wieder nicht.

Wanderer, Reporter und die Leute in den Städten am Trail fragten mich sehr oft, was mich eigentlich dazu trieb, den Appalachian Trail zu gehen. Die Antwort auf diese Frage war nicht immer leicht, denn mir war nie ganz klar, wieviel von meiner Geschichte sie hören wollten.

Meine erste Begegnung mit dem Trail hatte im August 1989 stattgefunden. Sie verlief so flüchtig, daß ich sie fast nicht bemerkt hätte. Ich war zu der Fiddlers' Convention in Galax, Virginia, gefahren, weil ich von Hillbilly-Musik begeistert bin. Es gefiel mir da so gut, daß ich meinen Sohn Billy anrief, um zu fragen, ob er und sein Sohn Jonathan nicht zum Abschlußtag kommen wollten. Ich dachte, wir könnten vielleicht auf dem Weg nach Hause einmal im Zelt übernachten. Das hatten wir noch nie getan – meine Vorstellung von einem rauhen Leben erschöpfte sich in einem Motel mit knapp bemessenen Handtüchern –, und gleichzeitig hatten wir dadurch die Möglichkeit, etwas länger zusammenzusein.

Zum ersten Mal seit vielen Jahren hatte ich das Gefühl, daß Billy und ich anfingen, miteinander zu reden und eine Beziehung aufzubauen. In den Entwicklungsjahren meiner Kinder hatte ich ihnen fast immer nur gesagt, was sie tun sollten, und sie kaum nach ihrer

Meinung gefragt. In der letzten Zeit hatte sich einiges geändert, und ich wollte diesen Prozeß in Gang halten.

Nach der Fiddlers' Convention fuhren Billy, Jonathan und ich auf den Blue Ridge Parkway hinunter und schlugen unser Zelt auf einem kleinen Zeltplatz auf. An dem stillen Morgen nach der Übernachtung rief ich mir, als Billy und Jonathan gerade nicht auf dem Campingplatz waren, die letzten Jahre wieder in Erinnerung und dankte Gott für alles, was Er in meinem Leben getan hatte. Im Verlaufe von Monaten war ich die Sucht nach Alkohol und Tabak losgeworden. Jetzt wurde ich mir der Welt um mich herum bewußt, für die ich während des größten Teils meines erwachsenen Lebens empfindungslos gewesen war.

Und ich war geistig wach. Wenn ich den Leuten erzählte, daß ich mich wie neugeboren fühlte, steckte mehr dahinter als nur ein Klischee. Ein Teil von mir, der so tot gewesen war wie ein Zeltpflock, war tatsächlich wieder lebendig geworden. Und das wußte ich. Mein Leben hatte einen ganz neuen Sinn bekommen.

Als ich also dort auf dem Zeltplatz saß, fing ich an, mit Gott zu reden.

»Herr«, sagte ich, »ich bin so dankbar für alles, was du mir gegeben, und für alles, was du für mich getan hast. Wenn es etwas gibt, womit ich dir meinen Dank beweisen kann, dann werde ich es tun, ganz gleich, was es ist.«

Das war's. Und dann dachte ich nicht mehr daran.

Auf der Nachhausefahrt erzählte Billy mir ein wenig von dem Appalachian Trail und sagte, daß er gern einmal ein Stück darauf wandern würde. Ein langer Weg, fand ich – fast dreieinhalbtausend Kilometer durch vierzehn Staaten, immer am Kamm der Appalachian Mountains entlang! Als er von den Wanderern sprach, die die ganze Strecke in sechs Monaten bewältigten, waren das in meinen Augen Leute, die eine Reality-Therapie (Realitäts-Therapie) nötig hatten. Ein Nachmittag in den Bergen reichte meistens, um meinen Appetit auf Wildnis zu befriedigen. Danach wollte ich nur noch nach Hause zu einem heißen Bad und meinem Wasserbett.

Kurz danach begann ich meine Ausbildung als Familienberater, nicht als Wanderer, und dachte nicht mehr daran.

Ein oder zwei Monate später ließ Billy sich weitere Informationen über den Appalachian Trail zuschicken. Da er kleine Kinder hatte und aufs College ging, würde er nicht selber gehen können – wenigstens nicht in absehbarer Zukunft –, las mir aber alles über den A. T. vor, was er in die Hände bekam.

Merkwürdigerweise erreichten mich damals auch noch andere Artikel über Langstreckenwanderungen, obwohl ich überhaupt nicht darum gebeten hatte. Eine Tante schickte mir einen Artikel über die *Peace Pilgrim*, eine Frau, die in den letzten fünfzehn Jahren ihres Lebens von einer Stadt zur anderen gegangen war und immer über den Frieden gesprochen hatte. Jemand anders ließ mir einen Artikel über Terry Fox zukommen. Terry war der junge Mann, der mit nur einem Bein durch Kanada gewandert war, um Geld für die Krebshilfe zu sammeln, aber noch vor dem Ziel gestorben war.

Allmählich fühlte auch ich mich gezwungen, irgend etwas zu tun. Aber ich wußte nicht, was. Ich dachte nicht allzu viel darüber nach, wenn ich mich auch fragte, warum mir die Leute dieses Zeug schickten. Ich fand es toll, wenn es für mich auch nicht in Betracht kam. Einmal habe ich sogar zu Billy gesagt: »Ich habe überhaupt kein Interesse am Appalachian Trail. Nicht das geringste.«

Als mir zum ersten Mal der Gedanke kam, Gott hätte womöglich den Wunsch, daß ich den Trail machte, schlug ich ihn mir sogleich aus dem Sinn. Als der Gedanke immer wiederkehrte, erklärte ich Gott, daß Er den falschen Bill Irwin am Wickel hätte: »Du weißt doch, ich bin der Blinde!«

Aber in den folgenden Wochen setzte mir der Herr mit dem Gedanken, daß ich den Appalachian Trail gehen sollte, richtig zu.

Weshalb der Appalachian Trail? Ich weiß es nicht, aber etwas anderes kam für mich anscheinend nicht in Frage. Ich versuchte, die ganze Idee zu vergessen. Als aber das Gefühl, es tun zu müssen, immer stärker wurde, betete ich einmal: »Herr, du weißt, daß ich *alles* für dich tun würde, aber du weißt doch auch, daß ich *das* nicht tun kann ... nicht wahr?«

Es nützte nichts.

Es gab Dutzende von Gründen, weshalb ich der falsche Mann für diesen Trail war – für jeden Trail.

Mit einer Größe von 1,83 m und einem Gewicht von 85 Kilo bin ich zwar recht stattlich, aber nicht sehr gut proportioniert. Die Bezeichnung massig trifft am besten auf mich zu. Der einzige Grund, weshalb ich in der Schule am Fußballspielen teilnahm, war meine Größe. Als Linienrichter mußte ich mich anderen in den Weg stellen, und das erforderte zum Glück keine besondere Gewandtheit.

Meine Beine sind ein Trauerspiel. Die meisten Wanderer haben starke Beine. Ich nicht. Als ich 1961 Hepatitis bekam, mußte ich fast ganze neun Monate im Bett liegen. In dieser Zeit atrophierten meine Wadenmuskeln, und es dauerte mehrere Wochen, bis ich wieder laufen konnte. Die eingeschrumpften Muskeln erreichten nie wieder ihre normale Größe.

Außerdem sind meine Beine für einen Mann von 1,83 m ungewöhnlich kurz. Wenn Sie mich fragen, wer die Hosen mit einer Taillenweite von sechsunddreißig Zoll und einer Länge von neunundzwanzig Zoll kauft, die sonst immer auf dem Tisch liegenbleiben – jetzt wissen Sie es: Ich bin es. Ich habe zu kurze Beine und zu schwache Muskeln, um damit auf Berge zu klettern.

Das hätte Gott längst wissen müssen.

Dann meine Füße. Mit fünfzehn Jahren riß ich im Schutz der Dunkelheit von zu Hause aus, um mein Glück auf den Ölfeldern von Texas zu suchen. An einem kalten Wintertag arbeitete ich einmal bis zu den Knien in eiskaltem Wasser. In der Nacht schwollen meine Füße an und bekamen weiße Frostbeulen. Danach begriff ich ziemlich schnell, daß es sinnvoller war, die Oberschule abzuschließen, als ein Leben lang Schwerarbeiter zu sein. Ich kehrte nach Alabama zurück, aber meine kaputten Füße sind seitdem unglaublich empfindlich gegen Kälte.

Es gab sogar noch mehr Gründe, die gegen eine Trail-Wanderung sprachen.

Erstens war ich neunundvierzig Jahre alt und bis vor zwei Jahren ein starker Raucher gewesen. Zweitens konnte ich meinen Terminkalender für eine sechsmonatige Wanderung unmöglich freimachen. Drittens hatte ich nicht genug Geld, um diese Art von Abenteuer zu finanzieren. Viertens mag ich keinen Haferbrei aus der

Tüte, eins der Hauptnahrungsmittel auf dem Trail. Fünftens wandere ich nicht gern. Wenn ich unter verschiedenen Freizeitbeschäftigungen wählen müßte, stünde Wandern noch nicht einmal auf meiner Liste! Ich war gewiß kein ernsthafter Rucksackwanderer, der sich schon immer gewünscht hatte, den Appalachian Trail zu gehen.

Von all dem abgesehen, war ich blind. Mit Orient in der Stadt herumzugehen, war eine Sache. Mit ihm durch einen Wald zu wandern, eine ganz andere. Orient war für Straßen trainiert, nicht für Gebirgswege. Noch nie war ein Blinder den Appalachian Trail von Anfang bis Ende gegangen, und ich hatte keine Lust, der erste zu sein.

Und doch wurde das Gefühl, daß Gott mich rief, immer stärker. Man könnte es vielleicht eine allmähliche Offenbarung nennen.

Als Billy eine Broschüre erhielt, in der Warren Doyle seinen Appalachian-Trail-Intensivkurs für Dezember 1989 ankündigte, beschloß ich, daran teilzunehmen – auf die geringe Chance hin, daß die Umstände es mir erlauben würden, die Wanderung durchzuführen. Ich war immer noch nicht ganz davon überzeugt, daß es das Richtige für mich war. Aber der Kurs machte mir Mut, und dort überlegte ich mir auch einen Trail-Namen – das tun alle Wanderer. Ich fand es ganz passend, daß wir beide uns *Orient-Express* nannten, da die Leute mir als erstes immer die Frage stellten: »Wie heißt denn Ihr Hund?«

Der Name klang nett und gab mir, als ich da in einer gemütlichen Blockhütte bei einer Tasse Tee saß, das Gefühl, ein richtiger Wanderer zu sein.

Beim Neujahrsgottesdienst forderte uns der Prediger auf, Gottes Willen für das nächste Jahr zu erkennen und bereit zu sein, ihn zu erfüllen. Ich sagte dem Herrn, wenn es Sein Wille sei, daß ich den Appalachian Trail ginge, sei ich dazu bereit. Aber Er würde mir den Weg dahin ebnen müssen. Es kam mir ziemlich unwahrscheinlich vor, daß Er das tun würde.

Als erstes würde Er meinen Terminkalender freimachen müssen – für sechs Monate! An die Tür meines Kühlschranks klebe ich immer Zettel, die mich an kommende Verpflichtungen erinnern sollen. Das ist meine Art von Terminkalender.

Anfang Januar 1990 merkte ich, daß die Kühlschranktür schon seit mehreren Wochen leer war. Meine erste Reaktion war: »Was habe ich falsch gemacht, daß die Leute mich nicht mehr einladen, Reden zu halten und Seminare durchzuführen?« Dann sagte ich mir, daß womöglich *Gott* seine Hand hier im Spiel hatte. Es war das allererste Mal, daß ich für fast ein ganzes Jahr keine Termine hatte. Es kristallisierte sich immer mehr heraus, daß die Wanderung auf dem Trail keine Möglichkeit, sondern eine Forderung darstellte.

Die Entscheidung fiel, als Gail Reams, eine Freundin, mich fragte, ob ich auf einer Versammlung im April sprechen könnte. Ich sagte ihr, daß ich wahrscheinlich keine Zeit haben würde, weil ich daran dachte, den Appalachian Trail zu gehen. Sie geriet darüber so aus dem Häuschen, daß sie gar nicht mehr aufhören konnte zu reden. Ich mußte nun unbedingt zu ihrer Gemeinde in Greensboro sprechen und mich mit mehreren Geschäftsleuten über die Wanderung unterhalten. Innerhalb weniger Wochen waren Spenden in Form von Geld, Ausrüstung und Proviant eingegangen.

Eine Umkehr war nicht mehr möglich. Zumindest fühlte ich mich verpflichtet, um der Leute willen auf den Trail zu gehen und mich »richtig schlimm« zu verletzen.

Ein Dutzend Freunde von der Kirche boten ihre Hilfe an und wurden der Kern meines Organisationsteams in Burlington. Sie teilten die Logistik meines Lebens auf dem Trail unter sich auf und versprachen, alles zu tun, damit ich auf dem Trail blieb.

»Du gehst«, sagten sie, »und wir kümmern uns um den Rest.«

Aber das Wandern war nur ein Teil dessen, was ich meinem Gefühl nach tun mußte. Wenn der Zweck meiner Wanderung darin bestand, daß ich zu den Menschen über Gott und Seine Liebe sprechen sollte, war ich denkbar ungeeignet. Ich hatte keine Ahnung von dem, was die Leute »Zeugnis ablegen« nannten. Ich ging erst seit zwei Jahren zur Kirche. Ich konnte weder einen theologischen Disput führen, noch die schwierigen Fragen beantworten, mit denen ich zu rechnen hatte. Mein Mangel an Wissen disqualifizierte mich schneller als alle meine körperlichen Mängel.

Schließlich kam ich zu dem Schluß, daß das Reden sich genauso entwickeln mußte wie das Gehen. Ich konnte es nicht im voraus planen oder steuern. Ich hatte Leute davon sprechen hören, daß sie durch den Glauben lebten, und dies würde meine Chance sein, herauszufinden, was das bedeutete.

Als ich schließlich auf dem Trail war und die Leute mich fragten: »Warum tun Sie das?«, wußte ich nie, was ich sagen sollte. Die einfachste Antwort war: weil ich fühlte, daß Gott mich dazu berufen hatte. Aber das schien mir doch wieder zu wenig zu sein, da es ja meine Absicht war, unterwegs zu den Menschen zu sprechen und sie wissen zu lassen, was Gott in meinem Leben getan hatte.

Meistens endete es damit, daß ich sagte, ich ginge den Trail, um damit Zeugnis für den christlichen Glauben abzulegen. Wenn sie mehr wissen wollten, erklärte ich ihnen, daß ich mit meiner Wanderung Gott für all die Dinge danken wollte, die Er für mich getan hatte. Ich hoffte nur, daß ich mit dieser Offenheit die Leute nicht vor den Kopf stieß, denn ich erinnerte mich, daß ähnliche Antworten *mich* in der Vergangenheit kalt gelassen hatten. Aber ich wußte nicht, wie ich es anders sagen sollte, wenn ich eine ehrliche Antwort geben wollte. Und um keine Verwirrung zu riskieren, platzte ich einfach damit heraus.

Ich beschloß, am dritten Jahrestag meiner Abstinenz mit meiner Wanderung anzufangen. Bei dem Intensivkurs hatte Warren Doyle auch davon gesprochen, wann die optimale Zeit für eine Wanderung von Süden nach Norden war. Nach seinem Dafürhalten sollte man im März in Georgia starten, da man Ende August oder Anfang September in Maine sein mußte, um nicht vom Einbruch des Winters überrascht zu werden. Als ich mir überlegte, wann ich starten sollte, sah ich auf meinem Kalender, daß der 8. März der Jahrestag meiner Abstinenz war. Ich hätte mir kein besseres Datum vorstellen können. Irgendwie paßte es.

7 Im Rampenlicht

Einen Tag nach unserer Rettung vor dem Verdursten und der Unterkühlung im nördlichen Georgia trafen Orient und ich uns mit dem Fotografen Tom Reed. Wir wanderten gemeinsam über ein

Geröllfeld, das in dem Trail-Führer als »9,2 der schwierigsten Kilometer in Georgia« beschrieben wird. Tom machte hunderte von Aufnahmen, während Orient und ich versuchten, zwischen all den Steinen unseren Weg zu finden.

Wir schafften es nicht bis zum nächsten Wetterschutz, sondern schlugen vollkommen erschöpft mein Zelt auf und redeten bis tief in die Nacht, wobei wir unzählige Tassen heißen Tee und Unmengen von Makkaroni und Käse verdrückten, die ich zubereitete. Tom hatte nur Schokolade und Frühstücksfleisch mit, womit er auf dem Trail nicht sehr weit kommen würde, wie er sehr schnell feststellte.

Er stellte mir viele Fragen über meine Wanderung und über meine Motive. Ich antwortete ihm so ehrlich, wie ich konnte, versuchte ihm zu erklären, weshalb ich glaubte, daß Gott mich dazu berufen hatte, und bat ihn, die religiöse Komponente in seinem Artikel hervorzuheben. Er versprach es mir, und ich spürte, daß er aufrichtig war.

Ohne den religiösen Aspekt war ich nur einer von vielen, der mit seinem Hund in Richtung Norden unterwegs war.

Als der Artikel in der Zeitung von Atlanta erschien, fehlte der Hinweis auf die religiöse Komponente. Später schrieb Tom mir, daß sein Artikel aus Platzgründen gekürzt worden war, und bat um Verzeihung, falls das zu Ungenauigkeiten geführt habe.

Ich wußte, daß es nicht Toms Fehler war, aber meine ursprüngliche Befürchtung, den wahren Grund meiner Wanderung den Leuten nicht übermitteln zu können, wurde aufs neue bestätigt. Da ich dagegen machtlos war, blieb mir nichts anderes übrig, als meinen Weg fortzusetzen.

Hot Springs, North Carolina, eine kleine Gebirgsstadt mit siebenhundert Einwohnern, war eine willkommene Unterbrechung. Einem Führer zufolge war die Stadt einst als Erholungsort so beliebt gewesen, daß täglich sieben Züge aus Atlanta eintrafen, um die Menschen zu den heißen Bädern zu bringen. Ich freute mich darauf, mich in einem abgelegenen Ort zu verkriechen und mich zu erholen.

Aber kaum war ich angekommen, am Karfreitag, den 13. April, schlug mein Unbehagen, was Publicity betraf, in echte Besorgnis um. Statt mich auszuruhen, Besorgungen zu erledigen und einen freien Tag zu genießen, mußte ich Zeitungsreportern aus den Städten der

Umgebung stundenlang Rede und Antwort stehen. Jeder schien die gleichen Fragen zu stellen, und allmählich verging mir die Lust, immer wieder die gleiche Geschichte zu erzählen. Gegen Abend hatte ich immer noch nicht meine Wäsche gemacht, Lebensmittel eingekauft oder mir die Haare schneiden lassen.

Abends bekam ich in meinem Gasthaus *The Inn* einen Anruf aus Atlanta. Ein Produzent der *ABC's World News Tonight* wollte auf dem Trail ein Interview mit mir machen. Immer, wenn danach das Telefon klingelte, zogen mich die anderen Wanderer im Gasthaus damit auf, daß es wahrscheinlich wieder ein Fernsehfritze war, der ein Interview haben wollte.

Irgendwo machte mir das auch Spaß. Ich habe immer gern im Mittelpunkt der Aufmerksamkeit gestanden. Vor ein paar Jahren hätte ich die Zeitungen und Fernsehanstalten selbst angerufen und versucht, so viel Publicity wie nur möglich zu bekommen.

Aber dieses Mal beunruhigte es mich. Im Rampenlicht zu stehen, konnte schlimme Folgen für mich haben. Ich hoffte, auf dem Trail geistig zu wachsen, und das Interesse der Öffentlichkeit würde mich dabei nur stören. Ich war dankbar für jede Ermutigung, aber was ich am wenigsten gebrauchen konnte, waren Schmeicheleien.

Ich machte mir auch Sorgen, daß die Berichte in der Presse den Sinn meiner Wanderung falsch wiedergeben könnten. Ich wollte Zeugnis für den christlichen Glauben ablegen, sonst nichts. Ich wollte keine Lanze für Behinderte brechen. Ich wollte nicht beweisen, daß ein Mensch mit genügend Willenskraft und Entschlossenheit alles schaffen konnte, was er sich vorgenommen hatte. Und ganz bestimmt wollte ich behinderte Menschen nicht dazu animieren, den Appalachian Trail zu gehen.

Je mehr ich darüber nachdachte, desto größer wurde meine Unruhe. Würden die ständigen Wünsche nach Interviews so viel Zeit in Anspruch nehmen, daß ich meine Wanderung nicht bis zu Ende durchführen konnte? Würden andere Wanderer mich als eine Art Berühmtheit betrachten und sich auf dem Trail von mir fernhalten? Würden die Leute glauben, daß ich den Trail nur ging, um aus meiner Berühmtheit Kapital zu schlagen? Hatte ich die Pflicht, meinen Glauben nicht nur an die Menschen weiterzugeben, denen ich unterwegs begegnete, sondern auch über die Medien an mir unbekannte Menschen?

Nachdem das Telefon in *The Inn* verstummt war und sich alles beruhigt hatte, überkam uns Wanderer plötzlich eine »Gier nach Fett«, ein Heißhunger auf Gebratenes. Wir stürmten eine Hamburger-Bar und verdrückten Cheeseburger, Pommes und Schokoladen-Shakes in rauhen Mengen. Zum Glück war die Presse nicht da, um Zeuge meines unglaublichen Appetits zu werden.

Am Ostersonntag besuchte ich einen Gottesdienst, der bei Sonnenaufgang in einer kleinen ländlichen Kirche von der Heilsarmee gehalten wurde. Es war eine wunderbare Stunde, die mir genau das gab, was ich brauchte. Ich wurde daran erinnert, daß Gott für meine Wanderung verantwortlich war und daß alles so geschehen würde, wie Er es wünschte.

Gegen halb elf vormittags ging ich wieder los. Die nächsten Cheeseburger warteten in Erwin, Tennessee, hundert Kilometer von hier entfernt.

Von nun an sah ich jeden Abend Wanderer wieder, die ich unterwegs auf dem Trail getroffen hatte. Steve, ein ruhiger, sensibler junger Mann mit dem Trail-Namen *Talus*, war offenbar ganz fasziniert davon, wie Orient und ich unseren Weg fanden. Sally, die den Trail-Namen *Miss Mainerd B* trug – abgekürzt von Maine und Bust – war ein süßes, mutiges Mädchen, die ihren rechten Arm vor ein paar Jahren bei einem Autounfall verloren hatte. Sie schulterte ihr Gepäck wie alle anderen, und die meisten merkten noch nicht einmal, daß sie eine Prothese trug. Gary, der zuckerkrank und von Insulinspritzen abhängig war, lebte seit sechs Jahren in den Vereinigten Staaten, sprach aber immer noch mit einem unverkennbar britischen Akzent.

Zu dieser Zeit pendelten sich die Dinge ein. Orients Pfoten verheilten mit jedem Tag besser, und ich lernte das Gewicht in meinem Rucksack zu reduzieren, und das Gehen wurde leichter.

Aus diesem Grunde tat ich etwas, was ich bis dahin noch nie getan hatte. Viele Leute wissen nicht, daß man einen Blindenhund nicht frei laufen lassen darf; mancher hat seinen Hund auf diese Weise verloren. Die Hunde können unglaublich gut führen, aber die Freiheit haben sie nicht kennengelernt und wissen deshalb auch nicht, wie sie damit umgehen sollen. Plötzlich sind sie frei und möchten ihre Grenzen ausprobieren. Darum rennen sie erstmal weg.

Ich wußte das zwar alles ganz genau, aber da Orient sich bisher auf dem A.T. so gut bewährt hatte, wollte ich ihm ein wenig Freiheit schenken, Freiheit, die er noch nicht kannte. Ich ging sehr vorsichtig vor – ich ließ ihn nicht einfach laufen, sondern paßte auf, daß er ständig unter Beobachtung stand. Da Orient eine große Zuneigung zu Steve gefaßt hatte, erlaubte ich ihm, Steve zu folgen, wenn dieser zum Wasserholen ging oder am Ende des Tages badete. Ich bat Steve jedes Mal, ihn nicht aus den Augen zu lassen, damit er nicht weglief. Es klappte ausgezeichnet.

Bis auf ein Mal.

Eines Nachmittags schlugen wir unser Zelt schon um drei Uhr auf und hatten das Gefühl, einen Mini-Tag frei zu haben, da die Tage bereits länger wurden. An jenem Tag hatten wir zweiundzwanzig Kilometer geschafft und waren völlig ausgelaugt, obwohl nichts Besonderes passiert und die Strecke einfach gewesen war.

Wie so oft in letzter Zeit ließ ich Orient frei laufen. Aber dieses Mal sagte ich es Steve nicht, weil es inzwischen zur Gewohnheit geworden war und ich damit rechnete, daß er auf Orient achten würde.

Als Steve nach ungefähr einer Stunde zurückkam, sagte ich: »Komm her, Orient.«

»Orient ist nicht da, Bill«, erklärte Steve.

»Aber ja«, widersprach ich. »Er ist doch mit dir zum Wasserholen gegangen.«

Aber das hatte er nicht getan.

Kurze Zeit später setzte sich ein anderer Wanderer zu uns und fragte: »Meint ihr diesen großen Schäferhund? Ich habe gesehen, wie er dort drüben über den Hügel lief und einen Hirsch jagte.«

Mein Herz erstarrte. Mein ganzer Körper erstarrte. »Ohne diesen Hund«, schrie ich, »bin ich tot, kann ich nicht funktionieren. Außerdem liebe ich ihn!«

Weitere Wanderer kamen jetzt hinzu, und obwohl sie den ganzen Tag gegangen waren, schwärmten sie in alle Richtungen aus, um

Orient zu suchen. Währenddessen wirbelten mir alle möglichen Gedanken durch den Kopf. Erstens stellte ich mir vor, wie ich *The Seeing Eye* erzählte, daß ich meinen herrlichen Hund freigelassen hatte und er von einem Auto überfahren worden war. Ich sah den Unfall genau vor mir. Dann stellte ich mir vor, daß er sich verletzt hatte und wimmernd vor Schmerzen im Wald lag.

Schließlich packte mich eine furchtbare Wut. Ich dachte: »Da gebe ich ihm ein bißchen Freiheit, und er nutzt das gleich aus und macht sowas! Seintwegen müssen all diese müden Leute wieder losgehen, während er seinen Spaß hat!«

Ich kochte vor Wut!

Nach einer Weile kehrten alle wieder zurück. Niemand hatte etwas von Orient oder dem Hirsch gesehen.

Steve kam als letzter. Als er mir sagte, daß er den Hund nicht gefunden hätte, erklärte ich, daß wir zur Forstverwaltung gehen und sie um Hilfe bitten müßten. Vielleicht konnten sie sogar einen Hubschrauber organisieren.

Inzwischen war es fünf Uhr geworden. Als wir uns auf den Weg zur nächsten Straße machten, die ungefähr fünf Kilometer entfernt lag – wo genau wußten wir nicht –, fragte ich den Wanderer, der Orient und den Hirsch gesehen hatte, auf welchem Hügel das gewesen sei. Dann bat ich Steve, mich dort hinaufzuführen. »Orient!« brüllte ich immer wieder in alle Richtungen.

Ich weinte und schrie und litt bei dem Gedanken, daß ich den besten Hund der Welt umgebracht hatte. Und plötzlich kam Orient herbeigerannt! Ich merkte ihm an, daß ihm nicht ganz wohl in seiner Haut war. Er benahm sich wie ein unartiger Junge, der etwas angestellt hatte; aber er war zurückgekommen.

Ich mußte ihn loben, denn das Schlimmste, was man einem Hund antun kann, ist, ihn scharf zu tadeln, wenn er gerade etwas richtig gemacht hat. Orient erinnerte sich nur daran, daß er mir gehorcht hatte – nicht, daß er weggelaufen war. Ich mußte ihn dafür loben, daß er zurückgekehrt war, sonst würde er beim nächsten Mal nicht wiederkommen.

Und doch kämpften widerstreitende Gefühle in mir. Auf der einen Seite wollte ich ihn bestrafen, auf der anderen Seite war ich so froh, daß er wieder da war und ich keine Angst mehr zu haben brauchte, daß ich selig mit ihm auf der Erde herumrollte.

Dann stand ich auf und erklärte ihm mit strenger Miene: »Bis Katahdin bist du gesperrt.«

Steve brüllte vor Lachen.

Von da an hatte ich Orient bis auf kurze Ausnahmen immer an der Leine. Selbst beim Schlafen band ich ihn an dem Reißverschluß meines Schlafsacks fest. Er war nur noch ein einziges Mal nicht an der Leine, in einer Blockhütte in Connecticut – und das hatte auch katastrophale Folgen!

Als ich fünf Tage später nach Erwin kam (Orient immer stramm an der Leine!), erwartete mich ein ABC-Team aus Atlanta. Kent Garland, der in Erwin zu Hause und ein alter Freund der Wanderer war, begleitete mich in den Supermarkt und in den Waschsalon, während das Fernsehteam seine Aufnahmen machte. Nachmittags schlug ich mein Zelt am Nolichucky River auf, der als Hintergrund für das Interview mit Al Dale dienen sollte.

Auch eine Reihe von Zeitungsreportern wartete auf Interviews, die bis in den Abend hinein dauerten. Ich war mit mehreren anderen Wanderern in einem Wanderheim im Nolichucky Expedition Center und wollte so schnell wie möglich fertig werden, damit die Interviews nicht auch ihren Abend beherrschten. Als ich aber um elf Uhr immer noch nicht zu Mittag, geschweige denn zu Abend gegessen hatte, sagte ich den Reportern, daß ich das nächste Interview nur demjenigen geben würde, der mit einer Pizza kam, nicht nur für mich, sondern auch für die anderen Wanderer – die ebenfalls Fragen beantwortet hatten. Das führte zu hektischer Aktivität, die damit endete, daß alle etwas zu essen und etwas Kaltes zu trinken bekamen. Ich wollte nicht unhöflich sein, sah aber auch nicht ein, daß wir hungern sollten.

Am nächsten Morgen bat mich das ABC-Team, einen bestimmten Abschnitt des Trails mehrmals zu gehen, damit sie ihre Aufnahmen von verschiedenen Winkeln aus machen konnten. Allmählich begriff ich, wieviel Zeit und Energie hinter einer Sequenz steckten, die im Fernsehen nicht länger als drei Minuten dauerte. Ich war dankbar für die Liebenswürdigkeit und das Interesse der Leute, fragte mich aber auch, wie ich es jedem recht machen und gleichzeitig den Mt. Katahdin erreichen sollte.

Als Orient und ich vier Tage später auf eine Lichtung traten, wartete ein Hubschrauber mit einem Fernsehteam von WRAL-TV aus Raleigh, North Carolina, auf uns. Der Reporter Leslie Boney stürzte uns entgegen und wollte uns ein Stück weiter oben, wo eine Straße den Trail kreuzte, interviewen. An diesem Tag befand ich mich wieder in Begleitung von Steve, Sally und Gary und einem Wanderer mit Namen Al Sanborn. Orient und ich waren in scharfem Tempo vorausgegangen. Als ich Stimmengemurmel hörte, fragte ich einen Mann, was da los sei. Er erklärte mir, daß die meisten Leute noch nie einen Hubschrauber aus der Nähe gesehen hätten – oder einen blinden Mann, von dem es hieß, daß er mit seinem Hund auf dem Appalachian Trail ging.

»Haben Sie den Blinden gesehen?« fragte er mich.

Mit einem unterdrückten Lachen ging ich weiter und rief ihm über die Schulter zu: »Er ist ungefähr vierhundert Meter hinter mir.«

Das Interview nahm den ganzen Nachmittag in Anspruch, doch im Anschluß daran fand eine Grillparty statt, die eine Familie aus Johnson City für alle Wanderer gab. Sie hatte in ihrer Lokalzeitung einen Artikel über den *Orient Express* gelesen und daraufhin beschlossen, uns entgegenzugehen und uns Mut zuzusprechen. Wir waren sehr dankbar für ihren Händedruck – und ihre Hamburger!

Am nächsten Morgen landete ein anderer Hubschrauber mit einem Fernseh-Team aus Bristol, Tennessee, in der Nähe unseres Zeltplatzes. Sie fragten, ob sie mir ein Mikrofon anstecken und uns ein, zwei Kilometer auf dem Trail folgen dürften. Orient lächelte den Kameramann an, legte seinen Kopf schief und stellte die Ohren auf, so daß sie mich für eine Weile vergaßen. Aber nicht lange genug!

Mein Großvater nannte solch eine Situation immer »plus eins, minus zwei«. Damit ist meine Befürchtung, an jeder Biegung der Presse in die Arme zu laufen, ziemlich gut beschrieben. Es waren unheimlich nette und liebenswürdige Leute, die allerdings eine zeitraubende Aufgabe zu erledigen hatten – und meine Aufgabe war es, nach Maine zu gelangen. Ich zweifelte daran, daß wir auf diese Weise unsere Ziele erreichen konnten.

Als Al Dales Interview im Mai in *World News Tonight* gesendet wurde und in *USA Today* ein Artikel über Orient und mich erschien, waren die Tage meiner Anonymität auf dem Trail vorüber. Es wurde darüber spekuliert, wie viele Millionen den *Orient Express* im Fernsehen und in der Zeitung sehen würden.

Ich versuchte, dieses Spiel mit den Zahlen zu vermeiden, denn wenn ich damit anfing, würde ich Schwierigkeiten haben, nüchtern und sachlich zu bleiben.

Hin und wieder fragten mich die Reporter nach meinem Leben vor der Wanderung. Ob ich verheiratet war. Ob ich Kinder hatte. Ob ich arbeitete. Ob ich immer religiös gewesen war. Ich hatte zwar nichts zu verbergen, war mir aber auch nicht sicher, ob sie wirklich die ganze Geschichte wissen wollten. Ich fand, daß sie sich besser für private Gespräche eignete.

Zu dieser Zeit wurde mir ein weiterer Grund für meine Wanderung bewußt. Zum ersten Mal setzte ich mich mit dem Verlust meiner Eltern auseinander. Als zuerst meine Mutter und dann mein Vater gestorben waren, hatte ich mich mit Alkohol betäubt. Ich hatte versucht, den Schmerz früherer Konflikte und Mißverständnisse in einer dunklen Ecke meines Herzens zu begraben.

Auf dem Trail hatte ich Zeit zum Nachdenken, mein Geist war wach und klar, und so konnten lang verschüttete Erinnerungen endlich an die Oberfläche steigen. Ich war nicht aufgebrochen, um Heilung zu finden. Doch genau das war es, was ich fand.

8 Familienwoche

Nach dem Tode meiner Eltern hatte mein Leben weiterhin nur ein Leitmotiv – Alkohol. Das war schon das Leitmotiv meines ganzen erwachsenen Lebens gewesen. Bereits 1961 hätte ich mich durch meine Sauferei, mit der ich meine innere Qual zu betäuben versuchte, fast umgebracht. Am Heiligen Abend dieses Jahres lag ich in einem Krankenhaus in Mississippi im fortgeschrittenen Stadium einer durch Alkohol hervorgerufenen Hepatitis. Als mein Vater mich besuchte, hörte ich, wie der Arzt zu ihm sagte, daß ein Wunder geschehen müßte, wenn ich die Nacht überleben sollte. Ich schloß die Augen und dachte, wie schön es wäre, einfach nur einzuschlafen und am nächsten Morgen nicht wieder aufzuwachen.

Ich war einundzwanzig Jahre alt.

Als ich am nächsten Tag aufwachte, ging es mir erheblich besser, aber als ein Wunder betrachtete ich diesen Umschwung nicht. Einige Monate nach meiner Genesung trank ich genauso viel wie vorher. Es mußten noch fünfundzwanzig Jahre vergehen, ehe ich zu dem Eingeständnis bereit war, daß ich Probleme mit dem Alkohol hatte.

Ich war schon am 16. August 1940 – dem Tag meiner Geburt – Alkoholiker geworden.

Alkoholismus war in meiner weiteren Familie sehr verbreitet. Als ich als Kind meinen Großvater einmal auf seiner Farm besuchte, sagte er zu mir: »Die Irwins können nicht trinken.« Ich hätte mich nur bei meinen Verwandten umsehen müssen, um zu verstehen, was er damit meinte, aber es sollte noch Jahre dauern, ehe ich es begriff.

Meine Familie gehörte zu den reichsten Familien in unserer Stadt, und es fehlte mir an nichts. Meine Mutter und mein Vater waren beide in ärmlichen Verhältnissen aufgewachsen und hatten sich fest vorgenommen, ihre Kinder sollten nie mit Armut in Berührung kommen. Meine Eltern waren gute Menschen, in mancher Hinsicht sogar großartig, zeigten aber ihren Kindern kaum Zuneigung und sagten ihnen selten etwas Ermutigendes. Die körperlichen und psychischen Bestrafungen meines Vaters waren oft demütigend. Da ich damit nicht fertig wurde, gab ich die Beleidigungen und die Kritik an andere weiter.

Mit fünfzehn Jahren war ich von zu Hause weggelaufen und hatte auf den texanischen Ölfeldern gearbeitet, war dann aber doch wieder zur Schule gegangen. Als ich am Abend meiner Abschlußprüfung mein erstes Glas trank, endete es damit, daß ich eine ganze Flasche leerte. Je mehr ich an diesem Abend trank, desto fabelhafter wurde ich in meinen eigenen Augen. Es entstand eine innere Blindheit, die schon lange vor dem Verlust meines äußeren Sehvermögens begann und noch lange danach andauern sollte.

In all den Jahren als Chemiker, Lehrer und Laborbesitzer war der Alkoholismus mein ständiger Begleiter gewesen. Bis 1987 hatten mir meine Alkoholabhängigkeit sowie andere zwanghafte Verhaltensweisen vier kaputte Ehen und eine Unzahl anderer zerbrochener Beziehungen eingebracht. Meine erwachsenen Kinder kämpften mit ähnlichen Suchtproblemen wie ich.

Am 13. Februar 1987 rief mich mein dreiundzwanzigjähriger Sohn Jeff aus Birmingham, Alabama, an. Weinend erzählte er mir, daß er zum Tode verurteilt sei, wenn er nicht mit dem Kokain aufhörte.

»Pa, kannst du mir helfen?« fragte er.

Es war das erste Mal in seinem Leben, daß er mich um Hilfe bat. Ich konnte nicht nein sagen, auch wenn unser Verhältnis immer sehr stürmisch gewesen war, und so sorgte ich dafür, daß Jeff in einem Behandlungszentrum in Birmingham aufgenommen wurde.

Drei Tage nach Jeffs Anruf ging ich mit Jorie, meinem ersten Blindenhund, zum Tierarzt. Obwohl Jorie schon seit ein paar Monaten seinen Dienst wegen seiner Hüftdysplasie nicht mehr ausüben konnte und ich bereits Sailor, meinen zweiten Hund, besaß, lebte Jorie noch bei mir.

Jories Zustand hatte sich so verschlechtert, daß er nicht mehr allein stehen konnte. Er war fast elf Jahre alt, und der Tierarzt sagte, es sei grausam, ihn so weiterleben zu lassen.

»Er hat große Schmerzen«, erklärte er mir. »Die gnädigste Lösung wäre es, ihn einzuschläfern. Lassen Sie sich das ein paar Tage durch den Kopf gehen.«

Jorie einschläfern? Er hatte mir neun Jahre lang treu gedient und mich geliebt, und ein Leben ohne ihn konnte ich mir nicht vorstellen. Er hatte mir Unabhängigkeit gegeben und mir aus einem Abgrund von Depressionen herausgeholfen.

Aber ich wußte, daß es nicht recht war, sein Leiden zu verlängern. Ich sagte dem Tierarzt, wenn ich Jorie jetzt mitnähme, würde ich es nicht schaffen, ihn wieder herzubringen.

»Bitte, sagen Sie mir nicht, wann Sie ihn einschläfern«, bat ich. »Lassen Sie ihn einäschern, und geben Sie mir die Asche.«

Dann bat ich, ein paar Minuten mit Jorie allein verbringen zu dürfen, und der Tierarzt verließ den Raum. Ich setzte mich neben Jorie auf den Boden, streichelte seinen Kopf und sagte ihm, was für ein guter Junge er war. Ein paar Minuten lang redete ich mit ihm darüber, wo wir überall hingegangen waren und was wir alles zusammen getan hatten. Und ich sagte ihm, wie sehr ich ihn liebte. Dann ging ich.

Ein paar Tage später war er tot.

Am Freitag nach Jories Tod ließ ich mir durch einen Freund einen Vorrat an Getränken besorgen, der zwei Wochen hätte reichen sollen. Am Sonntagmorgen hatte ich alles ausgetrunken. Aber mir war weder leichter geworden, noch war ich berauscht. Ich zitterte und war voller Angst, zu betrunken, um durch mein Wohnzimmer gehen zu können, jedoch auch nicht betäubt. Der Schock über meinen Verlust saß immer noch tief.

Der Alkohol hatte mich schon oft hereingelegt und in Verlegenheit gebracht, aber jetzt hatte er mich zum ersten Mal im Stich gelassen.

Kurz nachdem Jeff ins Behandlungszentrum aufgenommen worden war, rief eine Therapeutin an und bat mich, an der »Familienwoche« teilzunehmen. Das bedeutete, daß ich eine Woche im Behandlungszentrum verbringen und mit Jeff, seiner Mutter und dem Mitarbeiterstab zusammenarbeiten mußte. Ich hatte dazu zwar keine besonders große Lust, erklärte mich aber bereit, da es für Jeffs Heilung notwendig erschien.

Schon lange vor meiner Ankunft wußten die Mitarbeiter des Behandlungszentrums über mich Bescheid. Als ich meinen Koffer auspackte, ließen sie mich nicht aus den Augen, um sich zu vergewissern, daß ich nicht *eine* Flasche mitgebracht hatte, und machten mich darauf aufmerksam, daß ich in den nächsten sieben Tagen innerhalb des Gebäudes weder rauchen noch Alkohol trinken dürfe. Und der Kaffee, den ich hier bekommen würde, sei koffeinfrei.

Im Geiste entwarf ich schon Fluchtpläne!

Es wurde eine schmerzhafte, aber dennoch die wichtigste Woche meines Lebens. Zum ersten Mal mußte ich Jeff zuhören, als er darüber sprach, welches Verhältnis er zu sich, seiner Mutter, seinem Bruder, seiner Schwester und mir hatte. Meine Einstellung war immer gewesen: »Ich will nichts davon hören«, und er hatte seine Gefühle immer unterdrückt, es sei denn, wir hatten eine lautstarke Auseinandersetzung.

Ich wußte jetzt, daß ich Jeff zuhören mußte, war aber nicht bereit, das Urteil der Therapeuten über mich zu akzeptieren. Schon sehr bald hatte ich gemerkt, daß sie mich zu dem Eingeständnis bringen wollten, ich hätte ein Alkoholproblem. Ich gab ihnen sehr deutlich zu verstehen, daß ich hier sei, um meinem Sohn zu helfen, und daß mein Verhalten sie nichts angehe. Ich war ein angesehener Berater im Bereich des Betäubungsmittelwesens und hatte mehr über Suchtprobleme gelernt und wieder vergessen, als sie je gewußt hatten.

Ich stauchte die Therapeuten erbarmungslos zusammen und widersetzte mich all ihren Versuchen, mich davon zu überzeugen, daß mein Leben außer Kontrolle geraten sei. Wenn sie mich fragten, ob ich morgens trinken würde oder Blackouts hätte, log ich und sagte nein, obwohl ich die richtigen Antworten wußte. Tatsache war jedoch, daß mein Leben aus allen Fugen geraten war und ich keine Ahnung hatte, wie ich das ändern sollte.

Innerlich wurde ich von dem Gewicht meiner Lebensumstände, die mir mit jedem Tag deutlicher vor Augen traten, förmlich zu Boden gedrückt. Ein paar Monate früher hatte ich meine Stellung gekündigt, in gegenseitigem Einvernehmen mit meinem Chef – entweder ich ging freiwillig, oder er schmiß mich raus. Und davor hatte ich meine gesamten Ersparnisse bei einem blödsinnigen Geschäft verloren.

Mein Vater war im November nach einem langen Kampf gegen Knochenkrebs gestorben. Als ich ihn verlor, wurde mir erst klar, daß ich mich auch nie mit der langwierigen Krankheit meiner Mutter und ihrem Tod vor sieben Jahren beschäftigt hatte. Nachdem mein Vater gestorben war, hatte ich das Gefühl, ohne jede menschliche Liebe dazustehen. Vielleicht machte ich mich deshalb zum Sklaven einer Frau in New Jersey, eine Beziehung, die neunzig Prozent meines Gefühlslebens beanspruchte und fast mein ganzes

Geld kostete. Ein Jet 747 hätte nicht genug Platz für das Gepäck meiner Vergangenheit gehabt.

Nach ein paar Tagen im Behandlungszentrum konnte ich nachts nicht mehr schlafen. Gott schien mich mit der Person zu konfrontieren, die ich war, und die gefiel mir gar nicht.

Ereignisse aus meinem Leben, die ich aus meiner bewußten Erinnerung verbannt hatte, zeichneten sich jetzt deutlich vor meinem inneren Auge ab. Es war, als ob von jedem Menschen, dem ich weh oder unrecht getan hatte, ein Video abgespielt wurde. Ohne das Betäubungsmittel Alkohol hatte ich keine Möglichkeit, diesen Schmerz loszuwerden.

Während dieses inneren Kampfes hörte ich eine Stimme sagen: »Paß auf, nur noch zwei Tage, dann kommen wir hier raus, kaufen uns eine Flasche Jim Beam, fahren zurück nach North Carolina und brauchen uns nie wieder mit diesem ganzen Quatsch zu beschäftigen.«

Aber dann meldete sich eine andere Stimme: »Wenn du jetzt nicht zugibst, daß du Alkoholiker bist, wirst du es nie tun.«

Obwohl die Therapeuten aufgehört hatten, mir zuzusetzen, wurde der innere Druck immer stärker. Ich glaube, ich fand in dieser Woche überhaupt keinen Schlaf mehr.

Am letzten Tag bekam jeder Patient eine Schlüsselkette, die den Abschluß des Programms symbolisierte, und jedes Familienmitglied wurde gebeten, kurz etwas zu sagen. Jeff bekam seine Schlüsselkette und mein Hund Sailor eine kleine Tüte mit Hundeplätzchen. Ich überlegte, was ich sagen sollte, wenn ich an die Reihe kam. Ich beschloß, meinen üblichen Witz loszulassen und zu sagen: »Ich heiße Bill, habe für die Firma gearbeitet, die Valium herstellt, und trinke unheimlich gern.«

Aber als ich meinen Namen hörte, stand ich auf und sagte: »Ich heiße Bill und ... und ich bin Alkoholiker.«

Das Publikum, meine Familie eingeschlossen, war wie vom Donner gerührt. Meine erste Reaktion war, mich nach dem Bauchredner umzusehen, denn von mir konnten diese Worte nicht stammen. Jetzt sehe ich darin einen Eingriff Gottes in mein Leben ... und das war der Anfang meines geistigen Erwachens.

Als ich am nächsten Abend wieder in Burlington war, kam es mir sehr merkwürdig vor, ohne einen Drink in der Hand dazusitzen. Aber ich hatte kein Verlangen nach Alkohol. Mein Bedürfnis nach Alkohol war auf wundersame Weise verschwunden. Aber ich wußte nicht, was ich mit mir anfangen sollte. Deshalb bat ich meine Tochter, mich zu einem Treffen von Alkoholikern zu fahren, die mit einem Zwölfstufenprogramm arbeiteten. Die Therapeuten des Behandlungszentrums hatten mir dringend geraten, an diesem Programm teilzunehmen. Ich glaubte zwar nicht, daß ich es brauchte, kam aber zu dem Schluß, daß ein Versuch nichts schaden konnte.

Nach dem ersten Treffen beschloß ich, nicht wieder hinzugehen. Diese Leute waren einfach nicht mein Schlag. Das waren Arbeiter, während ich ein Mann vom Fach war. Ihr Benehmen war ungehobelt, während ich in kultivierteren Kreisen verkehrte. Sie waren Säufer, während ich Alkoholiker war. Vielleicht gab es ja irgendwo eine andere Gruppe mit anderen Leuten, die mir mehr entsprachen.

Ein paar Tage später rief ich das Behandlungszentrum an, um zu fragen,ob sie von einer anderen Gruppe in der Nähe von Burlington wüßten. Die Therapeutin zeigte viel Verständnis und erklärte, sie wüßte genau, wie mir zumute sei. »Sie brauchen eine kultiviertere Gruppe«, sagte sie und versprach, mich mit einem Mann in Verbindung zu bringen, der mir bei der Suche behilflich sein könnte. Die nächsten beiden Wochen sollte ich aber doch weiterhin an dieser Gruppe teilnehmen. Um ihr einen Gefallen zu tun, stimmte ich zu.

Eines Abends sagte ein Mann, nur in einer Gruppe wie dieser sei es möglich, daß ein Klempner einem Priester beibringe, wie er leben solle. Dieser Gedanke war faszinierend und führte dazu, daß ich auch zum nächsten Treffen ging, wo mir ein Mann den besten Rat meines Lebens gab, nämlich wie man von einem Tag auf den anderen leben solle.

»Wenn du abends schlafen gehst«, sagte er, »schmeiß deine Schuhe so weit unters Bett, daß du dich am nächsten Morgen hinknien mußt, um sie wiederzukriegen. Während du dann vor dem Bett kniest, bitte Gott, daß er dir helfen möge, den Tag zu überstehen. Danke Ihm am Abend für das, was Er für dich getan hat, und schleudere deine Schuhe wieder unters Bett.«

Aus zwei Wochen wurden zehn, und die Therapeutin rief nie wieder an. Inzwischen hatte ich begriffen, was sie schon längst wußte. Ich brauchte keine neue Gruppe, nur eine neue Perspektive auf mich selbst und auf die Hilfe, die ich brauchte.

Zwei Monate nach dem Eingeständnis, Alkoholiker zu sein, leitete ich ein toxikologisches Seminar in Florida. Ich machte mit dem Vormittagsunterricht früh Schluß und lief nach unten, um mir Zigaretten zu holen. Während ich in der Schlange vor dem Hotelkiosk wartete, schoß mir plötzlich der Gedanke durch den Kopf: »Du wirst nicht mehr rauchen.« Das war keine Stimme oder eine Vision, sondern eine ganz sachliche Feststellung, fast eine Ankündigung.

Als ich an die Reihe kam und die Frau mich nach meinen Wünschen fragte, sagte ich, daß ich es vergessen hätte, und ging wieder. Nachdem ich neununddreißig Jahre lang jeden Tag fünf Schachteln Zigaretten geraucht hatte, war mein Verlangen nach Tabak mit einem Mal verschwunden.

Ich fing an, mich zu fragen, auf welche Sucht Gott Seinen Finger als nächstes legen würde.

Ich hatte nicht darum gekämpft, von der Sucht nach Alkohol freizuwerden. Ich weiß nicht, weshalb Gott mich so schnell und so total davon erlöste, während andere einen jahrelangen Kampf führen müssen. Vermutlich kannte Er meine Schwächen und behandelte mich dementsprechend. Ich war zwar nicht mehr alkoholabhängig, aber all die destruktiven Gedanken- und Verhaltensmuster waren immer noch da.

Ich war im Grunde ein Mensch, der andere Menschen ausnutzte. Wenn sie sich meinen Absichten widersetzten, machte es mir nichts aus, sie fallenzulassen. Mit Hilfe des Alkohols hatte ich den Schmerz über die Verluste menschlicher Beziehungen immer abgetötet und die Dinge, über die ich nicht nachdenken wollte, unterdrückt. Jetzt, wo mein Geist klar war, wollte ich den Dingen ins Gesicht sehen und mich mit den Ursachen meiner Probleme auseinandersetzen, nicht mit den Wirkungen.

Schritt Vier in dem Zwölfstufenprogramm konfrontierte mich mit diesen Dingen, denn hier wurde »eine gründliche und furchtlose moralische Bestandsaufnahme unserer selbst« verlangt.

Am Ende dieses schmerzhaften Prozesses stand eine lange Liste von Leuten und Ereignissen, die ich hatte vergessen wollen. Ich war groß darin gewesen, anderen Vorwürfe zu machen und hatte meiner Familie, meinen Freunden und Kollegen die Schuld an allen Mißhelligkeiten meines Lebens gegeben. Jetzt war ich mit Hilfe der Leute in meiner Gruppe in der Lage, jede Woche mehr Verantwortung für mein eigenes Versagen zu übernehmen.

In Schritt Acht und Neun mußte ich all die Menschen aufzählen, denen ich Leid zugefügt hatte, und wenn es möglich war, Wiedergutmachung leisten, ohne dabei andere zu kränken. Das war hart. Ich fing damit an, mich persönlich bei den Betroffenen zu entschuldigen, und merkte, daß bei jedem Mal die Last meiner Schuld etwas leichter wurde. Durch Anrufe oder Briefe versuchte ich all diese Menschen zu erreichen.

Ich war entschlossen, mir auch noch die letzten der zwölf Stufen zu erarbeiten, denn ich merkte, wie gut es tat, mit sich im Frieden und mit wachen Sinnen zu leben. Wenn die Leute mich erstaunt baten, ihnen zu erklären, was passiert war, fand ich keine Worte, denn ich begriff es ja selber nicht ganz.

Ich wurde mir der Welt um mich herum immer mehr bewußt, einer Welt, der gegenüber ich so lange abgestumpft gewesen war. Mein eigener Garten veränderte sich und war erfüllt von Gerüchen und Geräuschen, die ich jahrelang nicht wahrgenommen hatte. Die erstaunliche Vielfalt der Schöpfung Gottes und ihre einfache Schönheit überwältigten mich.

Gott in der Schöpfung zu erkennen, war ein großer Teil meiner Arbeit in Schritt Elf – durch Gebete und Meditation versuchte ich, meinen bewußten Kontakt mit Gott zu verbessern, Seinen Willen kennenzulernen und die Kraft zu finden, ihn zu erfüllen. Aber trotz aller Versuche kam ich nicht sehr weit.

Im September 1988 verbrachte ich ein Wochenende in Vade Mecum, einem wunderschönen Erholungscenter in den Great Smoky Mountains im westlichen Teil von North Carolina. Eines Nachmittags stellte mir ein Freund, den ich sehr achtete, eine Frage. »Bill«, sagte er, »was für eine Beziehung hast du zu Jesus Christus?« Bei solchen Fragen nahm ich normalerweise Reißaus, aber an jenem

Tag gab ich ihm eine ehrliche Antwort und sagte: »Gar keine, aber ich wüßte gern mehr darüber.«

Wir gingen zu einer kleinen Kapelle, die am Berghang lag, und er erklärte mir, was es bedeutete, sein Leben voll und ganz Christus zu weihen. Er las mir *Das Gebet des Sünders* vor, und ich sprach es ihm nach. Ich sagte Gott, daß ich das Unrecht, das ich getan hatte, und mein früheres Wesen bereute, und bat Ihn um Vergebung. Ich öffnete Jesus Christus die Tür zu meinem Leben und bat Ihn hereinzukommen, mein Manager zu werden und alles nach Seinem Willen zu bestimmen. Als ich fertig war, drückte Bill mich ganz fest an sich.

»Bill, du bist ein neuer Mann in Jesus Christus«, sagte er. »Von jetzt an wird dein Leben anders verlaufen.« Das hoffte ich zwar, aber ich wunderte mich, mit welcher Sicherheit er das sagte.

Es war ganz deutlich, daß Gott mit meinem Leben etwas vorhatte, aber ich hatte keine Ahnung, in welche Richtung es sich bewegen würde. Schon bald begriff ich, daß ich aufhören mußte, die Menschen in meinem Leben zu kontrollieren, besonders meine erwachsenen Kinder. Ich fing an, ihnen mehr zuzuhören und sie weniger zu bevormunden – ließ sie den Weg einschlagen, den sie für den besten hielten, statt darauf zu bestehen, sie müßten meinen Vorstellungen folgen.

Um die Veränderungen in meinem Leben objektiv beurteilen zu können, müßte man mit meinen Kindern und den Menschen, die in diesem ersten Jahr mit mir zu tun hatten, reden. Einige Veränderungen waren ganz deutlich, andere weniger sichtbar, aber alle versetzten mich in Erstaunen. Ich spürte, wie der Zorn und die Bitterkeit in meinem Inneren nachließen. Es war, als ob jemand den Brenner unter einem Teekessel abgestellt hätte.

Genau wußte ich nur, daß ich Gott die Tür zu meinem Leben einen Spaltbreit geöffnet hatte und daß Er darin walten würde, wenn ich es nur zuließ.

Das Resultat überraschte niemanden mehr als mich.

9 Mit anderen Augen

Achtzehn Monate später war ich immer noch genauso überrascht.

Für die meisten Wanderer lag der Lohn der Wanderung in visuellen Erlebnissen. Wenn sie sich einen ganzen Vormittag lang einen Berg hinaufgekämpft hatten, machten sie oft eine Stunde Pause, um den Blick auf die Gipfel und Täler zu genießen. Oft fragten mich die Leute, welchen Lohn die Wanderung mir schenkte, da ich doch nichts sehen konnte.

»Fühlen Sie sich hintergangen«, fragten sie, »weil Sie all die Schönheit nicht sehen können?«

Als Helen Keller gefragt wurde: »Können Sie die Welt sehen?« erwiderte sie: »Ich kann innerlich sehen, und deshalb kann ich in dieser Welt, die Sie dunkel nennen, die aber für mich golden ist, glücklich sein. Ich kann eine von Gott geschaffene Welt sehen, keine von den Menschen geschaffene.«

Es gab Situationen, wo ich wünschte, die Farben und die Landschaften sehen zu können, die die anderen Wanderer mir beschrieben. Aber wie Helen Keller lernte ich, die Natur auf schöne, aufregende Weise neu zu erleben. Während Orient und ich Tag für Tag den Trail entlangwanderten, normalerweise allein, bildete die Welt um uns herum eine ewige Quelle der Wunder und der Freude.

Oft war ich mir einer Person oder eines Gegenstands in meiner Nähe bewußt, obwohl ich sie nicht sehen konnte. Aus der Kombination von Geräusch, Hautsensibilität und Geruch ergibt sich eine Art sechster Sinn, auf den ich mich immer stärker verließ. Ich wußte, ob ich unter tiefhängenden Zweigen oder unter hohen Bäumen ging. Eine große Steilwand nahm ich anders wahr als den leeren Raum unter einem schmalen Felsvorsprung. Ich spürte die unendliche Höhe eines Berges und die Tiefe eines bewaldeten Tales. An diesem sechsten Sinn lag es, daß ich manchmal den Arm ausstreckte, um einen Baum oder einen Felsen zu berühren, die ich nicht sehen konnte, von denen ich aber wußte, daß sie da waren.

Sehende Wanderer wurden mit visuellen Erlebnissen belohnt, die mir verwehrt waren. Aber es gibt Dinge, die man nur durch die Augen der Seele sehen kann.

Ich nehme an, viel von dem, was ich »sah«, vermittelten mir meine anderen Sinne. Ich liebte das Geräusch des Windes, der durch den Wald wehte. Im Vorfrühling hörte er sich in Georgia, North Carolina und Tennessee anders an als im Sommer, wenn die Vegetation üppig und dicht war. Eine Brise verriet mir, ob ich in einem Laubwald oder in einem Pinienwald war. Sie brachte die Blätter zum Rascheln, pfiff aber durch die immergrünen Nadeln. Manchmal hörte sich das Knacken eines Baumes an wie menschliches Reden oder wie das Ächzen der Spanten in einem alten Schiff auf hoher See.

Auf kahlen Berggipfeln erreichte der Wind oft eine Stärke, die ich mehr spürte als hörte. Mehr als einmal mußten Orient und ich uns flach auf den Boden legen, damit wir nicht von einem Windstoß umgerissen wurden.

Als wir die Staatsgrenze nach Virginia überschritten, war es Anfang Mai, und der unverkennbare Duft hunderter verschiedener Blumen, Pflanzen und Bäume erfüllte die Luft. Besonders intensiv waren der Rhododendron, der Lorbeer und die Azaleen.

Allmählich schien Orient mehr Gefallen an der Wanderung zu finden. In der Stadt mußte er seinen ausgeprägten Geruchssinn unterdrücken und sich auf das, was er sah und hörte, konzentrieren. Hier draußen konnte er von seiner Nase wieder Gebrauch machen und sich auf die Gerüche seiner Umgebung einstellen.

Ich stellte noch etwas anderes fest: Ich entwickelte ein immer feineres Gespür für Orients Stimmung. Seine Gefühle hatten mir von Anfang an die allergrößten Sorgen gemacht. Als Orient sich nach den ersten Tagen die Füße wundgelaufen hatte und ich sein Gepäck hatte tragen müssen, war mir klar geworden, daß ich meine Wanderung abbrechen mußte, wenn ihm irgendwas passierte.

Aber ich hatte gelernt, mich sowohl auf seine körperliche als auch auf seine seelische Verfassung einzustellen. Und jetzt, nach ungefähr achthundert Kilometern, merkte ich endlich, wenn ihm etwas zuviel wurde.

Ein Hund ist ein Kurzstreckenläufer, kein Dauerläufer. In der Frühsommerhitze Virginias begriff ich endlich, daß es noch sehr lange dauern würde, bis Orient endgültig das Durchhaltevermögen, das für dieses Abenteuer nötig war, besaß. Wenn er müde wurde, legten wir im Schatten eine Pause ein, bis er wieder zu Kräften gekommen war.

(Interessanterweise änderte sich das später. Während meine Kräfte allmählich nachließen, nahmen die seinen zu. In New Hampshire war er so stark, daß er ununterbrochen hätte gehen können, während ich nur noch hin und her taumelte.)

Als wir die Grenze nach Virginia erreichten, stellte ich zu meiner Überraschung fest, daß Orient und ich etwas gemeinsam hatten: Je länger ich auf dem Trail ging, desto feiner wurde mein Geruchssinn. Ein drohendes Gewitter kündigte mir meine Nase schon an, bevor die Wolken sich vor die Sonne schoben und es anfing zu donnern.

Oft roch ich das schwache Aroma von Holzrauch schon, wenn ich noch zwei oder mehr Kilometer von der Schutzhütte entfernt war. Eines Nachmittags ging ich an einem jungen Paar vorbei, das einen Tagesausflug machte, und mußte einfach stehenbleiben, als mir das Parfüm des Mädchens in die Nase stieg. Nachdem ich Wochen in Gesellschaft von verschwitzten Wanderern und einem verschwitzten Hund verbracht hatte, konnte ich es einfach nicht glauben, daß jemand so gut riechen konnte! Während das Paar weiterging, stand ich da und atmete in tiefen Zügen die Luft ein, in der noch die Spuren des Parfüms hingen.

Auch die Stille lernte ich schätzen. Sie gehörte zu meinen großen Erlebnissen auf dem Trail. Wenn ich stehenblieb, um Luft zu schöpfen, wurde ich schier überwältigt von dem absoluten Mangel an Geräuschen. Ich war vollkommen fasziniert. Hatte ich jemals die absolute Stille gehört? Nein, nicht soweit ich mich erinnern konnte. Und wo sonst konnte man in der heutigen Welt Sekunden von absoluter Stille erleben? Die Augenblicke, in denen kein Vogel sang, kein Zweig knackte oder andere Geräusche zu hören waren, hatten Seltenheitswert. Aber ich fing an, auf sie zu achten und die Stille zu genießen, solange sie anhielt.

In ganz kurzer Zeit bekamen bestimmte vertraute Laute eine neue Bedeutung. Das Geräusch laufenden Wassers hatte ich immer gern gehört, es aber nie mit dem Überleben in Zusammenhang gebracht. Wenn die Lufttemperatur dreißig Grad überstieg und die Luftfeuchtigkeit neunzig Prozent betrug, gab es nichts, was sich mit dem Gurgeln eines Baches vergleichen ließ, der mit seinem kalten, lebenspendenden Wasser über den Trail floß.

Zum ersten Mal in meinem Leben konnte ich nicht einfach einen Wasserhahn aufdrehen, zu einem Trinkwasserbrunnen gehen oder mir aus einem Automaten etwas Kaltes zu trinken holen, wenn ich Durst hatte. Normalerweise ging ich morgens mit ungefähr zwei Liter Wasser los, die aber selten bis Mittag reichten. Wasser zu finden, war schon für sehende Wanderer ein Problem; für mich war es doppelt schwer. Durch meinen Kassettenführer erfuhr ich zwar, wo es gutes Wasser geben sollte, aber nach den ersten Tagen in Georgia hielt ich es nie wieder für eine Selbstverständlichkeit, überall und immerzu meinen Durst löschen zu können.

Manchmal befand sich die nächste Wasserquelle ungefähr dreihundert Meter vom Trail entfernt. Das machte mich ziemlich nervös, bis ich dahinterkam, daß man nur seinen durstigen Hund loszuschicken brauchte. Sein feiner Geruchssinn und sein gutes Gehör wiesen ihm den direkten Weg zum Wasser. Minuten, ehe ich überhaupt wußte, daß Wasser in der Nähe war, konnte Orient es schon hören.

Und ich lernte noch etwas anderes in puncto Wasser: Am Fuße eines Berges gab es immer Wasser. Wenn man nur tief genug hinunterstieg und sich mit Geduld wappnete, würde man immer eine Quelle oder einen Bach finden.

Doch selbst wenn man Wasser gefunden hatte, gab es ein weiteres Problem. Manche Bäche waren mit Giardia verseucht, einem mikroskopischen Organismus, der in allen Gewässern entlang des Trails zu Hause war. Auch bei klarem, kaltem, fließendem Wasser mußte man damit rechnen. Wenn das Wasser nicht aus einer Quelle stammte, versetzten die meisten Wanderer es mit Jodtabletten, filterten es oder kochten es ab.

Giardia war der Fluch und der Schrecken der Wanderer. Zu den Symptomen der Krankheit gehören Durchfall, Bauchkrämpfe und Erbrechen. Um ihrer Herr zu werden, bleibt einem nichts anderes übrig, als den Trail zu verlassen, einen Arzt aufzusuchen und sich ein rezeptpflichtiges Medikament geben zu lassen.

Orient konnte Giardia zwar nicht sehen, aber er hatte eine ziemlich gute Nase für die Beschaffenheit des Wassers. Manchmal führte er mich von dem Trail weg zu einem Bach oder einer Quelle, von der kein Mensch etwas wußte! Wenn Orient das Wasser nicht trank, rührte ich es auch nicht an. Es gab Bäche, zu denen wollte Orient einfach nicht gehen, ganz gleich wie groß unser Durst war. Im Laufe der Zeit lernte ich, ihm zu vertrauen. Und blieb von Giardia verschont!

Einmal stießen wir zu einer Gruppe von Leuten, die um eine Quelle herumstanden und das Wasser tranken. Orient ging zum Wasser, schnüffelte daran, trank aber nicht davon. Als die Leute mir Wasser anboten, lehnte ich dankend ab, und als sie nach den Gründen fragten, erklärte ich, ich wolle das Wasser nicht trinken, weil auch mein Hund es nicht trank. Und Hunde seien schlauer als Menschen! Ich sagte es lachend, und sie lachten auch – aber Orient und ich warteten solange, bis wir zur nächsten Quelle kamen.

Auch der einfache Schutz vor den Elementen gewann eine neue Bedeutung für mich. Unter einem Blechdach oder in einem Nylonzelt konnte ich das Trommeln des Regens genießen. Auf dem Trail mußte ich es ertragen.

Die Begeisterung, die diese neue Welt in mir auslöste, wurde allerdings dadurch gedämpft, daß ich doch merkte, wie sehr meine Blindheit mich behinderte. In meinem normalen Leben in der Stadt empfand ich meine Blindheit nur noch als eine geringfügige Unannehmlichkeit. Manchmal konnte sie sogar von Vorteil sein, wenn man einen guten Eindruck machen wollte. Aber auf dem Trail nicht sehen zu können, erwies sich als ein ungeheurer Nachteil.

Eins der größten Probleme war die Unsicherheit, vor allem wenn es um die Frage ging, wo ich war und wie weit ich gehen mußte. In den Bergen können Geräusche sehr irreführend sein. Eines Nachmittags hörte ich die Verkehrsgeräusche einer Landstraße und legte einen schnelleren Schritt vor. Die Aussicht, an der Kreuzung von Trail und Straße in einen Laden treten und mir eine kalte Soda kaufen zu können, spornte mich an. Aber es dauerte noch zwei Stunden, bis ich die Straße erreichte. Die scheinbar so nahen Autos waren fast sechs Kilometer entfernt gewesen.

Die Hauptsorge eines blinden Wanderers besteht natürlich darin, nicht vom Appalachian Trail abzukommen. Sehende Wanderer konnten sich alle hundert Meter anhand der Markierungen Sicherheit verschaffen, während Orient und ich gemeinsam entscheiden mußten, welchen Weg wir einschlagen sollten, wenn wir Bäche, Holzfällerwege und andere Pfade überquerten. Wenn der Trail verlegt worden war, stürzte mich das immer in große Unsicherheit.

An manchen Tagen merkte ich, daß Orient dem Geruch anderer Wanderer folgte. Auf langen Strecken ohne Duschmöglichkeit konnte ich dem Geruch fast selber nachgehen! Das war schön und gut, solange unsere Wanderfreunde sich an den Appalachian Trail hielten. Oft bat ich den Herrn, uns den richtigen Weg zu zeigen, wenn wir die Orientierung verloren hatten.

Am brennendsten interessierte ich mich natürlich für alles, was mit der Entfernung zu tun hatte. Wie weit war ich gekommen? Wie weit war es bis zur nächsten Straße oder Hütte? Der Auskunft von Wanderern war nicht unbedingt zu trauen. Sie gaben eigentlich immer eine Entfernung an, die viel kürzer war als in Wirklichkeit.

»Die nächste Schutzhütte? Noch sechshundert Meter. In zehn Minuten bist du da.«

Eine halbe Stunde später ging ich immer noch. Von einer Hütte keine Spur. Ganz gleich, wonach ich gefragt hatte – immer hieß es, daß es bis dahin nur noch sechshundert Meter seien.

Hin und wieder gab es Wegweiser aus Holz. Sie waren eine große Hilfe, aber oft weit voneinander entfernt. Es dauerte nicht lange, bis Orient gelernt hatte, vor jedem stehenzubleiben, damit ich die eingeschnitzten Buchstaben mit meinen Fingern lesen konnte. Obwohl es sich hier um offizielle Angaben handelte, mißtraute ich auch ihnen häufig.

»Wir sind doch mehr als vier Kilometer gegangen«, sagte ich laut, auch wenn niemand außer Orient bei mir war. Wenn auf einem Wegweiser stand, daß die nächste Hütte ungefähr einen Kilometer entfernt lag, war ich hundert Meter weiter davon überzeugt, daß wir schon daran vorbeigekommen waren.

Ich merkte, daß ich mich mehr und mehr an der Sonne orientierte. Wenn ich in strahlendem Sonnenschein wanderte, verlor ich nur selten die Orientierung. Aber an bewölkten Tagen bekam ich Schwierigkeiten. Mit Hilfe der Sonne konnte ich feststellen, wo Norden und wo Süden lag, und deshalb war ich so sehr auf sie angewiesen.

Abends band ich ein Halstuch an den Zeltpflock oder machte mir ein anderes Zeichen, das mir dabei half, mich mit dem Kopf in Richtung Norden schlafen zu legen. So wußte ich, welche Richtung ich am nächsten Morgen einschlagen mußte. (Auf dem Trail werden die Himmelsrichtungen Süden und Norden nur selten angegeben, aber er weicht auch nur selten von der Nord-Süd-Richtung ab.)

Die Fernwanderer amüsierten sich immer köstlich über die Fragen, die ihnen von Kurzstreckenwanderern gestellt wurden.

»Geht ihr alle den ganzen Trail?« fragten diese zum Beispiel. »Irgendwelche Schlangen gesehen?« Oder: »Irgendwelche Bären gesehen?«

Besonders gern gab ich zur Antwort: »Ich habe schon seit zwanzig Jahren keine Schlange mehr gesehen.« Was stimmte. Ich hatte in dieser Zeit natürlich auch nichts anderes gesehen!

Auch andere Dinge amüsierten mich. Manche Leute machten, wenn sie mit mir sprachen, verbale Verrenkungen, um das Wort »sehen« zu vermeiden. Erst stotterten sie leicht, und dann fragten sie, was ich gehört oder erlebt hätte.

Wenn ich beschrieb, was ich »gesehen« hatte, machte ich solche Unterschiede nicht.

Wenn ich das Gekecker eines Eichhörnchens oder das Ausbrechen eines Hirsches aus dem nahen Dickicht hörte, hatte ich das Gefühl, die Tiere selbst zu sehen. Dreißig Jahre Sehen hatten mir eine Datenbank voller Bilder hinterlassen. Auch die Kombination von Geruch und Geräusch verriet mir, welche Tiere in der Nähe waren. Waldhühner und wilde Truthähne waren leicht zu identifizieren. Bei Stachelschweinen war das schon schwieriger. Stinktiere waren natürlich ein Kinderspiel.

Normalerweise wurde ich durch Orient auf ein Tier aufmerksam, und das immer schon lange, bevor mir klar wurde, daß es da war. Ich merkte sofort, wenn Orient den Kopf hob, die Ohren aufstellte oder nach etwas Ausschau hielt, was er gerochen oder gehört hatte.

Sein am stärksten entwickelter Sinn war die Nase, über die er seine erste Information erhielt. Dann kamen die Ohren und zum Schluß die Augen. Milo Pearsall, der Such- und Rettungshunde ausbildet, beschreibt den Unterschied zwischen dem Geruchsvermögen des Menschen und des Hundes folgendermaßen:

»Eine der Substanzen, die der menschliche Schweiß freisetzt, ist Butyrosäure. Würde man ein Gramm davon (ein kleiner Tropfen auf einem Teelöffel) in einem zehnstöckigen Gebäude verteilen, könnte ein Mensch diesen Geruch nur in dem Moment der Freisetzung riechen. Wenn die gleiche Menge auf das gesamte Philadelphia verteilt würde, könnte ein Hund sie überall riechen, sogar bis zu einer Höhe von hundert Metern.«*

Umso mehr bewunderte ich Orients Bereitschaft, mit mir im Zelt zu schlafen, vor allem, wenn ich lange nicht geduscht hatte!

Normalerweise schenkte Orient Tieren nicht viel Beachtung, weil er darauf trainiert worden war, sich nicht um sie zu kümmern. Ein Eichhörnchen, ein Kaninchen oder eine Schlange konnten einen halben Meter vor ihm seinen Weg kreuzen, ohne daß er auch nur gezögert hätte. Deshalb dachte ich, als er eines Tages auf einem schmalen Stück des Weges stehenblieb, wir seien einem Wanderer aus der anderen Richtung begegnet. Ich sagte »Hallo« und wunderte mich, daß ich keine Antwort bekam.

Ich weiß nicht mehr, was ich noch sagte, wahrscheinlich machte ich eine Bemerkung über das Wetter oder ich stellte eine Frage nach dem Trail, aber Orient knurrte, und ich hörte, daß das Wesen, das vor uns stand, mit den Zähnen knirschte.

Entweder war es ein sehr nervöser, sehr hungriger Wanderer – oder ein Bär.

In den Smoky Mountains gibt es so viele Bären, daß die Schutzhütten von Kettenzäunen umgeben sind und es verboten ist, außerhalb von ihnen sein Zelt aufzuschlagen. Die Bären stehen im Ruf, auf dem Trail mit großer Unverfrorenheit auf die Wanderer loszugehen. So machen sie dem Wanderer angst. Er soll seinen Rucksack

---

* Pearsall, Milo / Verbruggen, Hugo: Scent: Training to Track, Search and Rescue. Loveland, CO 1982, S. 5.

fallen lassen und das Weite suchen, damit der Bär sich in Ruhe über die Schokoladentafeln oder andere Leckereien hermachen kann.

Und gleichzeitig kann der Wanderer einen Abschnitt des Trails schneller zurücklegen, als er es je für möglich gehalten hätte.

In Neel's Gap hatte mir ein Förster erzählt, mit einem Bären würde man am besten fertig, wenn man nicht von der Stelle wiche und mit ruhiger Stimme zu ihm spräche wie zu einem Menschen. Als ich begriff, daß das Wesen vor mir ein Bär war, versuchte ich also, ihm klarzumachen, daß mein Essensbeutel fast leer war und ich schon seit Tagen keine Schokolade mehr gesehen hatte. Ich erklärte ihm, daß ich dieses Gebiet nur durchquerte, und versprach ihm, keine von den Beeren zu pflücken, die er vielleicht gerne aß. Weiterhin sagte ich, mein pelziger Freund sei kein kleiner Bär, sondern ein Hund, den ich dringend brauchte, um auf dem Trail weiter- und ihm aus dem Wege gehen zu können.

Diese einseitige Unterhaltung muß an die fünf Minuten gedauert haben, wobei ich dem Bären pausenlos versicherte, daß ich harmlos sei, und er ununterbrochen mit den Zähnen knirschte. Schließlich drehte er sich um und schlenderte ein Stück auf dem Trail zurück, ehe er im Gebüsch verschwand.

Es gibt viele Geschichten über Wanderer, die auf dem Appalachian Trail von Bären angefallen worden sind. Tatsächliche Fälle sind aber selten. Meistens endet die Begegnung mit einem Bären damit, daß dieser den Rucksack zerfetzt und einen zu Tode erschrokkenen Wanderer zurückläßt. Ich war froh, daß ich jetzt meinen Bären getroffen hatte, damit auch ich meine Geschichte erzählen konnte, aber an einer Wiederholung so einer Begegnung lag mir nicht das geringste.

Orient schien auch erleichtert zu sein. Ich bin oft gefragt worden, was er tun würde, wenn ich von einem Tier oder einem Menschen angegriffen würde. Diese Frage ist schwer zu beantworten, weil die Hunde von der Organisation *Seeing Eye* zur Gelassenheit und zu nicht-aggressivem Verhalten erzogen werden. Weder sein Training noch seine Erfahrung hatten ihn gelehrt, daß er mich vor körperlichem Schaden bewahren sollte. In einer bedrohlichen Situation war *ich* derjenige, der *ihn* beschützen mußte. Sollte ich angegriffen oder verletzt werden, wäre er möglicherweise dazu bereit, Hilfe zu holen. Aber wie ich Orient kenne, würde er wahrscheinlich nur mit dem Schwanz wedeln und dem Bösewicht die Hand lecken.

Nicht nur die Begegnung mit einem Bären war unangenehm. Schlimm war auch immer der Abstieg von einem steilen Berg. So etwas schien eine Ewigkeit zu dauern. Meine Standardfrage lautete immer: »Wie tief unter dem Meeresspiegel liegt der nächste Wetterschutz?« Nur die uneingeweihten Wanderer versuchten mir die genaue Zahl zu nennen.

»Er *muß* unter dem Meeresspiegel liegen«, antwortete ich dann, »denn wir sind schon ungefähr siebentausend Meter von dem Gipfel des letzten Berges abgestiegen.« Diese Übertreibung hatte sich nicht mein Gehirn ausgedacht. Die Botschaft kam vielmehr von meinen Füßen.

Trotz meiner schmerzenden Füße nahm das Gefühl, in einer Welt der Wunder zu leben, immer mehr zu. Ich hatte schon in der Volksschule gelernt, daß es in den Bergen regnet, daß das Wasser ins Meer fließt, dort zu Wolken verdampft und daß dann alles wieder von vorn anfängt. Auf dem Trail sah ich es zum ersten Mal mit meiner Seele. Dieses Begreifen geschah nicht innerhalb einer Woche oder eines Monats. Ganz allmählich wurde ich mir einer von Gott geschaffenen Welt bewußt, die nach Seinem Plan arbeitete.

Das war keine intellektuelle Erkenntnis, sondern eine geistige. Statt die molekulare Struktur des Wassers zu zeichnen, trank ich von der Quelle. Die anderen Wanderer entdeckten diesen Unterschied, wenn sie den Sonnenuntergang statt der Lichter von Manhattan betrachteten. Sie waren auf einem Pfad, nicht auf einer Autobahn.

Vielleicht war das einer der Gründe dafür, daß Benton Mac Kaye, Myron Avery und ihre Nachfolger den Appalachian Trail schufen und darum kämpften, daß er sich ohne Unterbrechung von Georgia nach Maine erstreckte. Anfang des zwanzigsten Jahrhunderts begannen sie damit, einen Weg durch die Wildnis anzulegen und ihn für die kommenden Generationen zu bewahren. Zu einer Zeit, als die Menschen die Farmen verließen und sich in schnell wachsenden Städten Arbeit am Fließband suchten, schufen sie eine Zuflucht in der Natur. Sie konzipierten den Trail zweifellos deswegen so lang, um ihn möglichst vielen Menschen zugänglich zu machen.

Eigentlich hatte ich erwartet, daß man bei der Gestaltung des Trails etwas Rücksicht auf die Wanderer genommen hatte. Aber offenbar hatten die Architekten ihre Freude daran gehabt, sie über jeden Gipfel, durch jeden steilen Canyon und quer durch jedes Geröllfeld zu führen. Selbst Orient versuchte manchmal, einen leichteren Weg zu wählen als den, der als Appalachian Trail gekennzeichnet war. Aber letzten Endes waren wahrscheinlich gerade die Schwierigkeiten des Trails und die Anforderungen, die er an den Körper stellte, für viele Wanderer ein genauso großer Anreiz wie seine Schönheit.

Die ungezähmte Wildnis, die Henry David Thoreau in seinem Werk beschreibt, hat sicher viele seiner Leser angelockt, auch wenn sein Versuch, 1846 den Katahdin zu besteigen, mißlang. Damals gab es noch keinen gepflegten Trail. Thoreau und seine indianischen Führer vom Stamm der Penobscot hatten den Aufstieg begonnen, waren in dichte Wolken geraten und hatten auf einem Gipfel, den sie irrtümlich für den höchsten hielten, Halt gemacht.

Earls Shaffer war der erste, der 1948 den Appalachian Trail von Anfang bis Ende ging. Mit dieser Wanderung inspirierte er Tausende von Menschen, die sich nach ihm auf den Weg machten – und sich unterwegs veränderten.

Manche wandern nur einen Tag lang auf dem Trail und fühlen sich wie neugeboren. Doch wenn man Woche um Woche in Gottes schöner Welt verbringt, gewinnt man einen ganzen Schatz von Erkenntnissen. Gott muß gewußt haben, daß ein langer Weg erforderlich war, um mir all das zu zeigen, was ich sehen sollte.

10 Familienangelegenheiten

Ich merkte ziemlich schnell, daß Wanderer eine ganz eigene Familie bilden – und ich gehörte zweifellos dazu. Abgesehen von dem Trail hatten wir im Grunde wenig gemeinsam, aber das wenige reichte, um uns zusammenzuschweißen.

In fast jeder anderen Situation hätten Alter, Beruf und Herkunft einen Abstand zwischen den Menschen geschaffen. Auf dem Appalachian Trail spielten diese Dinge keine Rolle, und wir sprachen auch kaum darüber. Wir wanderten im selben Regen, zitterten in derselben Kälte, aalten uns in derselben Sonne und strengten uns an, dasselbe Ziel zu erreichen. Der Trail machte uns zu Wanderern. Das Zusammensein machte uns zu einer Familie.

Ich hatte Steve, Sally und Gary zum ersten Mal in Hot Springs, North Carolina, getroffen, wo wir in der gleichen Unterkunft gewohnt und gemeinsam einige gewaltige Mahlzeiten vertilgt hatten. Während sie mich damit aufzogen, daß ich offensichtlich ein Medienstar würde, konterte ich damit, daß sie einen reifen Menschen brauchten, der ihnen auf dem Trail ein bißchen auf die Finger sah. Wir hatten viel Spaß und gingen fast drei Wochen lang gemeinsam von Wetterschutz zu Wetterschutz.

Eines Tages gingen Sally, Gary und ich in eine kleine Imbißstube am Trail, um eine Kleinigkeit zu essen. Nachdem wir bestellt hatten, sagte die Besitzerin, daß Orient und ich draußen essen müßten. »Wir wollen hier drinnen keine Hunde haben«, erklärte sie.

»Wir dürfen aber drinnen bleiben«, widersprach ich. »Orient ist ein Blindenhund. Er darf in Restaurants gehen.«

Als sie darauf bestand, daß Orient und ich das Lokal verlassen müßten, erklärte ich zum zweiten Mal, daß ich gar nicht daran dächte.

»Dieser Hund stinkt«, sagte sie. »Wir haben Stammkunden und sind nicht daran interessiert, sie von hier vertreiben zu lassen.«

Ich wußte, daß Orient nicht so roch, als wenn er gerade aus einem Schönheitssalon gekommen wäre – aber meine Ausdünstung war wahrscheinlich noch unerträglicher als seine.

»Wenn es hier stinkt«, sagte ich, »bin es wahrscheinlich ich. Ich bin gewandert und habe schon seit mehreren Tagen nicht geduscht.«

»Ihr stinkt beide«, sagte sie und stapfte hinter den Tresen.

In einem kläglichen Versuch, die gespannte Atmosphäre zu lokkern, packte ich Gary bei der Schulter und sagte: »Wenn Sie glauben, daß *ich* schlecht rieche, dann sollten Sie erstmal *ihn* riechen!«

Kein Mensch fand das komisch – außer Sally.

Als ich hörte, daß die Besitzerin nun ihre Stammkunden aufforderte, alle Tische zu besetzen, damit ich keinen Platz mehr bekam, traute ich meinen Ohren nicht. Das war mal wieder typisch dafür, wie man Blinde oder Taube behandelte, und es regte mich furchtbar auf. Im Gesetz steht, daß Blindenhunde ihre Herrchen auf alle öffentlichen Plätze begleiten und dort bleiben dürfen. Auf *alle* öffentlichen Plätze. Viele Menschen haben große persönliche Opfer gebracht, um dieses Gesetz durchzubringen, und ich dachte nicht daran, klein beizugeben. Dann würde es eben eine Szene geben.

Ich bot der Besitzerin an, die Polizei zu rufen, doch dieses Privileg beanspruchte sie für sich selbst und kündigte mir an, ihr *Freund*, der Sheriff, werde gleich kommen und mich wegbringen.

Trotz dieser Drohung biß ich in meinen Hot dog, denn ich war schon mehrere Male aus dem gleichen Grund festgenommen worden und entschlossen, nicht mit leerem Magen ins Gefängnis zu gehen.

Ich gestehe aber offen, daß mir alles andere als leicht ums Herz war.

Hier draußen, wo es nur winzige Städtchen gibt – eher kleine Ansiedlungen –, waren die Straßen selten gepflastert, und so hörte ich, wie ein großer Wagen unter einem wahren Steinchenregen vorfuhr. Ich war noch nicht einmal mit meinen Pommes frites fertig.

Der Sheriff stolzierte herein – ich hörte seine Schritte – und rief mit dröhender Stimme: »Wo ist er, Miss Travis*?« Dann trampelte er an meinen Tisch.

Jetzt war ich dran!

Ich zeigte ihm trotzdem meinen Ausweis.

»Sieht so aus, als ob die Dame Sie nicht hier drinnen haben möchte«, sagte er.

Ich holte aus meinem Rucksack das Buch, das ich für solche Fälle bei mir habe, und sagte: »Sir, würden Sie so freundlich sein und den Absatz lesen, der den Staat Virginia betrifft?«

---

* Name geändert

Noch nie in meinem Leben hatte ich solch ein Ächzen und Stöhnen und Jammern gehört wie jetzt, als der Mann in dem Buch las. Es sollte nicht mehr als zehn Sekunden brauchen, diesen Absatz zu lesen – aber dieser Sheriff brauchte mindestens zwei volle Minuten, die er mit den verschiedensten Geräuschen unterlegte. Mir kam es vor wie dreißig Minuten.

Schließlich machte er: »Uh, oh.«

Er knallte das Buch auf den Tisch und brüllte: »Wir sitzen ganz schön in der Tinte, Miss Travis!«

Dann ging er mit dem Buch zur Besitzerin und sagte ihr, daß sie mich nicht vor die Tür setzen dürfe. »Dem Gesetz nach kannst du diesen Mann und seinen Hund nicht einmal rausschmeißen, wenn du zumachst und nach Hause gehst.«

Als der Sheriff gegangen war, entschuldigte sich die Frau bei mir und brach in Tränen aus. Ich streckte ihr die Hand hin, die sie ergriff.

»Es tut mir wirklich leid, daß es so weit kommen mußte«, sagte ich, »aber es ging offenbar nicht anders.«

Wegen der Blinden, die nach mir in ihr Lokal kommen würden, hatte ich auf meinem Recht bestanden. Wenn ich das Lokal verlassen hätte, ohne für mein Recht einzutreten, hätten alle Blinden nach mir es schwerer gehabt. Wir umarmten uns, und ich sagte ihr, daß Gott sie liebte und ich sie auch.

Ich hatte keine Gelegenheit gehabt, den Sheriff zu umarmen, aber ich war ihm dankbar, daß er für die Einhaltung des Gesetzes gesorgt hatte. Dankbar war ich auch Sally und Gary für ihre Loyalität. Sie hätten sich dieser Szene nicht aussetzen müssen, aber sie blieben bei mir, ohne auch nur mit der Wimper zu zucken. So geht es eben in guten Familien zu.

Wahrscheinlich war das nicht mein letzter Kampf für dieses Recht gewesen. Ich hatte ihn schon mehrmals gekämpft. Und jedes Mal hatte mir dieses Gefühl, einer »Familie« anzugehören, geholfen.

In meiner Heimatstadt Burlington hatte der Besitzer eines Fischrestaurants einmal versucht, mich und meinen Hund hinauszuwerfen. Als wir nicht gehen wollten, erwirkte er einen Haftbefehl gegen mich, und ich mußte ins Gefängnis. Nachdem ich eine Kaution gestellt hatte, kam ich wieder raus. Dann machten sich meine Freunde an die Arbeit.

Es fehlte nicht viel, und der Restaurantbesitzer hätte in den darauffolgenden Tagen zumachen müssen. So sehr wurden wir von der Öffentlichkeit unterstützt. Die Geschichte beherrschte wochenlang die Zeitungen und die Leitartikel. Zum Schluß mußte der Besitzer alle Gerichtskosten bezahlen, sich öffentlich entschuldigen und mich als Ehrengast in sein Restaurant einladen.

Bei einem ähnlichen Vorfall in South Carolina wäre ich 1986 fast festgenommen worden, als ich für den Verband der Feuerwehrleute Wohltätigkeitsarbeit leistete. Nachdem meine Freunde Wind davon bekommen hatten, ging es wieder durch alle Zeitungen.

Der dritte Fall passierte in Kinston, North Carolina, wo ein Freund und ich ein kleines Eßlokal aufsuchten. Man weigerte sich, uns zu bedienen, und schließlich rief ich die Polizei. Dreißig Minuten später stürmten drei Polizisten herein. Zufällig waren alle drei schwarz. Vor nicht allzu langer Zeit hätten auch *sie* nicht in einem kleinen Südstaatenlokal wie diesem essen dürfen, und so waren sie mir eine große Hilfe. In kürzester Zeit hatten sie dem Besitzer die Situation klargemacht! Und wieder saß mein Freund treu und unerschütterlich neben mir.

Dieses Gefühl der Familienzugehörigkeit trug am stärksten dazu bei, daß ich meine Wanderung auf dem Appalachian Trail trotz aller Schwierigkeiten immer wieder fortsetzte.

In jeder Schutzhütte gab es ein Gästebuch, also eine Art Familienalbum des Trails. Es war ein Spiralheft, das in einer verschließbaren Plastikhülle auf einem Dachbalken lag und den Wanderern als Zeitung, Schwarzes Brett, persönliches Tagebuch und Sprachrohr diente. Die Eintragungen reichten von Name, Datum und »Ich war hier« bis zu vollen Seiten mit der Lebensphilosophie der Wanderer. Die Gästebücher waren das Herz des sehr effektiven Kommunikationsnetzes auf dem Trail.

Nachdem ich mir mehrere Wochen lang die Eintragungen der Wanderer hatte vorlesen lassen, hatte ich das Gefühl, diese schon zu kennen, ehe ich sie überhaupt getroffen hatte. Manche waren Kreuzritter wie Linda, die Hungerwanderin, und Larry, der Kämpfer für das ungeborene Leben. Andere wollten nur ihren Spaß haben. Jeder von ihnen war mit seiner unverwechselbaren Persönlichkeit und dem ihm eigenen Stil ein Teil der Familie.

Die *Kreuzfahrt-Kontrolle* war entschlossen, sich Zeit zu lassen. Die *Jogger* und die *Totalen Wracks* waren zwei Pärchen und ausgesprochene Spaßvögel, die überall, wo sie auftauchten, die Leute zum Lachen brachten. Die Brüder Meyer schliefen bis Mittag, wanderten bis spät in den Abend und weckten alle auf, wenn sie in die Schutzhütte kamen. *Van-Go* füllte die Gästebücher mit urkomischen Zeichnungen, in denen er die Gefühle und Erfahrungen des Tages zum Ausdruck brachte.

Ich wußte zwar nie, wie *Van-Go* wirklich hieß, fühlte mich aber irgendwie zu ihm hingezogen. (Damals wußte ich noch nicht, daß er stark hinkte.) Auch er muß mich gemocht haben, denn er machte eine ganze Menge Illustrationen für mich. Er hat einen wunderbaren Humor und ist, wie man mir sagt, ein großartiger Zeichner.

Viel später, als ich weiter oben im Norden und viel allein war, stimmten die Gästebücher mich auch melancholisch. Denn wenn ich allein war, konnte ich sie nicht lesen, und so entgingen mir die Witze, Kommentare, Warnungen oder aufmunternden Nachrichten, die andere vor mir eingetragen hatten.

Jeden März wird in den Schutzhütten ein neues Gästebuch ausgelegt. Ein Wanderer kann zum Beispiel folgende Nachricht hinterlassen: »Kann der letzte, der hier durchkommt, dieses Gästebuch am 1. November an mich schicken?« Meistens wird auch eine Art Belohnung angeboten. (Ich hinterließ einen Geschenkgutschein im Werte von fünfundzwanzig Dollar.) Manchmal werden die Gästebücher auf den Zaunabtritten hinterlegt, über die die Wanderer hinübersteigen müssen. Immer wenn ich eins ertastete, blieb ich stehen und machte eine Eintragung. Ich konnte mit den Fingern spüren, wo die letzte Eintragung aufhörte, und die meine anschließen.

Nach meiner Wanderung habe ich tatsächlich einige Gästebücher zugeschickt bekommen, die mir alle lieb und teuer sind wie Familienbriefe.

Wie in jeder Familie gab es natürlich auch Meinungsverschiedenheiten, und nicht alle kamen miteinander aus.

Ein Punkt, der die Wanderer entzweite, waren z. B. die Mäuse, die in jeder Schutzhütte lebten. Diese kleinen Geschöpfe hatten herausgefunden, daß sie sich die Futtersuche schenken und den ganzen Tag lang schlafen konnten. Sie mußten nur warten, bis die Wanderer kamen und es ihnen mitbrachten! Diese Mäuse waren frech, aggressiv und hartnäckig. Manchmal warteten sie noch nicht einmal ab, bis die letzte Kerze ausgeblasen war, und gingen schon vorher auf Futtersuche. Die einzige Möglichkeit, ihnen auszukommen, bestand darin, alle Vorräte außerhalb ihrer Reichweite aufzubewahren.

Die meisten Wanderer trugen ihr Essen in einem kleinen Nylonsack bei sich, den man an einen Querbalken vor der Schutzhütte hängen konnte. Manchmal reichte aber auch das noch nicht aus. Eine geschickte Maus balancierte einmal über den Querbalken, ließ sich an der straff gespannten Schnur nach unten rutschen und nagte ein Loch in den Sack. Der nichtsahnende oder vergeßliche Wanderer, der sein Essen in seinem Rucksack oder in einer Jackentasche ließ, mußte damit rechnen, daß sein Nylonsack am nächsten Morgen zerfetzt und eine kostbare Tafel Schokolade halb aufgefressen war.

Die Mehrzahl der Wanderer reagierte auf das Treiben der Mäuse mit Gelassenheit. Andere hatten sich dagegen vorgenommen, dafür zu sorgen, daß es bei ihrem Aufbruch weniger Nagetiere geben würde als bei ihrer Ankunft. Ray und Louise mit dem Trail-Namen *Sondertruppe* führten regelrechte Feldzüge gegen die Mäuse. Kaum hatten sie eine Schutzhütte betreten, stellten sie ihre mitgebrachten Mausefallen an strategischen Punkten auf. Ehe sie die Hütte wieder verließen, konnten sie der Mäusestatistik im Gästebuch etliche Kreuze hinzufügen.

Eines Abends saßen Peter Martel – *Mr. Maulwurfpelz* – und ich mit Ray und Louise beim Abendessen. Plötzlich war von oben ein lautes Schnappen zu hören, und einen Augenblick später fiel eine Mausefalle inklusive Maus direkt in *Mr. Maulwurfpelz'* Käsemakkaroni. Louise nahm die Falle heraus, hielt sie hoch wie eine Trophäe und rief laut kichernd: »Guckt euch mal ihre kleinen Augen an!«

Der *Maulwurfpelz* rastete vollkommen aus und bedachte die *Sondertruppe* und ihren Krieg gegen die Nagetiere mit einem Schwall von Flüchen.

Ein Vater-Sohn-Team fand einmal eine Maus, die in einer Henkerschlinge über der Feuerstelle hing und eine sorgfältig gebundene Satinschleife um den Hals trug. Das war das Werk der Brüder Meyer, die der Meinung waren, daß »auch eine Maus es verdiente, in einem Anzug begraben zu werden«.

Die Mitglieder der Trail-Familie hatten nicht nur zu den Nagetieren, sondern auch zu der Ethik des Wanderns eine unterschiedliche Einstellung. Ein Purist würde auf gar keinen Fall auch nur einen Schritt von dem weiß markierten Trail abweichen. Andere folgten einem blau markierten Seitenweg oder trampten (gelbe Markierung) um einen schwierigen Teil herum, ohne dabei ein schlechtes Gewissen zu haben.

Die Gästebücher enthielten manchmal die Geständnisse von Wanderern, die einen Teil des Trails ausgelassen hatten. Ein Mann schrieb: »Bitte, Unbekannter, hilf mir, daß ich nicht wieder einer blauen Markierung folge!«

Was man unterwegs für unerläßlich hielt, war eine Frage des persönlichen Stils. Das *Ekelpaket* hatte seine vier Pfund schwere Katze namens Ziggy mitgenommen und ihr oben auf seinem Rucksack eine hölzerne Plattform zurechtgemacht, während er im Rucksack vier Pfund Katzenfutter mitschleppte. Steve, der in Richtung Süden wanderte, hatte eine Gitarre bei sich. Ein anderer Wanderer belud sich mit einer schweren flüssigen Last: Fast immer kam er mit einer Sechserpackung Bier an.

Ein Mann, der sich die *Irische Ziege* nannte, schenkte mir einen der köstlichsten Augenblicke auf dem Trail. Sein Hund Boomer verstand sich prächtig mit Orient, und so übernachteten wir mehrere Nächte hintereinander in derselben Schutzhütte. Die *Irische Ziege* hatte einen langen, ziemlich ungepflegten Bart und war ein genießerischer Esser. Eines Nachts fing er plötzlich an zu schreien, und ich dachte schon, er sei von einem Bären angegriffen worden. Taschenlampen ging an, alles wachte auf, und schließlich hatte sich der Mann so weit beruhigt, daß er erzählen konnte, was passiert war.

Er hatte zum Abendessen Spaghetti gegessen und war schlafen gegangen, ohne sich das Gesicht zu waschen. Als er in der Dunkelheit aufwachte, saß eine Maus auf seiner Wange und fraß die Spaghetti aus seinem Schnurrbart! Mit einer einzigen Handbewegung schleuderte er die arme Maus quer durch die ganze Schutzhütte.

Die Wanderer, die den ganzen Trail gehen, sind eine besondere Rasse. Sie brauchen einen zwingenden Grund, um sechs Monate lang auf die Bequemlichkeiten des normalen Lebens zu verzichten und weiter zu Fuß zu gehen, als die meisten Leute in den Ferien mit dem Auto fahren. Fast alles, was mir an »ihnen« auffiel, galt auch für mich.

Mit Überraschung stellte ich fest, wie wenig die Wanderer über ihr Leben in der »richtigen« Welt sprachen. In den Gesprächen am Lagerfeuer wurde nur selten der Beruf erwähnt. Offenbar schwiegen sich die meisten Wanderer lieber darüber aus. Die meisten Unterhaltungen am Ende eines Tages drehten sich um den Trail – was man geschafft hatte und was noch vor einem lag.

Essen war ein anderes großes Thema in der Familie. Wir veranstalteten wahre Freßorgien – zum ersten Mal ohne schlechtes Gewissen, denn wir brauchten täglich sechstausend Kalorien, um das, was wir auf dem Trail verbrannten, wieder zu ersetzen. Riesige Portionen Nudeln mit flüssiger Margarine waren unser normales Mittagessen. Die teuren Trockengerichte, die Fleisch enthielten, gab es nur selten. Auf einem Abschnitt zwischen zwei Städten artete das Verlangen nach frischen Früchten und frischem Gemüse immer zu einer wahren Besessenheit aus.

Die Mengen, die wir uns in Restaurants einverleibten, kann man nur als beschämend bezeichnen. Fünf Wanderer konnten einer Salatbar – »Essen Sie, soviel Sie können« – den totalen Garaus machen. Ein paar Mal bin ich mit dem Gefühl rausgegangen, an einem Akt der Zerstörung teilgenommen zu haben, der schlimmer war als Shermans Marsch durch Georgia im Bürgerkrieg. Die Restaurants können mit dieser Aufforderung nicht uns gemeint haben.

Natürlich ging es auf dem Trail nicht nur unbeschwert zu.

Ich befand mich zwölf Kilometer von Erwin, Tennessee, einem wichtigen Knotenpunkt für Wanderer, entfernt und konnte es kaum mehr erwarten, in die Stadt zu kommen. An dieser Stelle ist der Trail schon normalerweise sehr schmal und rutschig, und nun hatte es auch noch sehr viel geregnet. Auf der einen Seite fiel er fünfzehn bis zwanzig Meter zu einem großen Becken, fast schon einem kleinen Tal, ab.

Ich mußte höllisch aufpassen, besonders an den schmaleren Stellen, die höchstens fünfzehn Zentimeter breit waren. Da Orient und ich nebeneinander gingen, hatten wir zu wenig Platz. Wenn Orient außen ging, rutschte er immer wieder ab – und ich hatte ja auch keinen sicheren Halt unter den Füßen.

Schließlich kamen wir zu einer Stelle, wo der Trail praktisch verschwand. Orient blieb stehen. Aber ich nicht.

Ich rutschte nach unten ab!

In solch einer Situation fuchtelt man ganz automatisch wie ein Wilder mit den Händen nach allen Seiten, um etwas zum Festhalten zu finden oder sich gegen den Sturz zu wappnen.

So verhielt ich mich auch.

Genau an der Stelle, an der ich abstürzte, wuchs ein junges Bäumchen, das ich mit einer Zielsicherheit ergriff, als ob ich es gesehen hätte. Es bot mir solange Halt, bis ein Wanderer hinter uns sah, was passiert war, nach vorn stürzte und mich an meinem Rucksack nach oben zog.

Für manche Menschen mochte es ein Zufall sein, daß dieses Bäumchen genau an der Stelle wuchs, an der ich es blind ergreifen konnte. Für mich nicht.

Ein Sensationsblatt schrieb, ich hätte in der Luft gebaumelt, mich mit einem Finger festgehalten und geschrien: »O Gott, laß mich bitte nicht sterben!«

Tatsächlich habe ich nicht einen Augenblick ans Sterben gedacht. Ich hatte gar keine Zeit zum Denken. Aber daß das Bäumchen dort stand, war ein Wunder.

Am 5. Mai kam Anna Vail nach Damascus, Virginia, um die nächsten achtzig Kilometer mit mir zu wandern. Ich hatte sie vor anderthalb Jahren kennengelernt. Sie arbeitete am *National Insti-*

Qual und Begeisterung – der September näherte sich seinem Ende, und noch war der Mt. Katahdin »nur« 332 Meilen entfernt

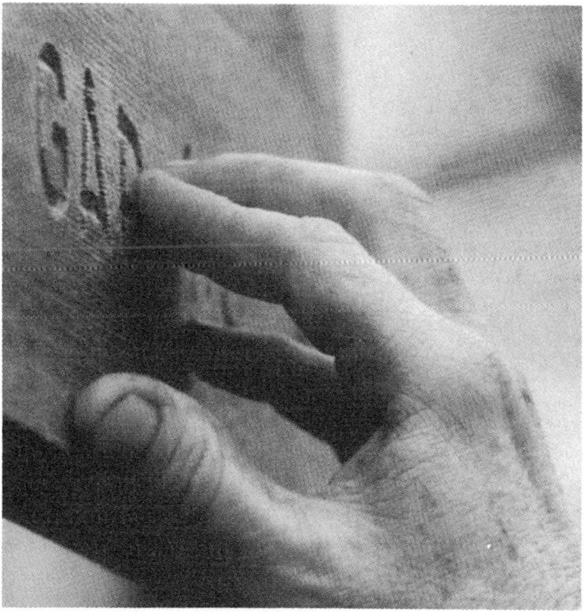

Hölzerner Wegweiser mit eingravierter Schrift
Foto: Tom Reed

Mit Vertrauen sind die steilsten Stufen zu bewältigen

Rainbow Stream erinnerte mich an mein Versprechen durchzuhalten, und wenn ich auf allen Vieren kriechen mußte!

»In Maine ist Lady Winter schön und verführerisch, aber unzuverlässig«

Auf der Presidential Range der steinigen White Mountains verläuft der AT in einem Stück 20 Kilometer oberhalb der Baumgrenze

Abstieg vom Mt. Washington – eine zähe Rutschpartie

Die letzten Schritte auf dem Trail machten Orient und ich genauso, wie wir begonnen hatten – ganz allein, nur Gott war dabei

tute of Health in Bethesda, Maryland, und war eine Freundin meiner Tochter. Sie war gern draußen in der Natur, hatte Interesse am Wandern gefunden und sich meinem Organisationsteam angeschlossen.

Als Anna eintraf, war ich in Gesellschaft von Gary, Steve, Sally und ein paar anderen. Am zweiten Tag rutschte Anna im Regen auf nassem Gras aus und fiel so unglücklich hin, daß sie sich das Bein brach und vor Schmerz aufschrie.

Wir schienten ihr Bein von oben bis unten mit ihrer Schaumgummimatratze. Da Steve in der Ferne ein Auto hörte, mußte eine Straße in der Nähe sein. Während Steve sich seinen Weg durch das Unterholz bahnte, um Hilfe zu holen, blieb ich bei Anna. Als ihr kalt wurde, schlug ich mein Zelt auf, um ihr Schutz vor Wind und Regen zu geben.

Steve kam und kam nicht wieder. Wir beteten viel, sangen Lieder, erzählten uns Witze über den Trail und taten alles, was wir nur konnten, um Anna von ihren Schmerzen abzulenken.

Inzwischen hatte Steve die Straße gefunden und trampte die fünfundvierzig Kilometer zurück nach Damascus. Er wurde zur Feuerwehr geschickt, wo gerade ein Kurs stattfand, der von Leuten aus einer anderen Stadt geleitet wurde. Dreißig Teilnehmer saßen im Saal, als Steve hereinstürzte und den Unglücksfall meldete. Alle glaubten, dieser Fall sei Teil des Programms, das die Kursleiter aufgestellt hätten. Zufällig paßte er zeitlich haargenau ins Programm!

Plötzlich hörten wir Autolärm und Stimmen, und von allen Seiten eilten Leute herbei. Es stellte sich heraus, daß mein Zelt auf einem alten Pfad stand, der nur vierhundert Meter von der Straße entfernt war. Die Rettungsmannschaft organisierte drei Teams von jeweils sechs Leuten, die Anna zur Straße tragen und dann zum nächsten größeren Krankenhaus in Bristol, Tennessee, bringen sollten. Steve und ich mieteten uns in einem Hotel ein und warteten, bis Annas Bein gerichtet war und ihre Mutter kam, um sie nach Hause mitzunehmen.

Am nächsten Tag waren wir gegen ein Uhr mittags wieder auf dem Trail und merkten, daß wir immer noch Annas Essensbeutel bei uns hatten, der unter anderem auch einige Steaks enthielt. Bei dem Gedanken an das Fleisch lief uns das Wasser im Munde zusammen. Nach hundertfünfzig Metern kamen wir an einen wunderschönen Teich, an dem zwei Männer angelten, mit denen wir uns eine Weile unterhielten. Da es nach Regen aussah, machten wir Feierabend und brieten die Steaks.

Statt wie geplant zwanzig Kilometer zu gehen, waren es nicht mehr als einhundertfünfzig Meter geworden!

Da Wanderer eine mobile Gesellschaft sind, waren immer nur ein paar von uns zur gleichen Zeit am gleichen Ort. Eine große Ausnahme bildete das jährliche Trail-Festival in Damascus, Virginia, ein Ort, den viele die netteste Stadt auf dem Appalachian Trail nennen.

Ende Mai trafen sich dort mehrere hundert Leute zu einer großen Feier. Ungefähr hundert davon waren Wanderer, die den Trail in diesem Jahr gingen, und fünfundzwanzig waren Veteranen des vergangenen Jahres. Wir nahmen zusammen an der Parade teil, in der auch eine Kochtopf-Band mitmarschierte. Und mitten unter uns ging Orient mit hocherhobenem Kopf und sog alle Geräusche und Gerüche in sich ein.

An diesem Wochenende ging mir vielleicht zum ersten Mal richtig auf, was für eine enge Familie wir geworden waren. Wir begrüßten uns wie verlorengeglaubte Freunde und unterhielten uns bis in die frühen Morgenstunden über unsere Erlebnisse auf dem Trail. Wenn Orient Freunde vom Trail wiedererkannte, wurde er ganz aufgeregt, fing an zu jaulen und mit dem Schwanz zu wedeln, und seine Freunde revanchierten sich mit ausgiebigem Streicheln und Ohrenkraulen.

Die Talent-Show am Sonntagabend, bei der viele Wanderer Sketche aufführten und Songs vortrugen, war zum Schreien komisch. Ein Wanderer, bekannt als *Hobbit*, stahl allen die Show mit seinem Song über M & M:

Du hast viele glänzende Pillen bei dir,
bunt sind sie auch und nahrhaft wie Bier.
Iß sie am Morgen, iß sie am Abend,
denn immer sind sie erquickend und labend.
Die »Ems« und »Ems« besinge ich hier,

diese glänzenden Pillen als Lebenselexier.
Ohne sie kannst du den Trail nicht geh'n,
sie kurieren alles im Handumdrehn.

Kaum hatten wir uns die letzten Lachtränen aus den Augen gewischt, trug *Hobbit* eine wunderschöne Ballade über seinen Vater vor, der ihn als Kind mit dem Appalachian Trail vertraut gemacht hatte. Da mußte ich an meinen Vater denken und daran, wie sehr ich ihn vermißte. Ich hoffte, daß ein Wanderer auch weinen durfte.

Zu den Mysterien des Erwachsenwerdens gehört es, Vater zu werden, während man selbst noch Sohn ist. Obwohl ich nun eigene Kinder hatte, lebte in mir sozusagen noch ein ewiger kleiner Junge weiter. In Anwesenheit meines Vaters hatte ich immer das Gefühl gehabt, neun Jahre alt zu sein, und begierig darauf gewartet, daß er mich lobte. Als er starb, versuchte ich meine Kinder zu trösten, während der kleine Junge in mir am Boden zerstört war.

Ich fragte mich oft, was meine eigenen Kinder eigentlich von mir dachten. Obwohl sie Grund genug gehabt hätten, sich ganz von mir zurückzuziehen, hatten sie die Stärke gehabt, mir ihre Liebe und Unterstützung zu schenken. Billy und Jonathan hatten das Wochenende mit mir in Erwin, Tennessee, verbracht, und später besuchten mich alle Kinder in der Nähe von Bastian, Virginia. Es war herrlich, ihre Stimmen zu hören und zwei Tage mit ihnen zusammenzusein. Auf dem Trail betete ich täglich für sie und bat Gott, unserer Familie den rechten Weg zu weisen und mir zu helfen, der richtige Vater zu sein.

Am letzten Abend des Trail-Festivals gingen Orient und ich im Regen zu dem Wanderheim *The Place*, das von der Methodistenkirche geführt wurde. Es wimmelte von Wanderern, und auf dem Rasen stand ein Zelt neben dem anderen. Am nächsten Morgen würden diese rastlosen Seelenverwandten alles zusammenpacken und wieder zu diesem mysteriösen Lebensabschnitt zurückkehren, den wir den Trail nannten. Es war ein trauriger Gedanke, daß viele von uns sich nie wiedersehen würden. Auf der anderen Seite konnten wir uns auch jetzt schon auf manch überraschendes Wiedersehen freuen.

Das Trail-Festival führte uns wieder klar vor Augen, daß wir keine Einzelkämpfer waren. Diese Familie, der wir angehörten, bestand aus Menschen auf dem Trail und abseits des Trails, die einander mochten. Das Wochenende in Damascus hatte das aufs schönste bewiesen und war ein zwar anstrengendes, aber herrliches und ermutigendes Zwischenspiel gewesen.

11 Adieu, emotionaler Ballast

Nach dem Trail-Festival kehrten Orient und ich, Sally, Gary und ein Wanderer, der sich *Fußwund* nannte, auf den Trail zurück. Wir wollten uns abends in der Schutzhütte von Pine Swamp Branch treffen, die knapp dreißig Kilometer entfernt war. Im Verlauf einer Stunde hatten wir uns überall auf dem Trail verteilt, da jeder sein eigenes Tempo hatte. Ich kam nicht besonders schnell voran, da ich an einem neuen Vorrat von Nahrungsmitteln zu schleppen hatte und ein Paar neue Stiefel einlaufen mußte.

Am späten Nachmittag kam ich an *Fußwund* vorbei, der schon sein Zelt aufgeschlagen hatte. Er erzählte mir, daß Sally und der Engländer zur Schutzhütte weitergegangen seien, und so setzte ich meinen Weg fort, um sie wie verabredet dort zu treffen. Gegen halb zehn hatte ich die Schutzhütte jedoch immer noch nicht erreicht, und nun fing es auch noch an zu regnen. Orient mußte irgendwo falsch abgebogen sein, denn sein Verhalten verriet mir, daß wir uns nicht mehr auf dem Trail befanden. Ich beschloß, dort, wo wir gerade waren, mein Zelt aufzuschlagen.

Die einzige ebene Stelle war ein alter Straßenunterbau, der sich jedem Versuch widersetzte, einen Zeltpflock einzuschlagen. Ich schwor mir, beim nächsten Mal mit einem freistehenden Zelt zu wandern. Als der Nieselregen sich in einen Platzregen verwandelte, breitete ich das Überzelt über uns aus, und wir hockten uns darunter. Meine beiden Wasserflaschen waren leer, und so trank Orient den Regen, der von dem Nylon über unseren Köpfen herunterlief, während ich mein Halstuch nach draußen hielt und dann daran saugte, um meinen Durst zu löschen. Wir hatten keinen Platz zum

Essen und ließen es deswegen ganz ausfallen. Bei Donnergrollen und peitschendem Regen verbrachten wir eine kalte, nasse und unbequeme Nacht.

Was für ein Unterschied zum Trail-Festival! Da hatten Fremde mich angesprochen, mir zu meiner Leistung gratuliert und erklärt, sie hätten mich schon seit Wochen kennenlernen wollen! Der Tag schien nicht genug Stunden zu haben, daß ich mit jedem sprechen konnte, und ich hatte mir schon eingebildet, ein toller Typ zu sein. Weniger als vierundzwanzig Stunden später lag ich in einem nassen Schlafsack neben einem zitternden Hund und versuchte, mich mit der Situation abzufinden und so warm zu werden, daß ich einschlafen konnte.

Nächte wie diese schienen in schöner Regelmäßigkeit zu kommen, so sehr ich mich auch anstrengte, sie zu vermeiden. Ich dachte daran, wieviel leichter ich es doch hätte, wenn ich nicht blind wäre. Dann könnte ich die Karten lesen, über die Felsbrocken steigen und die Schutzhütten erreichen, statt vom Trail abzukommen. Manchmal war ich über das Ausmaß meiner Dummheit, mir diese Wanderung zuzumuten, wie vor den Kopf geschlagen. Wenn ich in einer kalten Pfütze lag, fiel es mir sehr schwer, den Sinn des Ganzen zu erkennen.

Zwei Tage später lernte ich in einer Schutzhütte zwei Wanderer kennen, mit denen ich dann eine sehr interessante Unterhaltung führte. Sie sagten, sie wollten Gott bitten, mich wieder sehend zu machen.

»Wenn Gott deinen Glauben so stark gemacht hat, daß du hierher gekommen bist, um den Trail zu gehen«, sagten sie, »wird Er Deinen Glauben auch so stark machen, daß du dein Augenlicht wiedererlangst.«

Sie würden dafür beten, daß Gott auf dem Gipfel des Mt. Katahdin ein Wunder tat und mich von der Blindheit erlöste, damit ich das nächste Jahr als Sehender den Trail gehen könnte. Ich dankte ihnen für ihre Liebe und Unterstützung, und dann trennten wir uns.

Hatte mich Gott deshalb hierhergeführt? Natürlich lag es in Seiner Macht, mir das Augenlicht wiederzugeben. Aber *wollte* Er das auch?

Ich hatte nie daran gezweifelt, daß Gott mich dazu berufen hatte, den Appalachian Trail zu gehen. So merkwürdig es sich auch für andere anhören mag: Die Überzeugung, eine göttliche Mission zu erfüllen, war schon vor Beginn der Wanderung ganz fest in mir verankert gewesen. Ohne diesen Ruf Gottes wäre ich nicht auf den Trail gegangen.

Ich bildete mir nicht ein, daß ich Seine Gründe verstünde. Aber ich hatte das Gefühl, daß die Gespräche, die ich unterwegs führte, etwas damit zu tun hatten. Es erstaunte mich immer wieder, mit welcher Intensität wir uns über den Glauben an Gott unterhielten. Das Leben auf dem Trail machte, daß wir uns voreinander öffneten.

Ein Beispiel dafür liefert meine Begegnung mit einem Mann namens Phillip*, der sich Orient und mir anschloß. Ich spürte, daß ihn etwas bedrückte. Tagelang machte er nur Andeutungen, bis er schließlich eines Abends am Lagerfeuer damit herausplatzte. Vor ein paar Jahren hatte er eine sexuelle Erfahrung gemacht, an die er nur noch mit Schuldbewußtsein und Verwirrung zurückdenken konnte. Um die Erinnerung daran zu unterdrücken, suchte er seine Zuflucht im Alkohol. Sein Leben sei ruiniert, erklärte er, und Gott könne ihm niemals vergeben. Er habe noch nie jemandem davon erzählt, fügte er hinzu, und es berührte mich eigenartig, daß er es gerade mir anvertraute.

Sonderbarerweise war mir plötzlich ganz klar, wie meine Antwort lauten mußte. Als Kind war ich von einem erwachsenen Verwandten sexuell mißbraucht worden und hatte Angst gehabt, es jemandem zu erzählen. Auch ich hatte mit Zorn und Verwirrung leben müssen. Meine jahrelange Promiskuität war im Grunde der Versuch gewesen, mit diesem sexuellen Mißbrauch fertigzuwerden und darüber hinwegzukommen. Es war eine der schlimmsten und qualvollsten Erfahrungen meines Lebens gewesen.

Aber an jenem Abend am Lagerfeuer fing ich an, sie in einem anderen Licht zu sehen.

Als ich Phillip meine Geschichte erzählte, spürte ich, wie die Qual in uns beiden nachließ. Ich sagte ihm, daß Gott *jede* Sünde vergeben

---

* Name geändert

würde, wenn wir sie ehrlich bereuten und Ihm bekannten. Er könne sogar die Tragödien unseres Lebens in etwas Gutes verwandeln.

Und das tat Er in diesem Fall auch. Die Erinnerung, die mich seit meiner Kindheit heimgesucht hatte, diente Ihm an jenem Abend dazu, einem jungen Mann zu helfen, der mit ähnlichen Gefühlen der Schuld und der Scham kämpfte. Aus dem Müll meines Lebens ließ Er etwas Gutes hervorwachsen.

Am nächsten Tag merkte ich, daß Phillips Stimme anders klang und seine Schritte leichter waren, als ob sein Rucksack zwanzig Pfund weniger wiegen würde. Ein paar Tage später verabschiedete er sich und wanderte alleine weiter.

Ich merkte, daß auch von meinem Herzen eine schwere Last gefallen war.

Der Zeitfaktor stellt in der Wildnis eigentlich kein Problem dar, wurde es aber, wenn ich daran dachte, wie viele Kilometer noch zwischen mir und dem Mt. Katahdin lagen. Meinen Glauben an andere weiterzugeben, war der eine Teil der Aufgabe, die mit Gottes Ruf verbunden war. Die Wanderung durchzuführen, war der andere.

Je länger ich ging, desto deutlicher wurde ich mir einer anderen Dimension der Wildnis bewußt – der Möglichkeit, mit Gott allein zu sein. Fern von den Geräuschen und Ablenkungen meines normalen Lebens hatte ich jetzt die einmalige Gelegenheit zuzuhören. Ich hatte nicht um diese Erfahrung gebeten, doch Er muß gewußt haben, daß ich sie nötig hatte. Er muß auch gewußt haben, wie lange es dauern würde, bis ich hörte, was Er mir sagen wollte.

Am Tage erforderte die Wanderung nahezu hundert Prozent meiner Konzentration. Aber in den Nächten hatte ich viel Zeit zum Nachdenken und zum Beten. Statt täglich Minuten der Stille zu erleben, waren es hier oft Stunden. Ich sprach mit Gott über meine Familie, die anderen Wanderer und meine Freunde zu Hause. So viele quälten sich mit Fragen, auf die es keine Antwort zu geben schien.

Wie die meisten Wanderer schwankte ich zwischen dem Verlangen nach menschlicher Gesellschaft und dem Wunsch, allein zu sein. Wenn ich ein paar Tage lang mit anderen gewandert war und in überfüllten Schutzhütten übernachtet hatte, schlug ich mein Zelt oft weit von den anderen entfernt auf, um den Frieden und die Ruhe des Alleinseins zu genießen.

Manche Wanderer schienen direkt Angst vor der Stille zu haben. Einige trugen den ganzen Tag lang Kopfhörer und hörten Kassetten oder Radio. Ein Mann in Georgia hatte sogar einen batteriegetriebenen Fernsehapparat bei sich, um das Finale der Basketball-Meisterschaften der NCAA nicht zu versäumen. Die meisten Wanderer genossen die Stille, doch zu meiner Verwunderung erlebte ich immer wieder, wie viele stundenlang vor dem Fernseher hockten, wenn sie einmal in einem Motel übernachteten.

Ich glaube, wer viel Zeit in der Natur verbringt, lernt ein Gefühl der Ehrfurcht und der inneren Erneuerung kennen. Meine Erfahrung ging allerdings weit darüber hinaus. Schon bald wurde mir klar, daß diese herrliche Wildnis ein Werkzeug in der Hand Gottes war, um mich – manchmal sanft, manchmal streng – in meine Schranken zu weisen.

Ich hatte Demut immer mit Schwäche oder Unterwürfigkeit gleichgesetzt. In meinen Augen war die Bezeichnung »demütig« so ungefähr das Schlimmste, was man über jemanden sagen konnte. Ein sanftmütiger Mensch trat, wie ich glaubte, nicht für seine Rechte ein, wie ich es mein ganzes Leben lang getan hatte.

Auf dem Trail lernte ich eine andere Seite der Demut kennen. Erstens war ich hier draußen für nichts verantwortlich. Das Wetter, das Terrain und die Tiere unterlagen nicht meiner Kontrolle. Das war Gottes Welt, und Er trug die Verantwortung dafür. Meine Alternativen waren begrenzt: Ich konnte wandern oder es bleiben lassen, annehmen oder zurückweisen, kooperieren oder mich beschweren.

Wenn mir zu Hause die Temperatur nicht zusagte, konnte ich sie mit Hilfe eines Schalters höher oder niedriger stellen. Ich lebte und arbeitete hauptsächlich in meinen vier Wänden und konnte diesen kleinen Bereich leicht kontrollieren. Hier draußen konnte ich nichts kontrollieren. Aber alle Trailwanderer hatten bewußt ihre Alternativen begrenzt, um ihre Erfahrung zu erweitern. Ich lernte loszulassen.

Ich lernte auch, daß ich den Trail ohne die Hilfe und den Schutz Gottes einfach nicht schaffen würde. An manchen Tagen muß ich an die fünfzig Mal hingefallen sein, und jedes Mal dankte ich Ihm dafür, daß ich mich nicht schwer verletzt hatte und daß Orient nicht zu Schaden gekommen war. Jeder Sturz warf mich zurück und erinnerte mich daran, wie hilflos ich war. Ohne diese Stürze wäre ich womöglich unerträglich stolz auf meine Leistungen geworden.

Die großen Felsbrocken und umgestürzten Bäume brachten mich selten zu Fall. Meistens war es ein kleinerer Stein, der mir den Knöchel verdrehte, oder eine dünne Wurzel, in der sich mein Fuß verfing, wenn ich auf einem einigermaßen ebenen Stück zu schnell ging.

Demut lernte ich, wenn ich gezwungen war, mir in einer Situation helfen zu lassen, die ich vorher immer allein gemeistert hatte. Als ich in Hiawassee, Georgia, mit einem Wanderer namens Jeff Zwischenstation machte, hatte ich nur wenig Bargeld bei mir, und die Motels akzeptierten keine Kreditkarten. Ein Mann auf der Post machte den Vorschlag, daß wir bei der Kirche anrufen und fragen sollten, ob wir im Keller schlafen oder auf dem Rasen zelten dürften.

Aber sie lehnten rundweg ab: »Wir haben keine Möglichkeit, Leuten wie Ihnen zu helfen.«

Glen Eller, der das Telefongespräch mit anhörte, zahlte unser Motelzimmer und nahm Jeff und mich am nächsten Morgen mit in die Kirche. Als er der Gemeinde erklärte, wer ich sei und weshalb ich den Trail ging, veranstalteten sie eine Kollekte für mich – was mir wahnsinnig peinlich war. Schließlich gelang es mir, Glen davon zu überzeugen, daß ich nur knapp an Bargeld war und nicht pleite. Ich schlug vor, mit der Kollekte einen Fond einzurichten, um damit Menschen zu helfen, die in der Stadt in Not geraten waren, und damit waren sie einverstanden.

Ich half gerne, ließ mir aber ungern helfen.

Doch auf dem Trail gab es hunderte von Situationen, wo ich ohne die Hilfe von anderen nicht zurechtkam. In der Wildnis trug ich keine Verantwortung, ich hatte keine Kontrolle über sie. Und schon gar nicht war ich imstande, alles allein zu schaffen. Viele Leute, denen ich unterwegs begegnete, halfen mir durch ihre Großzügigkeit und Liebe, eine neue Dimension des Glaubens kennenzulernen. In jedem Kontakt mit einem Menschen sah ich ein von Gott gewolltes Zusammentreffen, bei dem es meine Aufgabe war, Gottes Plänen gerecht zu werden.

Manchmal ist der Appalachian Trail nur ein Band, das sich durch erschlossene Gebiete schlängelt. Dann wieder führt er mitten durch die Wildnis. Als Blinder tut man sich manchmal schwer, den Unterschied zu erkennen.

Eines Tages war ich der Meinung, Gott, Orient und ich seien die einzigen in einem Umkreis von vielen Meilen. Da hörte ich zu meiner großen Überraschung plötzlich eine Stimme aus einem Lautsprecher sagen: »Jim Davis bitte ans Telefon.«

Bei dem Gedanken, daß der Trail hier nicht, wie ich mir eingebildet hatte, durch die Wildnis führte, sondern nur ein schmaler Korridor war, eingefaßt von den Rückseiten der Geschäfts- und Warenhäuser, mußte ich lachen. Andere Wanderer wurden leichter auf die Nähe einer Stadt aufmerksam, weil sie nachts die Lichter der Häuser sahen. Ich mußte die Geräusche von Menschen hören, um zu wissen, daß ich mich wieder in der Zivilisation befand.

Wer genug Geld hatte, konnte fast genauso viele Nächte in einem Motel wie im Zelt oder in einer Schutzhütte am Trail verbringen. In manchen Nächten kam es mir lächerlich vor, mit kalten, schmerzenden Füßen im Zelt zu liegen, während ich doch den Verkehr auf einer Autobahn hören konnte und wußte, daß eine Badewanne mit heißem Wasser nur Minuten von mir entfernt war.

Doch nach einer Weile wurde mir klar, daß mich der Trail nicht nur im geographischen Sinne auf die Probe stellte. Die Aufmerksamkeit der Medien und die Gefahr, daß ich nach dem Lob, mit dem die Leute mich überschütteten, süchtig werden könnte, entwickelten sich zu einem Problem. Außerdem stand ich unter Zeitdruck und dem inneren Zwang, meine Wanderung zu Ende zu bringen. Manchmal waren die körperlichen Strapazen so groß, daß ich mich am liebsten hingesetzt und geheult hätte.

Was hatte ich eigentlich in dieser Wildnis zu suchen?

Am 6. Juni wurde Orient drei Jahre alt. Ich gab ihm einige Plätzchen und sang *Happy Birthday*. Die Plätzchen waren ihm allerdings lieber als der Gesang. Ich betete ein Dankgebet für ihn und hinterließ in zwei Schutzhütten die Nachricht, daß er Geburtstag habe.

Zwei Wochen später erreichte ich Harpers Ferry, West Virginia, wo der Shenandoah River sich in den Potomac ergießt, ehe sie sich mit vereinten Kräften auf den Weg zum Atlantik machen. Eine Menge wichtiger Leute hatte hier schon vor mir übergesetzt – George Washington, Robert E. Lee, John Brown und viele andere.

Obwohl Harpers Ferry etwas weniger als die halbe Strecke nach Katahdin markierte, bildete es die psychologische Mitte für die meisten Wanderer Richtung Norden. Ich besuchte die Zentrale der Appalachian Trail Conference und ließ mich für das Sammelalbum der Wanderer fotografieren – ein wichtiger Meilenstein meiner Wanderung.

Im Büro des ATC studierte ich sehr genau und gründlich die Reliefkarte des gesamten Trails. Zentimeter für Zentimeter tastete ich sie ab, um das, was ich schon zurückgelegt hatte, nochmal nachzuerleben und mir eine Vorstellung davon zu verschaffen, was mich noch erwartete. Die ebenen Strecken wirkten täuschend einfach, denn die Karte konnte die scharfen Felsen in Pennsylvania oder die Sümpfe in Maine nicht wiedergeben. Alle Berge, auch die berüchtigten White Mountains in New Hampshire, schienen nur kleine Beulen zu sein im Vergleich zu dem Mt. Katahdin, der sich wie aus dem Nichts erhob und mich herausforderte.

In Harpers Ferry stießen drei Freunde aus Burlington zu mir, und wir wanderten zwei Tage gemeinsam. Ich freute mich natürlich, wieder von zu Hause zu hören, und bewunderte ihre Bereitschaft, direkt vom Büro auf den Trail zu gehen. Mit Entsetzen sah ich aber, was sie für eine Wanderung von dreißig Kilometern alles mitgebracht hatten. Bei ihren Rucksäcken mußte ich an den denken, den ich seinerzeit nach Neel's Gap mitgeschleppt hatte – alles in doppelter Ausführung und Nahrungsmittel für einen Monat. Mit schwerem Herzen mußte ich zusehen, wie das Gewicht ihrer Rucksäcke ihnen die Kraft und die Freude am Trail raubte, aber anscheinend lernte man nur durch das Wandern, welche Last es bedeutete, zuviel zu besitzen.

Sie sagten, daß ich abgenommen hätte, aber ich machte ihnen klar, daß das gar nichts war, verglichen mit dem »emotionalen Fett« – all den Dingen, die ich für unerläßlich gehalten hatte –, das auf dem Trail weggeschmolzen war. Manche Leute wurden ihr emotionales Fett dadurch los, daß sie in die am Trail gelegenen Städte trampten und in den Restaurants nach übriggebliebenem Essen fragten. Andere duschten nur alle vierzehn Tage und trugen Tag für Tag dieselbe Kleidung.

Apropos Kleidung... Meine Freunde lachten, wenn ich ihnen meine große Wäsche beschrieb. Um das Gewicht meines Rucksacks zu reduzieren, trug ich meine gesamte Wanderkleidung auf dem Leibe und schickte die Sachen, die ich in der Kirche trug, per Post an bestimmte Städte am Trail. Wenn meine Sachen mir buchstäblich stanken, hängte ich mir meinen Poncho um, zog alles, was ich darunter anhatte, aus und ging in einen Waschsalon. Es war ein Trick, den mir ein erfahrener Wanderer beigebracht hatte. Das machte ich auch einmal an einem heißen Sommertag in einer kleinen Stadt, und eine Frau in dem Waschsalon fragte mich, was ich unter dem Poncho trüge. Es lag ja auf der Hand, daß ich ihn nicht aus Gründen der Wärme anhatte! Ich antwortete mit einem Lachen, bezweifle aber, daß eine *Dame* mir solch eine Frage gestellt hätte! Zum Glück trug ich einen olivfarbenen Poncho aus grobem Wollstoff und nicht einen durchsichtigen aus Plastik!

Auch meine Auffassung von Hygiene änderte sich, als ich mein emotionales Fett nach und nach abbaute. Vor meiner Wanderung hätte ich Orient niemals aus meiner Tasse trinken lassen. Jetzt muß ich lachen, wenn ich an den Abend denke, an dem ich seine Plastikschale ausspülte, um für einen anderen Wanderer Salat darin anzurichten. Auch auf anderen Komfort lernte ich verzichten. In eisigen Flüssen zu baden, Plumpsklos zu benutzen und Tag für Tag im Regen zu wandern, fand ich inzwischen ganz normal.

Wenn mir manche Erfahrungen auf der Wanderung auch nicht gerade behagten, so halfen sie doch, mich in dem Glauben zu bestärken, daß mir nichts passieren würde, was mir nicht passieren sollte. Manche Leute glaubten, daß ich mit meiner Wanderung Gott testen wollte. Aber das war nicht der Fall! Ich war mir sehr wohl bewußt, daß der Metallstab in meiner rechten Hand mich zu einem wahren Blitzableiter machte, wenn ich durch elektrische Stürme wanderte. Ja, auf den ersten achthundert Kilometern schickte ich ein Stoßgebet nach dem anderen zum Himmel, wenn der Regen herunterstürzte und der Donner rollte. Aber tollkühn war ich deswegen noch lange nicht. Gefährliche Situationen oder das Gefühl, gerade noch einmal davongekommen zu sein, bereiteten mir keinen Spaß. Nach einer Weile sagte ich mir, daß Er immer wußte, wo ich war und was geschah. Es kam zwar immer noch auf gutes Urteilsvermögen an, aber ich brauchte keine Angst zu haben.

Ich stellte auch fest, daß ich mir sehr oft wegen der falschen Dinge Sorgen machte. Statt darüber nachzugrübeln, ob ich vom Blitz getroffen oder von einem Bären angegriffen werden würde, war es wichtiger, meine innere Einstellung zu prüfen. Dankte ich Gott für mein Leben, oder beschwerte ich mich darüber? Offenbar war es leichter, Gottes Schutz und Lenkung in Fragen von Leben und Tod zu erkennen als in kleinen alltäglichen Situationen.

So wurde die Wildnis ein Ort der Offenbarung für mich. Jeden Tag erkannte ich deutlicher, wer ich war und wie ich war. Diese Erkenntnisse waren oft unangenehm und schwer zu ertragen. Wenn sie das einzige Resultat gewesen wären, hätte ich allen Mut verloren.

Aber mit jedem Tag wurde mir Gottes Treue und Fürsorge mehr bewußt.

12 Weitere Erkenntnisse

Morgens kam das Leben in einer Schutzhütte am A.T. nur langsam in die Gänge. Meistens schlüpften noch vor Tagesanbruch ein oder zwei Wanderer aus ihren Schlafsäcken und schulterten fast lautlos ihre Rucksäcke. Das waren die Super-Wanderer, die acht Kilometer zurücklegten, ehe sie in den ersten Strahlen der Sonne eine Pause einlegten, um sich eine Tafel Schokolade oder eine Tasse Tee zu gönnen. Erst nach weiteren vierzig Kilometern würden sie abends wieder ihre Schlafsäcke aufrollen. Am nächsten Morgen wiederholte sich das Ganze. Sie verabschiedeten sich immer schon vor dem Schlafengehen, weil ihnen morgens statt eines Abschiedsgrußes nur ein Schnarchkonzert entgegendröhnte.

Bei mir dauerte es meistens noch eine Stunde, bis ich aufwachte und dann hörte, wie die Reißverschlüsse der Schlafsäcke aufgezogen wurden, Nylon knisterte, geflüstert und gestöhnt wurde und ein vertrautes Rascheln verriet, daß in Essensbeuteln nach Tüten mit Hafermehl, Nudeln oder Kakao gesucht wurde. Vor der Schutzhütte tröpfelte Wasser in einen Topf, dann rauschte das Propangas, die Zündung zischte, und schließlich fauchte eine heiße blaue Flamme unter dem Kocher.

Ein Wanderer hat seinen Morgen einmal so beschrieben:

Erwache aus einem Traum, in dem ich am Strand von Cancun bin.
Schließe die Augen und versuche, in den Traum zurückzukehren.
Fehlanzeige
Merke, daß ich sofort *aufs Klo muß.*
Denke daran, daß es vierhundert Meter entfernt ist, und sehe, daß es draußen nieselt und neblig ist.
Überlege mir die Folgen, wenn ich nicht in der nächsten Sekunde losgehe.
Raus aus dem Schlafsack, rein in klammes T-Shirt und klamme Shorts, stolpere über Steine und Wurzeln zum Klo, auf dem ein Wochenendwanderer sitzt, der The Sunday New York Times *liest.*
Sehe mich nach einem Baumstamm im Wald um.
Frage mich, warum ich mir das antue.

Ich war gegenüber den meisten Wanderern dadurch im Vorteil, daß mir das Wandern nie Spaß gemacht hatte. Wanderungen waren nie meine Sache gewesen, auch nicht, als ich noch sehen konnte. Es entsprach einfach nicht meiner Vorstellung von Freizeitvergnügen. Nachdem ich meinen ersten Blindenhund bekommen hatte, ging ich täglich acht bis sechzehn Kilometer, aber nicht, um mir Bewegung zu verschaffen oder um mich zu entspannen, sondern nur, um von einem Punkt zum anderen zu kommen. Das Gehen war für mich nichts weiter als ein Mittel zum Zweck. Über den Trail dachte ich nicht anders.

Die anderen Wanderer hatten ganz andere Erwartungen. Diejenigen, die schon übers Wochenende oder noch länger gewandert waren, gerieten bei der Aussicht, sechs Monate auf dem Trail zu verbringen, in Verzückung. Das klang wie das Paradies. Viele begannen ihre Wanderung mit der Vorstellung, daß jeder Tag das berauschende Erlebnis innerer Erneuerung in einer unzerstörten Waldlandschaft bereithielt. Statt den Büroklatsch und das sterile »Blupp« einer Wasserflasche hören zu müssen, würden sie dem Gesang der Vögel lauschen und ihren Durst an einem gluckernden Bach löschen können.

Diese Euphorie hielt manchmal eine Woche, manchmal einen Monat an, aber dann ließ der Reiz der Neuheit nach, und die Monotonie begann. Die Berge sahen immer gleich aus, die Unbequemlichkeiten des einfachen Lebens empfanden sie als Last und nicht als Herausforderung, und das Glück des Alleinseins endete in einem Gefühl der Einsamkeit und der Sehnsucht nach der Familie und alten Freunden.

Wenn Abwechslung die Würze des Lebens ist, dann ist der immer wiederkehrende Alltag Salz, das seinen Geschmack verloren hat.

Für jeden Wanderer kam einmal der Augenblick, an dem das Wandern aufhörte, Spaß zu machen, und nur noch Arbeit war. Der Zeitpunkt dafür war bei allen unterschiedlich. Ich konnte schon fast an der Stimme eines Wanderers erkennen, ob aus dem Hobby bereits eine Pflicht geworden war.

Für mich war dieser Augenblick schon mit dem ersten Schritt auf dem Trail gekommen. Eine kleine Badehütte am Strand von Waikiki weckte in mir die Vorstellung von Urlaub, aber ein mehr als dreitausend Kilometer langer Marsch durch gebirgiges Gelände mit einem schweren Rucksack auf dem Rücken war reine Arbeit und sonst nichts.

Anfangs war mir nicht klar, welchen Vorteil – psychologisch gesehen – diese Einstellung hatte, aber im Laufe der Zeit merkte ich es. Da ich nie damit gerechnet hatte, daß das Wandern Spaß machen würde, war ich auch nicht enttäuscht, als es mir wie Arbeit vorkam. Auch das Wetter bot keine Überraschungen.

Warren Doyles Wettervorhersagen für den A.T. lauteten: achtzig Prozent der Zeit ist es entweder zu naß, zu trocken, zu heiß oder zu kalt; bei den restlichen zwanzig Prozent ist es genau richtig. Je schneller wir uns an die Tatsache gewöhnten, daß das Wetter nur an jedem fünften Tag gut war, desto besser für uns.

Aber es war nicht so einfach, den Wunsch nach mehr zu unterdrücken. Ich stellte jedenfalls fest, daß meine Gelassenheit im umgekehrten Verhältnis zu meinen Erwartungen stand.

Die Comic-Strip-Figur Pogo ist für folgenden Satz berühmt geworden: »Wir sind dem Feind begegnet – wir sind es selbst.« So war es auch auf dem A.T. Der Feind war nicht der Trail, die Steine oder das Wasser – es waren wir selbst. Alle Wanderer, mit denen ich sprach, kämpften ständig dagegen an, nicht das zu hassen, was ihnen ursprünglich Freude bereiten sollte.

Die meisten, die ihre Wanderung aufgaben, taten es, weil sie es für eine sinnlose Selbstbestrafung hielten, jeden Tag, oft bei Regen und Kälte, zu wandern. Sie erklärten: »Es macht mir keinen Spaß mehr«, oder: »Der Trail wird meinen Bedürfnissen nicht gerecht.« Ich konnte es ihnen nicht verdenken. Ohne das ausgeprägte Gefühl, eine Mission zu erfüllen, hätte ich angesichts der immer wiederkehrenden Strapazen, die ich zwar möglichst zu vermeiden suchte, nicht durchgehalten.

Ein paar Tagesmärsche von Harpers Ferry entfernt schulterten meine Freunde Laurie und Dick eines Morgens meinen Rucksack, und wir vereinbarten, uns nachmittags an einer Schutzhütte weiter oben am Trail zu treffen. Aufgrund verschiedener Mißverständnisse verfehlten wir uns, und ich wanderte weiter. Als ich schließlich merkte, daß ich schon lange an der Schutzhütte vorbei war, befanden Orient und ich uns bereits mitten in einem unübersichtlichen Geröllfeld, das den Namen *Devil's Racecourse* (Rennstrecke des Teufels) trug. Außerdem wurde es bereits dunkel. Als Orient den Trail nicht mehr sehen konnte, beschloß ich, Halt zu machen.

Ich wickelte mich in meinen Poncho ein und teilte mein letztes Wasser mit Orient. Statt zusammen mit Freunden eine erholsame Nacht in einer Schutzhütte zu verbringen, saßen wir hier ohne Essen und Trinken zwischen diesen Felsbrocken fest. Etliche Leute würden sich unseretwegen Sorgen machen und wahrscheinlich die ganze Nacht nach uns suchen.

Plötzlich hörte ich ganz in der Nähe etwas klappern. Gab es hier oben etwa Schlangen? War eine neugierige Klapperschlange dabei, unser Lager zu inspizieren?

Vor ein paar Monaten hätte mich der Frust gepackt, und ich hätte eine Menge Fragen vom Stapel gelassen der Art: »Wenn es meine Aufgabe ist, diesen Trail zu gehen, warum meistere ich sie nicht besser? Warum brauche ich dabei soviel Hilfe von anderen? Wo war Gott, als ich an der Schutzhütte vorbeiging, ohne sie zu bemerken? Welchen Sinn macht es, eine Menge Leute wachzuhalten, die nach uns suchen?«

Seltsamerweise stellte ich jetzt keine von diesen Fragen. Es war einer der seltenen Augenblicke, wo ich die Entwicklung und Veränderung sehen konnte, die seit meinen ersten Schritten auf dem Trail in mir vorgegangen waren. Ich bat Gott, Orient und mich zu beschützen und den Menschen zu helfen, die womöglich nach uns suchten. Endlich lernte ich es, Vertrauen zu haben.

Es gab Tage, an denen die Schönheit der Schöpfung mich überwältigte. Dann gab es Tage, an denen Gottes Welt alles andere als vollkommen schien. Ich lernte endlich, das Gute mit dem Schlechten hinzunehmen und das Wetter und das Terrain zu akzeptieren, wie sie waren, statt mir immer nur zu wünschen, daß sie meinen Vorstellungen entsprachen.

Ich war zu der Erkenntnis gelangt, daß das Wandern auf dem Trail genau das gleiche war, wie jemanden zu besuchen. Mein Gastgeber kontrollierte den Thermostat, stellte die Möbel so, wie es ihm gefiel, und sagte: »Fühl dich wie zu Hause.«

Am 1. Juli, einem glühendheißen Sonntag, kam ich nach Pine Grove Furnace, Pennsylvania, wo ein Wegweiser stand, auf dem die Pfeile in nördlicher Richtung nach Katahdin und die Pfeile in südlicher Richtung nach Springer Mountain zeigten. Die Entfernung war beide Male die gleiche – 1710 Kilometer.

Ich hatte wirklich die Hälfte geschafft –nach fast vier Monaten auf dem Trail! Zur Trail-Tradition gehört es, daß man bei der Hälfte dem »Half-Gallon-Club« beitritt. Das bedeutet, daß man zweieinviertel Liter Eis essen muß. In zwanzig Minuten hatte ich alles verputzt. Es schmeckte so gut, daß ich mir noch eine Portion kaufte, mir jetzt aber dabei Zeit ließ. Orient bekam ein paar Hundeplätzchen und eine große Schale mit Wasser und schlief dann auf dem nächsten schattigen Platz sofort ein.

Pennsylvanien stand in dem Ruf, die schärfsten und spitzesten Steine auf dem ganzen A.T. zu haben. Manche Leute verdächtigten sogar die Einheimischen, sie während des Winters zu wetzen und dann schadenfroh auf die Wanderer der nächsten Saison zu warten. In der Hitze über die Steine steigen zu müssen, machte besonders Orient schwer zu schaffen. Die Lederstiefel, die ich ihm zum Schutz für seine Pfoten angefertigt hatte, waren bei diesen Temperaturen zu heiß. Aber wenn er sie nicht trug, schürfte er seine Pfoten auf.

Sobald Orient müde wurde, gab er mir das zu verstehen, und dann machten wir zwei Stunden Pause oder sogar Feierabend. Die Leute fragten mich sehr oft, wieviele Hunde ich schon auf dem Trail gehabt hatte. Sie glaubten, Orient sei der dritte oder vierte. Einer rief sogar die Organisation *Seeing Eye* an und erkundigte sich, warum sie mir immer neue Hunde auf den Trail schickten.

Aber Orient war der einzige. Wir waren zusammen in Georgia losgegangen, und ich betete jeden Tag darum, daß wir auch zusammen die Ziellinie in Maine überschreiten würden.

In Duncannon, Pennsylvania, ließ ich Orient von einem Tierarzt untersuchen. Er kam zu dem Ergebnis, Orient sei bei ausgezeichneter Gesundheit, nur seine Ballen hätten gelitten. Er riet mir zu einer fünftägigen Ruhepause, damit sie ganz ausheilen könnten. Auch ich hatte eine Pause nötig. Die Nachmittage und Abende auf dem Trail waren für ein richtiges Ausruhen immer zu kurz. Mir war nicht klar gewesen, wie dringend wir beide einer ausgedehnten körperlichen und geistigen Ruhepause bedurften.

Da Orient abgenommen hatte, erhöhte ich seine Ration auf drei Pfund Kraftfutter pro Tag – oder neuntausend Kalorien täglich. Damit müßte er eigentlich zunehmen. Mein Kalorienverbrauch war bereits so hoch, daß ich ungeniert so viel Eis aß, wie ich auftreiben konnte.

Eine knappe Woche lang saß ich fast nur am Swimmingpool und tat so gut wie gar nichts, während Orient mindestens achtzehn Stunden am Tag schlief.

Eines Nachmittags, als ich eine ganze Packung Dörrfleisch gegessen hatte und schon bei der zweiten war, kam Tim Boyer, der Wirt, und wollte wissen, was ich da äße. Ich fragte ihn, ob er mal probieren wolle, und reichte ihm die Packung. Aber er gab sie mir lachend zurück. Auf dem Etikett stünde »Hundedelikatesse«, erklärte er mir. Ich hatte sie von zwei Mädchen mit dem Trail-Namen *Die Blasenschwestern* bekommen und fand, daß sie recht gut schmeckten!

Den Rest der Packung gab ich Orient und bat ihn um Verzeihung, daß ich sein Futter gestohlen hatte.

Mit Kindern erlebte ich immer besonders schöne Augenblicke. Sie waren immer so offen und ehrlich und hatten überhaupt keine Angst, mir Fragen über meine Blindheit zu stellen. Sie wollten wissen, wie ich eine Fünfdollarnote von einer Zehndollarnote unterscheiden könnte, wie ich Sachen fand, die auf den Boden fielen, und wer mir sagte, welche Farbe meine Kleider hätten.

Die Kinder, besonders die kleinen, hatten auch viel Spaß an Orient. Die fünfjährige Emily, die Tochter von Tim und Debbie Boyer, liebte Orient und nannte ihn *Oreo*. Auch Orient gewann Emily sehr lieb und folgte ihr auf Schritt und Tritt. Als wir uns trennen mußten, gab es einen tränenreichen Abschied.

Diese einwöchige Ruhepause hatte nicht nur Orients Füßen, sondern auch seiner seelischen Verfassung gutgetan. Als wir auf den Trail zurückkehrten, ging er mit größerer Entschlossenheit als je zuvor. Ich konnte natürlich unmöglich wissen, was in seinem Kopf vorging, hatte aber entschieden den Eindruck, daß er anfing, Spaß an der Sache zu haben.

Als ich an einem Samstagnachmittag nach Port Clinton, Pennsylvania, kam, hatte ich das Gefühl, Niemandsland zu betreten. Ich wußte, daß ich in einer Stadt war, aber es schien kein Mensch dazusein. Nachdem ich ergebnislos an ein halbes Dutzend Türen geklopft hatte, brüllte ich: »Wohnt hier denn niemand?« Da antwortete mir die Stimme eines Jungen: »Ich wohne hier.«

Matthew war acht Jahre alt und mit dem Fahrrad unterwegs. Er erklärte mir, daß alles so ruhig sei, weil die meisten nach Allentown zum Einkaufen gefahren waren. Als ich ihn nach dem Weg zur öffentlichen Toilette fragte, bot er mir an, mich hinzubringen. Während er langsam neben Orient und mir herfuhr, unterhielten wir uns über dies und das.

Einige Tage später lernte ich auch endlich die Steine von Pennsylvania kennen. Sie sind aus Schiefer, und wenn sie auch nicht groß sind – nur ungefähr zweimal so groß wie eine Faust –, so machen sie das Gehen doch zu einer gefährlichen Angelegenheit. Und was noch schlimmer ist, sie bewegen sich, wenn man drauftritt!

Manche Steine sind weder rund noch flach, sondern geformt wie abgestumpfte Pfeilspitzen, so daß man sich sehr leicht den Knöchel verstauchen kann. Viele schauen nur fünf bis acht Zentimeter aus der Erde heraus – der Rest reicht bis zum Mittelpunkt der Erde!

Ich weiß es, weil ich nach einem Sturz versuchte, einen Stein abzubrechen. Aber er gab nicht die Spur nach. Diese Steine sitzen wie Nägel in einem Brett – sie ruinieren einem die Füße und die Knöchel.

In diesem Teil von Pennsylvania führt ein großer Teil des A.T. durch riesige Landstriche, gewaltige Hochebenen, die nur leicht gewellt sind und sich kilometerlang erstrecken, wo nur wenige Bäume und Büsche wachsen. Früher gab es hier einmal schöne Wälder, aber dann fiel der Schwammspinner über sie her und fraß sie ratzekahl. Und überall stolpert man über diese tief in der Erde verankerten Steine. Am Ende des Tages sind die Knöchel von all dem Verdrehen und Verrenken auf ihre doppelte Größe angeschwollen.

Es war kein Wunder, daß ich auf diesem steinigen Abschnitt plötzlich ausrutschte. Als ich mit dem Gesicht nach unten fiel, wurde ich von dem Gewicht meines Rucksacks gegen einen scharfen Stein gedrückt. Ich wußte sofort, daß ich mir eine Rippe gebrochen hatte. Trotzdem schaffte ich es, meinen Rucksack noch bis zu der Straßenkreuzung zu tragen, wo ich mich mit Anna verabredet hatte. Trotz ihres gebrochenen Beines fuhr sie meinen Rucksack mehrere Tage hintereinander mit dem Wagen zu der jeweiligen Schutzhütte, so daß ich weiterwandern und die Rippe wieder zusammenwachsen konnte.

Offensichtlich erlebten alle Wanderer eine Art Flaute, wenn sie Pennsylvania verließen und sich auf den Weg durch New Jersey und New York und nach New England hinein begaben – ich bildete da keine Ausnahme. Es war heiß und schwül. Die Wanderer blieben morgens länger in den Schutzhütten und machten abends früher Schluß. An manchen Tagen gingen sogar die Unentwegtesten keinen Schritt vor die Tür.

Manche verloren sogar den Appetit. Ich fand es komisch, wenn die Leute sich beim Kochen darüber beschwerten, daß sie »Tag für Tag dasselbe Zeug« essen mußten. Schon von Anfang an hatte ich mir vorgenommen, dafür zu sorgen, daß mir mein Essen nie langweilig wurde. Ich hatte Chilipulver, Knoblauchpulver, geröstete Zwiebeln, Gewürzsalz und eine kleine Flasche Tabasco bei mir. Wenn es sich ergab, kaufte ich mir eine große, frische Zwiebel, um den Geschmack zu verändern.

An vielen Abenden bat ich die anderen Wanderer, mir jeweils ein Stück Lebensmittel aus ihrem Rucksack zu geben, und komponierte aus den Zutaten einen Eintopf. Wenn einer eine Dose mit Tomatensoße dabei hatte, hatten wir das große Los gezogen. Zuerst hatten sie ja ihre Bedenken, merkten aber schon bald, daß ich, um kochen zu können, nicht unbedingt aufs Sehen angewiesen war!

Im August war das Kommen und Gehen der Wanderer spürbarer als sonst, da manche eine Woche hier oder zwei Wochen da Ferien machten und dann wieder auf den Trail zurückkehrten. So kam es, daß ich Leute wiedertraf, die ich seit Virginia nicht mehr gesehen hatte. Nachdem sie mir wochenlang vorausgewesen waren, holten sie mich jetzt nach einer ausgedehnten Pause wieder ein. Es war immer eine Riesenfreude, vertraute Stimmen wiederzuerkennen und von den Abenteuern zu hören, die die Leute seit unserer letzten Begegnung erlebt hatten.

Nachdem ich mich 880 Kilometer durch Virginia und 370 Kilometer durch Pennsylvania gekämpft hatte, war es ein reines Vergnügen, die nächsten Staatsgrenzen abzuhaken: 150 Kilometer in New Jersey; 120 Kilometer in New York; 80 Kilometer in Connecticut;

140 Kilometer in Massachusetts. Es war ein tolles Gefühl, in vier Wochen vier Staaten zu schaffen, aber ein irreführender Maßstab für mein Vorankommen.

Auf dem Weg durch New Jersey verlief der Trail oft über gepflasterte Straßen. Die größte Sorge eines Wanderers bestand jetzt nicht mehr darin, von einem Berg herunterzufallen, sondern von einem Auto überfahren zu werden. (Es gibt immer noch ein paar von diesen gepflasterten Abschnitten auf dem A.T., besonders in Sussex County, New Jersey, obwohl eine große Kampagne gestartet wurde, sie alle zu beseitigen.)

Ich verbrachte ein paar Tage auf den Straßen von New Jersey und in den Kittatinny Mountains. Immer wenn ich gerade dachte, ich sei unter all diesen Menschen und Autos unsichtbar, tauchten Reporter auf, um mich zu interviewen. Sie kamen von überall her – aus New Jersey, New York, sogar aus Pennsylvania. Und nachdem ihre Artikel in der Zeitung gestanden hatten, fuhren schon am nächsten Tag die Leute los, um mich zu besuchen. Manche brachten Video-Kameras mit, andere Erfrischungsgetränke. Einer bot mir sogar Bier an, weil er meinte, daß es einen ehemaligen Alkoholiker danach am allermeisten verlangte!

Autofahrer riefen mir aus dem offenen Autofenster aufmunternd zu. »Hei, Bill!« schrien sie. »Weiter so!« Andere gingen ein paar Minuten neben Orient und mir her und sagten z. B.: »Wir sind Ihnen seit Georgia gefolgt.« Mir wurde immer ganz warm ums Herz, wenn ich ganz allein auf der Straße ging und plötzlich meinen Namen hörte. Das gab mir das schönste Gefühl, Teil einer Gemeinschaft zu sein.

Zu dieser Zeit machte ich einen Abstecher zu *The Seeing Eye* in Morristown. Dort aß ich mit den Mitgliedern eines Komitees zu Mittag und mußte eine Reihe von Fragen über mich ergehen lassen, wie ich Orient behandelte. Es waren ihnen schreckliche Gerüchte zu Ohren gekommen – einige Zeitungen hatten sogar geschrieben, daß ich Orient mißhandelte. Das Komitee wollte sich mit eigenen Augen davon überzeugen, daß er bei guter Gesundheit war.

Zu dieser Zeit war Orient wieder recht dünn, was auch mich beunruhigte. Aber der Besuch bei *The Seeing Eye* verlief positiv.

Nachdem sie sich vergewissert hatten, daß er ganz gesund war, verließ ich sie mit dem Gefühl, daß sie mich in meinem Vorhaben unterstützten. Dieses Gefühl hatte ich vorher nicht gehabt.

Ich weiß noch, wie ich eines Abends im Staate New York die anderen Wanderer über die Skyline von New York City reden hörte. Hätten sie es nicht getan, hätte ich nur anhand der Geräusche gemerkt, daß wir uns in einem Industriestaat wie New York oder New Jersey befanden. Hier ging der Gesang der Vögel in dem Lärm der Lastwagen unter, die die Highways entlangdröhnten. Für mich war es das traurigste Geräusch auf dem Trail, denn es erinnerte mich daran, wie nah ich dem sehr dicht besiedelten Teil des Landes war.

Das Beste an New York waren die drei Tage im Kloster Graymoor. Pater Joe Egan, der PR-Direktor des Klosters, hatte sich mit Carolyn Starling, meiner guten Freundin und Leiterin meines Organisationsteams, schon in Verbindung gesetzt, als ich noch gar nicht in New York war. Sie übermittelte mir seine Einladung, das Kloster zu besuchen. Als Franziskaner gehört es zu ihren Pflichten, Reisende aufzunehmen, und so versorgten sie die Wanderer immer mit Essen und einem Bett für die Nacht. Da ich in ihren Augen genau die gleiche Mission erfüllte wie sie, ließen sie mir eine besondere Einladung zukommen.

Bei meiner Ankunft kam mir nicht nur ein Empfangskomitee entgegen, sondern auch ein Fernsehteam von Fox Network! Ich lernte Pater Egan und Pater Boscoe kennen, die sich der Wanderer annahmen.

Ich hatte noch nie einen richtigen Mönch getroffen und stellte mir darunter einen kleinen eingetrockneten alten Mann vor, der eine kratzige Kapuze aufhatte und schweigend in zugigen Hallen herumging. Da ich gern wissen wollte, wie sie gekleidet waren, beschloß ich, ihnen bei der Begrüßung nicht die Hand zu schütteln, sondern sie zu umarmen. Und das tat ich dann auch.

Zu meiner großen Überraschung merkte ich, daß Pater Egan etwas anhatte, was sich wie ein Golfhemd anfühlte! Und als ich mit der Hand wie zufällig über seinen Kopf fuhr, stellte ich fest, daß er eine Golfmütze à la Ben Hogan trug! Ich war platt.

»Pater Egan«, sagte ich, »Sie tragen ja gar keine Mönchskutte.«

»Fühlen Sie *ihn* an«, sagte Pater Egan und zog Pater Boscoe heran. »Pater Boscoe ist ein *richtiger* Mönch!«

Diese Männer waren keine düsteren Schweiger, sondern vergnügt, lebenszugewandt und interessant. Wir wurden schnell Freunde.

Nachdem das Fernseh-Team verschwunden war, führten die Mönche mich herum. Orient und ich bekamen ein privates Zimmer, das mit einem Willkommens-Transparent geschmückt war. Ich merkte, daß sie das auch aus PR-Gründen angebracht hatten, um damit zu Geld zu kommen, aber ich verbrachte auch so eine herrliche Zeit dort. Da ich meine Stiefel durchgelaufen hatte, bestellte ich mir ein neues Paar und überbrückte die Wartezeit auf höchst angenehme Weise im Kloster.

Zu den Höhepunkten meines Aufenthaltes gehörte die Gebetsstunde um halb sechs nachmittags. Als sie mich das erste Mal aufforderten, daran teilzunehmen, dachte ich: »Was für ein herrliches Erlebnis müßte es sein, wenn achtundvierzig Mönche auf einmal für mich beten!« So beschloß ich, sie darum zu bitten, speziell für mich zu beten. Aber kurz vor der Tür flüsterte ein Mönch mir zu: »Wir würden uns freuen, wenn Sie das Gebet sprechen, denn wir glauben, daß Sie einen besseren Draht zum Allmächtigen haben als wir!«

Ich mußte ganz schön schlucken, aber irgendwie kriegte ich es hin.

Die Zeit im Kloster war eine sinnvoll verbrachte Zeit.

In der Nordwestecke von Connecticut wurden wir von Connecticuts Vertretern des Appalachian Mountain Club empfangen. Sie wollten in der Silver Hill Cabin am Trail ein Mittagessen geben. Da ich mit zwölf Wanderern erschien, wurden die Vorräte des Clubs ganz erheblich geplündert.

Wir verbrachten die Nacht in der Hütte, einer der schönsten Unterkünfte auf dem A.T. Sie hatte alles, richtige Türen, richtige Zimmer! Es gab sogar eine Küche und ein Schlafzimmer, zu denen ich die Schlüssel bekam. Aber inzwischen konnte ich drinnen, von vier Wänden eingeschlossen, nicht mehr schlafen, und so gab ich den Schlüssel einem jungverheirateten Paar, das in Richtung Süden unterwegs war. Sie waren schon eine ganze Weile auf dem Trail und hatten überhaupt noch nicht für sich sein können.

Ich legte mich auf die Veranda und schlief unter einem wundervollen Vollmond ein. Als ein Mädchen mitten in der Nacht die Hütte verließ, um aufs Klo zu gehen, schlief ich tief und fest.

Plötzlich gellten grauenerregende Schreie durch die Nacht. Sie kamen von der anderen Seite der Hütte. Ich schoß in die Höhe. Gleichzeitig wurde mir bewußt, daß Orient nicht da war. Da die Schreie nicht aufhörten, tastete ich mich um die Veranda herum auf die andere Seite der Hütte.

Die Stimme gehörte Rick (die eine Hälfte der *Totalen Wracks*), der unter den Bäumen in seinem Zelt lag und schrie: »Hau ab, Bär! Hau ab!«

Als das Mädchen auf dem Klo das hörte, fing auch sie an zu schreien.

Die anderen Wanderer, die der Lärm ebenfalls herbeigelockt hatte, brachen in ein befreites Lachen aus. Der »Bär« war Orient, der vor dem Zelt stand und dessen Silhouette sich durch die Zeltwand vor dem hellen Vollmond abzeichnete. Orients Schatten muß Rick, der wahrscheinlich noch im Halbschlaf war, an einen großen, zotteligen Bären erinnert haben. Das Mädchen kam erst wieder aus dem Klo heraus, als jemand ihr versichert hatte, daß es kein Bär war – nur Orient.

Diese Episode wird Rick bis an sein Lebensende verfolgen.

Am 16. August wurde ich fünfzig Jahre alt und feierte diesen Tag am Upper Goose Pond in Massachusetts. Da ich am Tage zuvor siebenunddreißig Kilometer gegangen war und es bis zur nächsten Schutzhütte siebenundzwanzig Kilometer waren, fiel es mir nicht schwer, meinen Geburtstag mit Nichtstun zu feiern. Ich saß am Bootssteg und »bewachte« den Teich, während die Hausmeisterin schnell in eine nahegelegene Stadt fuhr.

An meinem fünfzigsten Geburtstag wurde mir bewußt, wie vieles in meinem Leben noch ungeklärt war. Selbst auf dem Trail hatte ich bei dem Versuch, offen und ehrlich über meine Vergangenheit zu sprechen, den Reportern Dinge über meine Kinder erzählt, die sie verletzt und bloßgestellt hatten. Statt die Beziehung zu meinen

Kindern zu verbessern, hatte ich damit den Riß nur noch vertieft. Ich mußte einen Weg finden, mich bei ihnen zu entschuldigen und ihnen zu sagen, wie sehr ich sie liebte.

Auch mit meinen Geschwistern hatte ich einiges aufzuarbeiten.

Midge, meine Schwester, hatte mich vor ein paar Tagen auf dem Trail besucht, und wir hatten die gemeinsame Zeit sehr genossen. Wir sind nur elf Monate auseinander und haben uns immer nahegestanden. Aber das Zusammensein mit mir weckte eine Menge unglücklicher Erinnerungen in Midge. Als wir Kinder waren, hatte ich mich im Beisein meiner Freunde oft über Midge lustig gemacht. Erst nach vielen Jahren begriff ich, wie sehr sie das verletzt hatte.

Diese Dinge lasteten so schwer auf mir, daß ich schon daran dachte, den Trail zu verlassen, bis ich eine Lösung gefunden hatte. Aber während ich wanderte und betete, zeigte mir der Herr, daß Er der Einzige war, der diese Dinge richtigstellen konnte. Ich betete darum, die richtigen Worte für die Menschen zu finden, denen ich wehgetan hatte, und dabei auf Gott zu vertrauen.

Ich spürte jetzt nicht nur den Druck, die Beziehung zu den Menschen, die ich liebte, zu verbessern, sondern auch den wachsenden Druck, den Trail hinter mich zu bringen. Die Nächte wurden bereits kälter, der Sommer neigte sich dem Ende zu, und ich hatte immer noch fast tausend Kilometer vor mir. Wenn ich den Katahdin Mitte Oktober erreichen wollte, müßte ich von nun an Tag für Tag sechzehn Kilometer zurücklegen. Das war zwar ein erstrebenswertes, aber wahrscheinlich kein realistisches Ziel. An vielen Tagen schaffte ich zwanzig bis zweiundzwanzig Kilometer, aber Verzögerungen und freie Tage führten dazu, daß ich unter dem Pensum von einhundertzwölf Kilometern pro Woche blieb.

Etliche Wanderer hatten das nördliche Ende des Trails zuerst gemacht und waren jetzt auf dem Weg nach Süden. Je weiter der Herbst voranschritt, desto näher kamen sie dem warmen Wetter, und umso größer war ihre Chance, nicht vom Schnee aufgehalten zu werden. Ich hatte oft den Rat bekommen, es genauso zu machen, aber ich hatte mich für den Weg nach Norden entschieden.

Wenn ich auf mein Leben zurückblickte, entdeckte ich viel Ähnlichkeit mit dem Trail. Das Wandern begann damit, morgens einen

Entschluß zu fassen und dann immer wieder neue Entscheidungen zu treffen, um durch den Tag zu kommen. Mein innerer Heilungsprozeß lief nach einem ähnlichen Muster ab. Bei der Heilung und beim Wandern folgte ein Schritt dem andern.

Sechzehn Kilometer waren nichts gegenüber dreitausendzweihundert Kilometern, aber wenn ich genügend Sechzehn-Kilometer-Tage aneinanderreihte, würde ich von einem Ende des Trails zum anderen gelangen. Beharrlichkeit und Zeit waren die Schlüsselworte dafür. Ich war erst zwei von meinen fünfzig Lebensjahren auf dem Trail Gottes gegangen. Meine Bekehrung stand mir noch ganz deutlich vor Augen. Ich hatte zwar immer noch einen weiten Weg vor mir, aber jedes Mal, wenn ich zurückschaute, konnte ich ein großes Dankgebet sagen.

Schließlich kam ich zur Grenze zwischen Massachusetts und Vermont. Auf den nächsten 160 Kilometern folgen der A.T. und der Long Trail derselben Strecke, bis der A.T. nach Osten Richtung Hanover, New Hampshire, abbiegt, während der Long Trail in Richtung Norden nach Kanada führt. Wenn die Leute mich fragten, welchen Trail ich als nächstes wandern würde, gab ich oft scherzhaft zur Antwort: »Den Long Trail. Ein Drittel davon habe ich bereits hinter mir.«

Am 25. August kam ich nach Manchester Center, Vermont, und feierte die Tatsache, daß ich fünfundsiebzig Prozent der Strecke nach Katahdin geschafft hatte. Die Leute versicherten mir allerdings, daß ich noch fünfundsiebzig Prozent der Strapazen vor mir hätte. Wenn ich daran dachte, was ich schon alles hinter mir hatte, konnte ich das kaum glauben. Doch sie blieben dabei, daß die letzten achthundert Kilometer des Trails dem Körper das Letzte abverlangten.

Zum Glück versicherten mir zwei Wanderer, daß ich es ohne Probleme bis ans Ende des Trails schaffen würde. Nach ihrer Ansicht war der Oktober der beste Monat für sportliche Aktivitäten im Freien.

Dachten sie dabei an eine Wanderung auf dem Trail oder ans Tennisspielen in Bar Harbor?

Wem sollte man glauben?

Der Trail in Vermont war anstrengend, machte aber Spaß. Da es kühler geworden war, ging es sich angenehmer, besonders in den Wäldern und über die alten verlassenen Felder. Der Duft nach Birke, Schierlingstanne und verschiedenen Kiefern begleitete mich jeden Tag. Es fiel mir zwar immer noch schwer, um zehn Uhr morgens loszugehen, aber auf diesem Gelände schaffte ich oft zwanzig Kilometer am Tag, ehe die Sonne hinter den Bergen verschwand.

In Vermont wurde ein schon lang gehegter Verdacht mir fast zur Gewißheit, nämlich daß Orient tatsächlich den weißen Markierungen an den Bäumen folgte. Da das Sehvermögen eines Hundes von allen seinen Sinnen am schwächsten ausgebildet ist und er seine Augen meistens in Bodenhöhe hält, hätte ich nie gedacht, daß Orient die Markierungen als Wegweiser des Trails identifizieren könnte oder gar ihnen folgen würde. Aber allmählich wurde ich mir dessen immer sicherer.

Durch das Führgeschirr wußte ich, wann Orient am Boden schnüffelte oder mit erhobenem Kopf ging. Wenn der A.T. plötzlich die Richtung änderte oder einen anderen Pfad kreuzte, schaute Orient immer erst umher, bevor er sich entschied, welche Richtung er einschlagen sollte. Auf den letzten zweitausendvierhundert Kilometern waren die weißen Markierungen des Trails immer wiederkehrende Zeichen gewesen. Wahrscheinlich hatte Orient die Verbindung zwischen den weißen Markierungen und dem Trail schon viel früher hergestellt, als ich es ihm zugetraut hatte.

In Hanover, New Hampshire, wo das Dartmouth College liegt, machte ich einen Tag Pause. Von einem anderen Wanderer hatte ich gehört, daß das Einführungsprogramm für Erstsemester eine Bergwanderung von mehreren Tagen vorsah. Der bekannte Dartmouth Outing Club setzt sich sehr für den A.T. ein und hält eine Strecke von einhundertzwanzig Kilometern in New Hampshire und Vermont in Ordnung.

Mein Wanderfreund Gary, der Engländer, fuhr mich netterweise nach North Conway, damit ich mir dort die Kleidung und Ausrüstung beschaffen konnte, die ich für den nächsten Abschnitt meiner Wanderung benötigte. Vierundsechzig Kilometer weiter nördlich warteten die White Mountains. Mit einem neuen Zelt, einem neuen

Kocher und besserer Regenkleidung hoffte ich, auf die nach Meinung vieler Wanderer größte Herausforderung des A.T. richtig vorbereitet zu sein.

Zwei Tagesmärsche von Hanover entfernt verbrachte ich die Nacht in der großen Schutzhütte Hexacuba Shelter. Ein Harvardstudent, der erst spät abends ankam, ging mit mir am nächsten Morgen auf den Trail, im Glauben, wir gingen Richtung Süden. Auf den ersten beiden Kilometern mußten wir ein Geröllfeld, das auf den Gipfel des Mt. Cube führte, überwinden. Als ich erfuhr, daß er eigentlich nach Süden wollte, versuchte ich ihm klarzumachen, daß er auf dem falschen Wege war. Aber obwohl er sich nicht an das Geröllfeld erinnerte, wollte er partout nicht glauben, daß er sich irrte und nicht ich.

Meine Großmutter bezeichnete einen Besserwisser immer als jemanden, der »alle vier Dinge wußte«. Von diesem vertrauensseligen, aber geistig eben verwirrten Wanderer hätte sie gesagt, daß er »alle vier Dinge und noch einen Teil des fünften wußte.«

Ich wußte, wie leicht es war, sich in der Richtung zu irren, denn ich war selbst erst vor einigen Tagen zweieinhalb Kilometer in der falschen Richtung gegangen. Diesmal war ich mir aber sicher und sagte ihm, daß wir ganz bestimmt nach Norden gingen. Ich weiß nicht, ob er mir schließlich doch glaubte oder ob er seine Karte zu Rate zog, auf jeden Fall kehrte er um.

Solche Harvardjungs zu unterrichten, war bestimmt ein harter Brocken, aber irgend jemand mußte es ja tun.

13 Das Wetter kennt keine Gnade

Am 12. September kamen Orient und ich um die Mittagszeit an eine Straße, von der ich annahm, daß es sich um den New Hampshire Highway 25 handelte. Sicherheitshalber stellte ich meinen Kassettenführer an. Wenn das kleine Dorf Glencliffe nicht zu weit weg war, wollte ich hingehen und ein paar Sachen einkaufen. Ich war den ganzen Morgen im Regen gewandert, doch jetzt versuchte die Sonne, zwischen den Wolken hervorzulugen. Ein paar Sonnenstrahlen und ein paar Tafeln Schokolade reichten vielleicht, daß ich es vor der Dunkelheit über den Mt. Moosilauke schaffte.

Als ich mir die Kassette anhörte, hielt ein Auto neben mir, und der Fahrer fragte, ob er mich ins Dorf mitnehmen könne, das nur achthundert Meter von hier entfernt sei. Unterwegs riet er mir, in Jeffers Brook, der nächsten Schutzhütte, Station zu machen und den Mt. Moosilauke auf den nächsten Tag zu verschieben. Es seien zwölf Kilometer über den Berg, sagte er. Dafür müßte ich eine gute Nachtruhe hinter mir und einen ganzen Tag vor mir haben. Er schien aus Erfahrung zu sprechen, seine Stimme klang richtig beschwörend.

Ich hatte zwar keine Lust, einen halben Tag zu verschwenden, wollte aber auch keine Dummheit begehen. Vielleicht war der Mt. Moosilauke tatsächlich so schwierig, wie er behauptete. Vielleicht war er aber auch nicht anders als all die anderen Strecken, vor denen man mich bisher schon gewarnt hatte.

Nach sechs Monaten auf dem Trail hatte ich gelernt, daß der schwierigste Teil des A.T. immer der war, den jemand gerade zurückgelegt hatte und nun anderen Wanderern beschrieb. »Der schlimmste Teil des Trails kommt jetzt«, war eine stehende Redewendung.

Über Laurel Falls Gorge (die Schlucht vom Laurelfall), Dragon's Tooth (Drachenzahn), Devil's Racecourse (Rennstrecke des Teufels) und Lemon Squeezer (Zitronenpresse) hatte ich mir grauenvolle Schilderungen anhören müssen.

An manchen Stellen hinterließen mir Wanderer auch Nachrichten wie: »Bill, wag dich bloß nicht an den nächsten Abschnitt. Das ist zu schwierig und zu gefährlich für dich.« Die meisten Strecken hatten zwar ihre Schwierigkeiten, waren aber durchaus zu schaffen. Deshalb nahm ich all diese Warnungen nicht so furchtbar ernst.

Die schlimmsten Warnungen galten den White Mountains in New Hampshire. Einige meinten, sie würden der kritische Punkt meiner Wanderung werden. Andere sagten, im September müßte man schon mit Schnee und bitterer Kälte auf den ungeschützten Bergkämmen rechnen. Ein paar erklärten ohne Umschweife: »Durch die Whites kommst du nie.«

Der Trail ist in New Hampshire 252 km lang. Zwei Drittel davon führen durch die White Mountains, wobei mindestens zweiundzwanzig Gipfel, die höher als 1300 m sind, überwunden werden müssen. Da die Baumgrenze bei 1400 m liegt, sind die Wanderer oft der vollen Wucht der Elemente ausgeliefert. Auf dem Presidential Range verläuft der Trail auf einer Länge von zwanzig Kilometern ununterbrochen oberhalb der schützenden Baumgrenze.

In dem offiziellen Führer der Appalachian Trail Conference heißt es: »Auf dem alpinen Grat des Presidential Range kann es sehr schnell zu heftigen Stürmen kommen, die die Gewalt eines Hurrikans haben und sogar im Sommer Frosteinbrüche mit sich bringen. Nehmen Sie reichlich Extrakleidung mit und steigen Sie, wenn sich das Wetter verschlechtert, sofort und auf kürzestem Wege zur nächsten Schutzhütte ab. Wenn schlechtes Wetter angesagt ist, benutzen Sie die Abkürzung, bei der Sie den nördlichen Teil des Presidential Range nicht berühren. Selbst diese Strecke kann bei schlechtem Wetter gefährlich sein und sollte mit Vorsicht angegangen werden.«

Ich wußte wirklich nicht, wie ernst ich diese Warnungen nehmen sollte. Aber ich wußte, daß es jetzt Mitte September war und daß tatsächlich schon der erste Frost auf meinem Überzelt eine weiße Warnung hinterlassen hatte. Das Rascheln der Blätter unter meinen Füßen und die Bemerkungen der Wanderer, daß die Herbstfarben sich schon ankündigten, hätten meinen Schritt beschleunigen sollen, doch das Gegenteil war der Fall.

Die Nacht war zu kurz, als daß ich die Kräfte, die ich am Tage verbraucht hatte, wiedergewinnen konnte. Es fiel mir immer leichter, Pausen zu machen und immer schwerer, morgens aus dem Schlafsack zu kriechen, um Frühstück zu machen. Nur selten schaffte ich es, früh loszukommen.

Orient und ich waren gegen ein Uhr mittags in der Schutzhütte von Jeffers Brook. Da ich einen ganzen Nachmittag vor mir hatte, konnte ich mein Kassetten-Tagebuch auf den neuesten Stand bringen und alle Sachen trocknen, die von der vorigen Nacht noch naß waren. Obwohl ich an jenem Tag nicht mehr als knapp zehn Kilometer auf verhältnismäßig ebener Strecke zurückgelegt hatte, war ich fix und fertig. Das war ein Riesenunterschied zu den siebenundzwanzig Kilometern, die ich im August pro Tag geschafft hatte. Ich wußte, daß die Zeit drängte. Der Baxter State Park in Maine machte offiziell am 15. Oktober für den Winter zu. Auch wenn man die Erlaubnis erhielt, den Katahdin nach diesem Datum zu besteigen, kam einmal der Zeitpunkt, an dem Schnee und Eis den Berg bis zum Frühjahr unpassierbar machten.

Würde ich in den nächsten dreißig Tagen 624 Kilometer gehen *und* den Katahdin besteigen können?

Orient und ich schlenderten zum Bach hinunter und saßen dort sehr lange, um dem Rauschen des Wassers zu lauschen, das sich unmittelbar unter einem kleinen Wasserfall in ein riesiges Becken ergoß. In den nächsten Tagen würde ein Schriftsteller aus Colorado kommen und ein paar Tage mit mir wandern. Ich hoffte, daß er gut zu Fuß war und Berge und Makkaroni mochte, denn mehr würde es in New Hampshire nicht geben.

In den zwei Stunden, die ich dort verbrachte, meinen Gedanken nachhing, Gebete sprach und meine Füße in Jeffers Brook tauchte, kam nicht eine Menschenseele vorbei. Als die Sonne sich dem Horizont zuneigte, füllte ich meinen Wassersack und machte mich auf den Rückweg. Orient versteckte sich hinter den Bäumen und stupste mich an, als ich den Trail hochging. Er war immer sehr verspielt gewesen, und es machte mich glücklich, ihn wieder so froh und munter zu erleben. Ich dachte an die heißen Tage in Virginia, an denen Orient sich jeden Morgen, wenn ich nach seinem Führgeschirr und Gepäck griff, in einer Ecke der Schutzhütte verkrochen hatte.

Unmittelbar vor Einbruch der Dunkelheit kam ein Wanderer, der sich *Brummbär* nannte, in die Schutzhütte. Ich hatte ihn zum ersten Mal in Georgia getroffen und dann in einer Schutzhütte in der Nähe von Cheshire, Massachusetts, wiedergesehen. Dort hatte er mir erzählt, er habe nichts mehr zu essen und auch kein Geld mehr und könne ohne Hilfe nicht bis zum Ende des Trails wandern. In dem Gefühl, daß es Gottes Wille sei, ihm zu helfen, gab ich ihm einiges von den Vorräten, die mein Organisationsteam mir geschickt hatte. Mehrere Wanderer behaupteten, er sei ein Schnorrer, aber ich war der Meinung, daß wir uns nicht ohne Grund begegnet waren.

Manchmal wanderten *Brummbär* und ich stundenlang zusammen und übernachteten in derselben Schutzhütte. Dann konnten zwei oder drei Tage vergehen, ehe wir uns wieder über den Weg liefen. Wir unterhielten uns mehrmals darüber, was es bedeutete, sich dem Herrn zu überantworten, und ich hoffte, daß er auf seiner Wanderung Entscheidungen treffen würde, zu denen er auch noch nach dem Trail stand.

Außer uns übernachteten noch zwei andere Wanderer, *Inselzeit* und *Wunderjunge*, in Jeffers Brook Shelter. Sie waren ebenfalls in Richtung Norden unterwegs und erzählten uns, daß wir zum Mt. Moosilauke auf einer Strecke von sechseinhalb Kilometern eintausenddreihundert Meter hochsteigen und dann auf der anderen Seite wieder eintausend Meter zum Beaver Brook Shelter absteigen müßten. Es würde unser erster Aufstieg bis oberhalb der Baumgrenze werden.

Am nächsten Morgen hörte ich, wie zwei Männer, ins Gespräch vertieft, auf die Schutzhütte zukamen. Der eine war Ray, der Förster, der mir einen Karton mit Nahrungsmitteln brachte. Der andere war Dave McCasland, der Schriftsteller. Die anderen bewunderten Daves neue Stiefel und zogen ihn mit seinem T-Shirt auf, auf dem geschrieben stand: »Colorado – Trau keinem unter 4667 km.« Ich hob seinen Rucksack hoch – und zuckte zusammen. Er wog bestimmt über sechzig Pfund.

Inselzeit, Wunderjunge und *Brummbär* legten einen schnellen Schritt vor und sagten, sie würden oben auf uns warten. Dave ging hinter mir, und ich merkte, daß ihm sein schwerer Rucksack zu schaffen machte. Der Aufstieg zum Mt. Moosilauke war steinig und steil, aber gefährlich oder ungewöhnlich schwierig fand ich ihn nicht. Bei einer Temperatur von ungefähr elf Grad war es das ideale Wanderwetter.

Oben auf dem Gipfel beschrieben *Inselzeit* und *Wunderjunge* mir die Aussicht, während ich mich mit Studentenfutter, Müsliriegeln und Wasser stärkte. Dave nahm ein Aspirin und war ziemlich schweigsam, wogegen ich lauthals erklärte, wenn an den White Mountains nicht mehr dran sei, seien sie doch leicht überschätzt.

Wieder einmal hatte ich den Mund zu früh aufgemacht.

Auf der Nordseite des Moosilauke führte der Trail nahezu senkrecht nach unten. Immer wenn Orient stehenblieb, nahm ich meinen Skistock zu Hilfe, um mich damit über das Gefälle, die Entfernung zum nächsten Felsvorsprung und die Position von Bäumen und Büschen, an denen ich mich festhalten konnte, zu orientieren. Ich ließ dann Orient los und befahl ihm vorauszugehen, während ich von einem Haltepunkt zum anderen kletterte. Er sprang nach unten und wartete immer leise winselnd darauf, daß ich nachkam. Mehrmals verhakte sich sein Rucksack an einem vorstehenden Ast oder mußte er sich zwischen den Felsen hindurchzwängen. Langsam, ganz langsam arbeiteten wir uns bei leichtem, aber unaufhörlichem Nieselregen nach unten.

Als wir parallel zu den Kaskaden des Beaver Brook nach unten stiegen, entdeckten wir steile in den glatten Fels gehauene Stufen, die mit Holz verkleidet waren und eine nahezu senkrechte Treppe ohne Geländer bildeten. Orient rutschte auf der ersten glitschigen Stufe aus und trat zur Seite, im Glauben, mich den sichersten Weg zu führen, aber genau das Gegenteil war der Fall. Ich mußte ihm gut zureden, auf den Stufen zu bleiben und sich von den spiegelglatten Felsen fernzuhalten. Erst vor ein paar Tagen war ein Wanderer hier abgestürzt und hatte sich eine schwere Kopfverletzung zugezogen. Ich wollte nicht der nächste sein.

Bei Einbruch der Dunkelheit erreichten wir schließlich erschöpft, aber unversehrt Beaver Brook Shelter.

Einmal davon abgesehen, daß Orient nicht auf den schlüpfrigen Stufen gehen wollte, war er bemerkenswert gut über den Moosilauke gekommen. Aber als wir zwei Tage später den South Kinsman Mountain bestiegen, mußte er passen. Es war das erste Mal, daß er vor einer glatten Felswand stehenblieb und sich winselnd hinsetzte. Ich war ganz sicher, daß der Trail um sie herum führte und tastete mit meinem Stock nach einem Weg, konnte aber keinen finden.

Murmelnd beschwerte ich mich wieder einmal über den Mann, der den Trail einen »Fußweg« genannt hatte, und hob Orient hoch. Er winselte, als ich seine Hinterbacken nach oben stemmte, und seine Zehennägel kratzten über die Felsen, an denen er sich hochquälte. Ich warf ihm meinen Skistock nach und kroch mit Händen und Füßen hinterher, wobei ich mich fragte, ob die Architekten des Trails sich wohl überlegt hatten, wie ein Blinder diese Felsen überwinden sollte.

Plötzlich verließen mich die Kräfte, und ich konnte mich überhaupt nicht mehr bewegen. Obwohl meine Finger in einer Spalte über mir Halt fanden, war ich zu schwach, um mich hochzuziehen.

Als ich dann auch noch am ganzen Körper zu zittern anfing, hatte ich nur die Alternative, nach oben zu klettern oder mich fallen zu lassen, wobei ich mich unweigerlich verletzen würde.

Mit lauter Stimme bat ich Gott, mir Kraft zu geben.

Es muß auch noch jemand anders für mich gebetet haben, denn beim nächsten Versuch schaffte ich es in Sekundenschnelle nach oben.

Beim Aufstieg zum Kinsman mußte ich Orient mindestens zwanzig Mal hochheben. Nach einer Weile hatte er die Lust zu klettern verloren, und ich mußte fast die ganze Arbeit auch noch für ihn tun.

Wir waren den ganzen Morgen in tiefhängende, vom Wind getriebene Wolken hineingeklettert. Kaum standen wir oben auf dem Gipfel, peitschte von hinten der Regen heran. Es kamen keine warnenden Tropfen, nein, mit einer Windgeschwindigkeit von sechzig Kilometern in der Stunde traf uns die volle Wucht des eisigen Wassers. Orient konnte zwischen den Felsen den Trail nicht mehr finden, und Dave ging es genauso. Innerhalb kürzester Zeit war ich bis auf die Haut durchnäßt, das Wasser lief mir die Beine runter und in die Stiefel.

Da rief eine Stimme hinter uns: »Der Trail ist hier!« Ich sagte zu mir: »Das muß ein Engel sein!«

Es war Tim Post, ein Wanderer, der uns genau in dem Moment einholte, als wir den Gipfel erreichten. Wir folgten ihm vierhundert Meter nach unten in den Schutz einiger Bäume, wo wir Regenjacke und Hose anzogen. Jetzt würden wir wenigstens den eisigen Wind nicht mehr spüren und ein wenig Körperwärme bewahren, solange wir uns bewegten.

An dem ganzen Morgen hatten wir nur gut drei Kilometer zurückgelegt, was mich ziemlich entmutigte. Unser Ziel, Lonesome Lake Hut, lag immer noch sechseinhalb Kilometer entfernt. Waren wir aber erst einmal da, konnten wir die Nacht drinnen verbringen, wo uns das Wetter nichts anhaben konnte. Als wir am späten Nachmittag die Schutzhütte am Kinsman Pond erreichten, waren meine Füße taub vor Kälte. Die Temperatur war auf etwa Null Grad gesunken, Nebelschwaden tanzten um uns herum, und die Kälte kroch mir bis ins Mark. Weitere drei Kilometer zum Lonesome Lake zu gehen, war ausgeschlossen. Alle Zeltplätze am Kinsman waren besetzt, und die Schutzhütte quoll über von Wochenendwanderern, die aber liebenswürdigerweise für uns zusammenrückten. Sie waren in bester Stimmung, spachtelten Delikatessen und tranken Wein. Ich jedoch konnte mir einfach nicht vorstellen, daß jemand bei solchem Wetter zum Vergnügen wanderte. Einige Wanderer saßen um eine Kerze herum und spielten ein offenbar mitreißendes Spiel. Es hatte etwas mit drei Würfeln und der Zahl Zehn zu tun, aber ich war zu müde, um die Regeln herauszubekommen.

Viele Wanderer hatten sich im Gästebuch über den unwirtlichen Trail und das Wetter ausgelassen. Vor ein paar Tagen war *Van-Go* hier gewesen und hatte einen Wanderer gezeichnet, der sich mit Hilfe von Saugnäpfen unter den Stiefeln an einer senkrechten Wand festhielt. Darunter stand: »Ich liebe die Whites.«

Für mich war der Höhepunkt des Abends die Begegnung mit Steve, der auf dem Wege nach Süden war. Lea Bolling von der Organisation *The Seeing Eye* hatte ihn in Maine kennengelernt und gebeten, nach uns Ausschau zu halten. Er spielte auf der Gitarre und sang »Amazing Grace« zu einer Melodie, die ich noch nie gehört hatte. Nach sieben kräftezehrenden Stunden auf dem Trail war Steves Gesang Balsam für meine Seele.

Für Orient bestand der Höhepunkt des Abends darin, sich über dem Fußende eines warmen Schlafsacks auszustrecken. Er entwikkelte sich allmählich zu einem richtigen Schlafsackexperten. Ich glaube, er erkannte die teuersten am Geruch und daran, wie sie sich anfühlten. Andere Wanderer hatten bereits gemerkt, daß sie gut daran taten, sofort in ihren ausgerollten Schlafsack zu kriechen, damit Orient ihnen nicht zuvorkam.

Als wir am nächsten Vormittag zum Lonesome Lake gingen, führte Orient mich direkt über eine große Wurzel, so daß ich der

Länge nach hinfiel. In den letzten Tagen hatte seine Ration an »Pfuis« das übliche Maß überschritten. Deshalb ließ ich die Leine fallen und gab ihm den Befehl: »Bring!« Bei diesem Befehl sollte Orient die Leine ins Maul nehmen, um mich herumgehen und dann links von mir stehenbleiben, bis ich ihm die Leine wegnahm. Dann konnte ich ihn loben und ihm sagen, was für ein guter Junge er war. Normalerweise bewies er dabei großen Eifer. Doch diesmal spuckte er die Leine dreimal aus. Ich nehme an, damit wollte er mir mitteilen, daß er zu müde war, um auch nur die einfachsten Sachen richtig zu machen.

In den nächsten Tagen vertiefte sich die Freundschaft zwischen Dave und mir. Ich war ihm sehr dankbar, daß er hinter uns ging. Wenn die Leute vorausgingen und mir Anweisungen gaben, wohin ich treten sollte, schuf das immer nur Probleme. Dave folgte uns in mehreren Schritten Abstand und sagte, er würde reden, wenn ich es wollte, ansonsten würde er schweigen. Manchmal vergingen ein oder zwei Stunden, ohne daß wir auch nur ein Wort wechselten. Wenn wir Rast machten, lachten wir gern und viel, und es fiel mir leicht, ihm von den besten und den schlimmsten Zeiten meines Lebens zu erzählen.

Die Schwierigkeiten des Trails in den Whites waren vorhersehbar, das Wetter nicht. In einem Führer stand, hier herrsche »das schlimmste Wetter des amerikanischen Kontinents«, während der Souvenirladen auf Mt. Washington T-Shirts mit der prahlerischen Aufschrift verkaufte, auf diesem Gipfel begegne man dem »schlimmsten Wetter der Welt«.

1934 wurde hier die höchste Windstärke gemessen, die je verzeichnet worden ist, nämlich 370 km in der Stunde. Ein Mann erzählte mir, daß der Wind im April 1972 das ganze Dach der Lakes-of-the-Clouds-Hütte, die zweihundertvierzig Meter unter dem Gipfel liegt, hochgehoben, neunhundert Meter durch die Luft getragen und schließlich in die Schlucht von Amanoosuc geworfen habe.

Mein Tagebuch enthält Eintragungen, aus denen die unberechenbaren Wetterumschwünge in den White Mountains deutlich werden:

Mo. 17. 9. – *Nachts in Liberty Spring Tent Site: -4°C, Hagel, Stiefel und Wasserbeutel gefroren. Vom Trail-Personal bekamen wir ein Funksprechgerät, damit wir den Wetterbericht hören und Verbindung aufnehmen können. Radio wiegt vier Pfund. Puh!*
Di. 18. 9. – *Franconia Ridge /Mt. Lafayette: Schnee, gefrierender Nebel/Rauhreif, Windstärke 128 km/h. Verdunstungskälte –27° C, acht km zur Greenleaf Hut.*
Mi. 19. 9. – *Von Greenleaf Hut nach Galehead Hut, 12 km. Sonnig und klar am Vormittag, laut Radio eine Sichtweite von 160 km. Um acht Uhr abends eingetroffen, gleich darauf gießt es in Strömen.*
Do. 20. 9. – *Von Galehead Hut nach Zealand Falls Hut, 10,5 km, Regen, kalt.*
Fr. 21. 9. – *+15,5° C und sonnig. Von Zealand Hut nach Crawford Notch 12 km.*
Mo. 24. 9. – *Kalt, Nebel. Halfen unterkühltem, dehydratisiertem Wanderer auf dem Mt. Eisenhower und riefen über Funk Hilfe herbei. Tee mit Howard und Sue von Neuseeland im »Kerker« in Lakes of the Clouds Hut. Erreichten Mt. Washington um sechs Uhr abends, Windstärke 88 km/h, Temperatur –3° C, Verdunstungskälte –23° C. Verbrachte die Nacht in der Wetterwarte mit dem Personal.*
Di. 25. 9. – *Mt. Washington: 2096 m. Zweithöchster Punkt auf dem A.T. Klar, sonnig und kalt. Windstärke 8 km/h. Bill Greene, Fotograf vom Boston Globe, stößt zu uns.*

Ein poetisch veranlagter Wanderer schrieb: »Der Nebel kommt in den Whites nicht auf Katzenpfötchen angeschlichen. Nein, er kommt mit Nagelstiefeln herbeigetrampelt, hergetrieben von den westlichen Winden dreier zusammenlaufender Sturmbahnen. Er fliegt horizontal über die Gipfel und hinterläßt überall seine eisigen Fingerabdrücke.«

Die Wanderer rissen viele Witze über das Wetter, aber es war gar nicht witzig. Am Gipfelhäuschen auf dem Mt. Washington hing eine Tafel mit den Namen von 115 Menschen, die beim Wandern in diesem Gebiet ums Leben gekommen waren. Die meisten waren von plötzlichen Stürmen überrascht worden und an Unterkühlung gestorben.

Trotz des unberechenbaren Wetters machte ich die beiden schlimmsten Tage durch, als die Sonne schien und ein leichtes Lüftchen wehte. Ich war einfach nicht auf die scheinbar endlose Ansammlung von Steinen vorbereitet.

Die Strecke von Mt. Washington nach Madison Springs Hut betrug nur knapp zehn Kilometer. Kein Mensch hatte etwas davon gesagt, daß der Trail hier schwierig war. Es ging sogar das Gerücht, daß der A.T. auf dieser Strecke um zwei Gipfel herumführte statt oben drüber, was mir allerdings zu schön vorkam, als daß ich darauf meine Hoffnung gesetzt hätte. Ich hätte ahnen müssen, daß die Sache irgendwo einen Haken hatte.

Der Haken bestand darin, daß das holprige Terrain, das anderen Wanderern nur wenig ausmachte, meine Füße übel zurichtete und mich zum Kriechtempo verurteilte. Geröllfelder waren das Schlimmste vom Schlimmsten, und genau das erwartete uns größtenteils auf dem Weg zur Madison Hut. Kilometer um Kilometer gab es keinen richtigen Weg, sondern nur markierte Steine und aufgehäufte Steine, sogenannte Pyramiden, als Wegweiser. Bei jedem Schritt trat man auf buckligen und oft unsicheren Boden.

Die meisten Steine waren klein, nicht größer als Basketbälle – aber das war für meine Beine und Knöchel besonders schlimm. Wenn um einen Riesenfelsbrocken kein Weg herumführte, mußte ich Orient hochheben und dann selbst drüberklettern. Das war kein Vergnügen, besonders nicht oberhalb der Baumgrenze, wo der Windfaktor solch eine Rolle spielte.

An diesem Tag jammerte ich ganz schön. Jeder Schritt tat mir weh, und ich muß an die fünfzig Mal gestürzt sein. Die Markierungen auf dem Trail widersprachen den im Data Book angegebenen Entfernungen, und ich glaubte, daß wir unserem Ziel näher waren, als es tatsächlich der Fall war.

Als wir Thunderstorm Junction in der Dunkelheit erreichten, machte ein Schild darauf aufmerksam, daß noch fünfzig Meter zu gehen seien. Orient und ich brauchten aber fast anderthalb Stunden, um den steilen, felsigen Trail hinunterzusteigen. Da Madison Hut bereits geschlossen hatte, mußten wir zu dritt mit Orient in einem Zweimann-Zelt übernachten.

An den meisten Abenden nahm ich achthundert mg Ibuprofen, um die vom Wandern hervorgerufenen Schmerzen zu lindern. Ich nannte es Vitamin I. An jenem Abend nahm ich zwei Tabletten und schlief trotz des pochenden Schmerzes in meinen Beinen und Füßen ein.

Ich war sicher, daß wir am nächsten Tag die elf Kilometer nach Pinkham Notch schaffen würden, aber wieder einmal siegten die Steine über uns.

Mt. Madison, auch so ein Abschnitt, vor dem mich nie jemand gewarnt hatte, bereitete mir den bisher schlimmsten Tag. Von halb zehn Uhr morgens bis fünf Uhr nachmittags legte ich gerade fünf Kilometer zurück. Vielleicht war ich ja noch müde vom Tag vorher, aber ich war einfach nicht imstande, mich schneller zu bewegen oder mehr zu tun. Als wir Osgood Tent Site erreichten, waren wir noch sechseinhalb Kilometer von Pinkham Notch entfernt, aber ich konnte nicht mehr. Erst am nächsten Tag kamen wir nach Pinkham.

Während der beiden Tage in Pinkham Notch muß ich insgesamt drei Stunden mit Carolyn Starling, meinen Kindern und engen Freunden in North Carolina telefoniert haben. Hatte ich vielleicht Heimweh? Möglich. Ich war es jedenfalls gründlich leid, jeden Tag zu wandern, Regen und Kälte zu ertragen und auf meine Freunde verzichten zu müssen, die ich nun schon monatelang nicht gesehen hatte.

Es war die schlimmste Depression, die mich bisher auf dem Trail heimgesucht hatte, aber ich glaube, sie wurde zum Teil durch reine Erschöpfung und der damit einhergehenden Melancholie hervorgerufen. Ich fand *einfach alles* trist.

Der andere Grund für meine Depression war der Gedanke, Pinkham wieder verlassen zu müssen. Der Appalachian Mountain Club sorgt hier dafür, daß sich der Gast rundum wohl fühlt, wozu auch ein Speisesaal beiträgt, in dem man essen kann, was man will. Es gibt Schulungsprogramme für das Publikum, ein Motel mit zweihundert Betten und einen herrlichen Laden, in dem man die so dringend benötigten Nahrungsmittel kaufen kann.

Ich hätte dort bis ans Ende meines Lebens bleiben können! Tatsächlich hätte ich nur eine Nacht bleiben dürfen, blieb aber zwei und suchte nach einem Grund, auch noch eine dritte Nacht hier zu verbringen. Immer wenn ich hörte, daß ein Freund den A.T. hochkam, verschob ich den Aufbruch wieder. An *jedem* einzelnen Tag traf ich dort zehn bis zwanzig Bekannte – und *keiner* von uns wollte weg!

Denn wenn man sich einmal aufgerafft hat, steht einem der steile, für seine Schwierigkeiten berüchtigte Aufstieg zum Wildcat Mountain bevor. Wenn man in dieser Gegend eine Stadt verläßt, erwartet einen natürlich fast immer ein steiler Aufstieg. Schließlich liegen die meisten Städte im Tal und nicht oben auf dem Berg. Natürlich hat man auch immer seine Vorräte aufgestockt, so daß man mit einem extra schweren Rucksack die steile Strecke hochgehen muß. Allen graute es davor, von Pinkham wegzugehen, besonders wenn das Wetter schlecht war. Und das war es immer.

Für mich war der Abschied besonders traurig, weil Dave von Pinkham Notch aus wieder nach Hause fuhr. Aus der ursprünglich geplanten viertägigen Wanderung waren zwei Wochen auf den schlimmsten 120 Kilometern des A.T. geworden. Er war mir eine große Stütze und Hilfe an den anstrengenden Tagen auf dem Trail gewesen.

Als wir auf seinen Bus nach Boston warteten, sagte er: »Bill, ich kann nicht behaupten, daß das ein Vergnügen war – denn es war keins.« Wir lachten und vereinbarten, uns in Maine wieder zu treffen, um die letzte Etappe des Trails durch die Hundred Mile Wilderness (Hundert Meilen Wildnis) gemeinsam zurückzulegen.

Alle diese Dinge stimmten mich traurig. Stundenlang saß ich am Feuer und träumte davon, bei meinen Freunden zu Hause zu sein und mich in heißem Badewasser zu aalen.

Ich beschäftigte mich mit unwichtigen Dingen, nahm Esseneinladungen von Freunden an und hoffte, meinen Aufenthalt auf zwei Wochen ausdehnen zu können.

Was mich außerdem davon abhielt, mich ernsthaft am Riemen zu reißen, war die Tatsache, daß die Leute mir immer wieder versicherten, auch wenn ich keine einzige Meile mehr gehen würde, könnte ich mich als Sieger fühlen. Ein paar sagten: »Du hast mehr geleistet als die meisten anderen Wanderer und bist weiter gekommen, als irgend jemand es für möglich gehalten hätte. Wenn du die Wanderung jetzt beendest, kann dir niemand vorwerfen, nicht alles gegeben zu haben.«

Sie machten es mir leicht, einen guten Grund zu finden, die Wanderung abzubrechen.

Auf der anderen Seite wußte ich, daß es dumm von mir wäre, mich der Realität nicht zu stellen. Als eine Frau mich fragte: »Was werden Sie wohl empfinden, wenn Sie es nicht auf den Katahdin schaffen?«, antwortete ich ihr, ich müßte mich mit dem zufriedengeben, was mir der Herr gab. Wenn Er wollte, daß ich es schaffte, würde ich es auch schaffen. Wenn Er es nicht wollte, würde ich das akzeptieren müssen. Daß ich das Ende meiner Wanderung in Gottes Hand legte, kam manchen Leuten sicher wie ein Rückzieher vor. Aber für mich gab es keinen anderen Weg, die Sache anzugehen.

Schließlich verließ ich Pinkham Notch doch. Die Carter-Moriah Range von Pinkham Notch nach Rattle River Shelter war schwieriger als erwartet, aber ich fing an, mich an diese Verhältnisse zu gewöhnen. Von hier bis zum Katahdin würde es wahrscheinlich niemals leichte Tage geben. Je eher ich mich darauf einstellte, desto besser.

Als ich mich zum Rattle River Shelter quälte, dachte ich mit Dankbarkeit an all die neuen Freunde, die ich in New Hampshire gewonnen hatte, und wieviel mir jeder einzelne bedeutete. Auf dem Trail hatten uns hunderte von Menschen weitergeholfen. Immer waren sie mir wie Engel Gottes erschienen. Ohne ihre selbstlose Güte hätte ich es nicht von einem Tag zum anderen geschafft.

An einem Mittwochnachmittag kamen Orient und ich zu der Stelle, wo sich – ein paar Kilometer außerhalb von Goram, New Hampshire – der Appalachian Trail und der U.S. Highway 2 kreuzen. Trotz all der ernsten Warnungen hatten wir die Whites überlebt.

Es war der 3. Oktober. Wir waren bisher 2880 Kilometer gegangen.

Aber vierhundertachtzig Kilometer vor uns lag der Mt. Katahdin, und der Baxter State Park schloß offiziell in zwölf Tagen.

14 Wildnis pur

Der Trail macht es einem in Maine nicht leicht.

Im Westen des Staates mußten Orient und ich steile Berge mit sieben 1300-Meter-Gipfeln und neun über 1000 Meter bezwingen. Zwischen den Gipfeln ging es immer so tief hinab, daß man den Mut verlieren konnte. Auf den elf Kilometern von Old Speck Mountain zum Baldpate mußten wir achthundert Meter ab- und dann wieder siebenhundert Meter aufsteigen.

Und wenn wir die Berge hinter uns hatten, lagen noch 272 Kilometer mit Seen und Sümpfen vor dem Katahdin.

Das Gute am Oktober war, daß inzwischen die meisten Insekten, auch die erbarmungslosen schwarzen Fliegen, verschwunden waren. Das Schlechte war, daß die Tage kürzer wurden und der Altweibersommer nur noch Gastspiele gab.

Abgesehen vom Mt. Katahdin war der Mahoosuc Notch das letzte Hindernis auf dem Trail. Es war nach Meinung der Leute für Orient und mich unüberwindlich. Der Notch war ein riesiges, kilometerlanges Geröllfeld und mit Steinen so groß wie Autos übersät. Bilder und Beschreibungen davon erschienen fast in jedem Buch über den A. T., und er gehörte eindeutig zu den Strecken, von denen es immer hieß: »Na, wart's nur ab.«

Verschiedene Leute hatten mir von dieser Wanderung über den Mahoosuc Notch erzählt – er schien es tatsächlich in sich zu haben. Sie berichteten, daß sie unter Steinen hindurchkriechen und ihre Rucksäcke abnehmen mußten, um sich durch die engen Spalten hindurchzwängen zu können. Ein Mädchen gestand mir, daß sie sich vor lauter Frust auf einen Stein gesetzt, geheult habe und fast zusammengebrochen wäre.

Je mehr ich die Leute darüber reden hörte, desto stärker wurde mein Eindruck, daß der Mangel an Zeit für mich ein größeres Problem war als die physischen Schwierigkeiten. Wanderer, die an ein hohes Tagespensum gewöhnt waren, ärgerten sich hier, daß ein einziger Kilometer zwei Stunden ihrer Zeit fraß. Ich beschloß, einen ganzen Tag für den Mahoosuc Notch zu reservieren und es von der heiteren Seite zu nehmen. Mein Entschluß wurde mir durch meine vier neuen Freunde aus Massachusetts, die mit mir wandern wollten, erheblich erleichtert.

Alice, Jim, Helen und Mike lernte ich auf dem Campingplatz von Gentian Pond, nicht weit von der Grenze zwischen Maine und New Hampshire, kennen. Alice war freiberufliche Journalistin, die schon seit Monaten versucht hatte, mich zu treffen. Sie und ihre Freunde brachten die neuen maßgefertigten Stiefel mit, die ich bestellt hatte. Von nun an begleiteten mich diese Freunde von Zeit zu Zeit auf meiner Wanderung.

Am Sonntag, den 7. Oktober, brachen wir auf. Alle Untergangspropheten müssen furchtbar enttäuscht gewesen sein. Die Luft hate eine Temperatur von ca. zwanzig Grad, und die Steine strahlten die Wärme der Sonne zurück. Ich ließ Orient vorausgehen, damit er sich selbst seinen Weg über die Steine suchen konnte, denn ich brauchte beide Hände zum Festhalten. Erst wenn wir die andere Seite des Geröllfeldes erreicht hatten, konnte ich ihn wieder ans Führgeschirr nehmen.

Ich hatte den Tag mit einem Sturz auf dem Trail in der Nähe des Goose Eye Shelter begonnen. Jim und Mike trugen meinen Rucksack, damit ich mich auf meine Gliedmaßen konzentrieren konnte. Mit der schweren Last auf dem Rücken wäre das Gehen noch viel schwieriger gewesen. Da wir für die drei Kilometer durch den Notch den ganzen Tag zur Verfügung hatten, brauchten wir uns nicht zu beeilen, sondern konnten ganz gemütlich gehen. Auf der Hälfte der Strecke legten wir eine Pause ein und streckten uns dann zu einem Schläfchen aus. Ich hatte das Gefühl, irgendwo am Strand ein Sonnenbad zu nehmen. Wer hätte gedacht, daß der Oktober in Maine so warm sein konnte?

Orient hatte es am schwersten von allen, auch wenn Helen sein Gepäck trug. Mehrmals wurde er in Spalten eingeklemmt und mußte warten, bis ich kam und ihm heraushalf. Beim Hochklettern riß er sich zwei Nägel ab und hinkte leicht, als wir es schließlich geschafft hatten.

Achthundert Meter hinter dem Notch schlug ich mein Zelt auf einem hübschen, ebenen Fleckchen auf, das, wie Jim und Mike mir erzählten, inmitten einer phantastischen Welt aus goldenen Blättern lag. Die Laubfärbung befand sich auf ihrem Höhepunkt, und ich versuchte, mir das Bild des Herbstes wieder ins Gedächtnis zu rufen. Meine Freunde verließen mich mit dem Versprechen, daß wir uns wiedersehen würden, und Orient und ich verzogen uns ins Zelt, als es anfing zu regnen.

Am nächsten Morgen brachen wir bei Regen auf und schleppten uns den Mahoosuc Arm hoch, eine Erhebung, die auf drei Kilometern fünfhundert Meter ansteigt. Am frühen Nachmittag erreichten wir Speck Pond Shelter, das oben auf dem Old Speck Mountain liegt. Orient hinkte, und ich mußte endlich wieder richtig trocken werden. Meine geplanten dreizehn Kilometer schmolzen zu fünf Kilometern zusammen, aber als wir uns in die Schutzhütte begaben, waren wir dankbar für die Leistung des Tages.

An jenem Tag dachte ich viel über die Menschen nach, die Gott durch den Trail in mein Leben gebracht hatte, und betete für sie. Es spielte keine Rolle, daß ich nicht wußte, wie sie aussahen. Ich kannte ihre Stimmen, ihr Wesen, ihre liebenswürdige Art.

Ein tiefer Friede erfüllte mich, daß ich so weit gekommen war.

Der A.T. in Maine war hart und schroff, aber die Menschen waren das gerade Gegenteil. In den Südstaaten aufgewachsen, hatte ich immer gehört, je weiter man nach Norden ginge, desto unfreundlicher würden die Menschen. Wenn man jemals, Gott behüte, so hoch wie Maine käme, könnte man von Glück sagen, wenn man überhaupt ein Hallo zu hören bekäme. Vielleicht stammte diese Einstellung ja noch aus dem Bürgerkrieg. Schließlich hatten die Leute hier oben eine Zeitschrift, die »Yankee« hieß, auf die sie auch noch stolz waren. Ich war ein Südstaatler, verlor mein Herz aber an jeden Mainer, der mir über den Weg lief.

In Andover bereiteten Pat und Larry Wyman mir einen königlichen Empfang in ihrer Pension. Dort traf ich Ron Theriault, der mit mir durch das zerklüftete Bemis Range wandern wollte. In Pinkham Notch hatte Carolyn mir schon gesagt, daß Ron gern eine Zeitlang mit mir wandern würde.

Ron war mit dem unwirtlichen Gelände vertraut, was eine große Hilfe für mich sein würde. Ich würde ihn dafür unterwegs bei seinen Problemen beraten. Es klappte gut; jeder profitierte vom anderen.

Am zweiten Abend stellten Ron und ich fest, daß der Trail verlegt worden war und wir viel weiter vom Bemis Mountain Shelter entfernt waren, als wir geglaubt hatten. Um halb sieben abends setzte ich in dem wirbelnden Schnee die Kopflampe auf, damit Orient etwas sehen konnte, und Ron holte seine Taschenlampe hervor. Nach einer Stunde war ich so erschöpft, daß ich Ron sagte, ich könne keinen einzigen Schritt mehr tun. Mir fiel nichts anderes ein als zu beten, und so sprach ich mit Ihm über unsere Situation: »Herr, Du weißt, wo wir sind und warum wir hier sind«, sagte ich. »Wir sind hier, um Dein Werk zu tun. Gib uns also bitte die Energie, um zur Schutzhütte zu gelangen, oder führe uns zu einem Platz, an dem wir zelten können.«

Innerhalb von wenigen Minuten hatte der Schmerz in meinen Beinen aufgehört, und ich konnte wieder gehen. Sogar Orient schien wendiger und wacher zu sein. Um neun Uhr fragte ich mich schon, ob wir die Schutzhütte verfehlt hätten, als Ron ein Schild mit dem Hinweis entdeckte, daß sie nur noch hundert Meter entfernt war. Uns beiden traten Tränen der Freude und Erleichterung in die Augen.

Ich kann mir das, was an jenem Abend und bei vielen anderen Gelegenheiten auf dem Trail passierte, nur so erklären, daß Gott Orient und mir die Kraft gegeben hat, die wir brauchten. Ich wußte, daß manche Leute so etwas unter »positivem Denken« verbuchen oder der Mobilisierung einer tief im Innern verborgenen Kraft zuschreiben würden, aber ich bin davon überzeugt, daß Gott meine Gebete erhört hat.

Ron war mir ein großer Trost und eine Hilfe, und als wir uns trennten, erzählte er mir, daß viele Leute in Rumford für uns beten würden, während wir zum Katahdin gingen. Genau das brauchten Orient und ich am dringendsten. Noch nie hatte ich mich solch einer Herausforderung wie dem A.T. gestellt. Sie führte mich fast jeden Tag an die Grenze der körperlichen und geistigen Erschöpfung. Ganz gleich, wieviel Kraft ich morgens besaß – noch ehe ich abends mein Ziel erreicht hate, war sie vollkommen aufgebraucht.

Ich glaube, der Herr hat mich mit meiner Blindheit auf den Trail geschickt, um anderen Menschen zu zeigen, was Er vollbringen kann. Meine Aufgabe war es, jeden Morgen zur Arbeit anzutreten und so weit zu gehen, wie Er mir die Kraft dazu gab. Gott brauchte einen schwachen Mann für diese Demonstration, jemanden, der bei jedem Schritt von ihm abhängig war. Manche Leute glauben, daß der »Dorn im Fleische«, von dem der Apostel Paulus spricht, sein mangelndes Augenlicht war. Einige Wissenschaftler halten es für möglich, daß er in seinem späteren Leben fast blind war. Keiner weiß genau, was es war, auf jeden Fall legte er mit diesem »Dorn« weite Strecken zurück.

Vielleicht waren seine Zehennägel abgefallen wie bei mir.

Als sich Phil Pepin in der Nähe von Rangeley zu uns gesellte, nahm unsere Wanderung den Charakter einer Führung auf dem A.T. an. Phil war den Trail zweimal von Anfang bis Ende gegangen, wohnte in Stratton und kannte sich in der Umgebung aus wie ich mich in den Straßen von Burlington. Durch seine Arbeit für das Maine Appalachian Trail Executive Committee war ihm der A.T. vertraut wie nur wenigen.

Ich war dankbar für jede Hilfe, die Orient und mir zuteil wurde, und spürte, daß die Leute uns halfen, weil sie den Wunsch hatten und nicht weil sie sich dazu verpflichtet fühlten. Phil stellte uns seine Zeit und sein Zuhause, das für fast zehn Tage unser Standquartier wurde, in großzügiger Weise zur Verfügung. Nach einem Tag in Regen und Schnee auf dem Trail war es herrlich, jeden Abend zu einem warmen Bett und einem guten Essen heimzukommen.

An einem unserer ersten gemeinsamen Tage holte der Hurrikan Lili zu seinem letzten Schlag gegen New England aus, ehe er sich spiralförmig auf den Nordatlantik zubewegte. Überall um uns herum knickten die Bäume unter der Wucht des Windes um. Es hörte sich an, als ob riesige Knallkörper explodierten, wenn die Stämme abbrachen und auf den Waldboden stürzten. Ich wußte, daß Phil sich Sorgen machte, aber ich sagte mir, auch als Sehender würde ich wahrscheinlich keine Zeit haben, einem stürzenden Baum auszuweichen. Außerdem war Gott für den Wind und unsere Sicherheit verantwortlich. Uns würde nichts passieren, was uns nicht passieren sollte. Umgestürzte Bäume gibt es überall auf dem Appalachian Trail, aber an jenem Tag begriff ich, warum so viele auf dem

Trail in Maine liegen. An einem einzigen Tag stürzten tausende von Bäumen in dem dicht bewaldeten Staat zu Boden. Hunderte würden den Appalachian Trail blockieren und die Wanderer zwingen, entweder um sie herumzugehen oder sich durch die Äste zu zwängen. Der Maine Appalachian Trail Clug (MATC) schickte in regelmäßigen Abständen Leute los, die den Trail aufräumen sollten, aber gegen die Stürme kam niemand an.

Ein paar Tage später gingen wir in gefrierendem Regen und Schnee über Saddleback Range und Spaulding Mountain. Phil sagte mir, wenn der Winter erst einmal gekommen wäre, würde er auch bleiben. Baxter State Park war offiziell geschlossen, aber die Beamten versprachen mir, alles zu tun, was in ihrer Macht stünde, damit ich den Mt. Katahdin besteigen könnte. Aber wir wußten ja alle, daß sie über das Wetter keine Macht hatten.

Wahrscheinlich war Carolyn Starlings Frust nie größer als zu dieser Zeit. Von Harper's Ferry an lagen mir die Leute ständig in den Ohren, ich müßte den A.T. sozusagen von hinten aufzäumen —ich sollte erst den Mt. Katahdin besteigen und von dort aus den Rest zurückwandern. Um mit mir in Kontakt zu kommen, mußte man Carolyn anrufen und *sie* bitten, mir das zu verklickern. Je mehr Leute sie anriefen und ihre Argumente vortrugen, desto mehr war sie davon überzeugt, daß sie recht hatten.

Natürlich war ich ganz anderer Meinung. Ich war davon überzeugt, daß ich meine Anweisungen von Gott bekam, und Er hatte mir nichts dergleichen zu verstehen gegeben. Carolyn trug mir daraufhin all die Argumente vor, die die anderen ihr genannt hatten. Ständig kamen neue Gründe hinzu, und von Harper's Ferry an wurde es ganz schlimm.

Carolyns Frust erreichte seinen Höhepunkt, als Buzz Caverly, der Direktor des Baxter State Park, sie anrief, während ich auf dem Wege nach Stratton, Maine, war.

»Wenn Bill den Katahdin jetzt nicht macht«, sagte er, »werde ich ihm verbieten, ihn später zu machen.«

Carolyn erklärte sich bereit, diese Nachricht an mich weiterzuleiten, allerdings in gemilderter Form. Inzwischen hatte sie nämlich gemerkt, daß ich zu Eis erstarrte, wenn jemand versuchte, mich mit kategorischen Worten zu etwas zu zwingen. Deshalb richtete sie mir zwar aus, was Buzz gesagt hatte, drückte es aber anders aus. Es war trotzdem noch sehr deutlich.

»Ich werde mir im Gebet Rat holen«, sagte ich.

»Bill, Gebete sind was Wunderbares, aber jetzt ist es an der Zeit, auf die Menschen zu hören, die dein Bestes wollen!«

Ich spürte, wie der Frust von ihr Besitz ergriff. Aber ich mußte mich erst vergewissern, ob ihr Vorschlag auch in Seinem Sinne war.

Schließlich rief mich Buzz mit Carolyns Hilfe am 20. Oktober bei Phil an und fragte, ob er kommen und mit mir sprechen könne. Ich antwortete, ich könne mir schon denken, worüber er mit mir sprechen wollte, und fände, daß wir das auch am Telefon erledigen könnten.

Daraufhin sagte er, daß ich in den nächsten Tagen den Katahdin besteigen müßte.

Auf Carolyns Bitte hin drückte er sich etwas vorsichtiger aus, machte mir dann aber unmißverständlich folgendes klar: Der Katahdin lag fast dreihundert Kilometer nordöstlich von Stratton, und oben auf dem Berg herrschte schon ziemlich rauhes Wetter. So gern er mir auch helfen würde, die Wanderung bis zum Ende durchzuführen, so war er doch an erster Stelle für die Sicherheit der Parkbesucher verantwortlich. Wenn bei meiner Ankunft Eis auf dem Katahdin lag, würde er mir den Zutritt zum Park verweigern müssen. Ob ich nicht die Möglichkeit in Betracht ziehen könne, nach Baxter zu fahren und den Berg jetzt zu besteigen?

Ich antwortete, ich würde mir im Gebet darüber klarwerden müssen. Viele Wanderer griffen zu dieser Lösung, die bestimmt nicht gegen die Ethik des Wanderns verstieß.

Ich sprach also mit dem Herrn darüber und beriet mich mit zwei guten Freunden. Viele Fragen gingen mir durch den Kopf, als ich um eine Entscheidung rang. Glaubte ich, daß der Herr das Wetter kontrollieren und den Berg noch für einige Wochen schnee- und eisfrei halten könnte? Stellte ich Gott auf die Probe, wenn ich meine Wanderung fortsetzte und erwartete, daß er um meinetwillen den Winter zurückhielt? Wäre es dumm, den dringenden Rat eines Mannes in den Wind zu schlagen, der dreißig Jahre im Baxter State Park verbracht hatte?

Ich gewann die Überzeugung, daß ich um der Sicherheit aller Beteiligten willen den Katahdin jetzt besteigen mußte, aber jede Publicity vermeiden wollte.

Ich glaube, Buzz war erleichtert und, ehrlich gesagt, ich auch. Denn etliche Zeitungs- und Fernsehreporter hatten sich schon erkundigt, wann ich den Katahdin erreichen würde. Einige von ihnen hatten die Absicht, den Berg zusammen mit mir zu erklimmen. Ein TV-Produzent wollte sein Kamerateam mit einem Hubschrauber auf dem Gipfel absetzen. Wenn eine Menge unerfahrener Leute mit schwerer Ausrüstung den Berg hochging, mußte man damit rechnen, daß jemand zu Schaden kam.

Außerdem wollte ich oben auf dem Katahdin auch ein paar Minuten mit dem Herrn allein sein. Ein Schwarm von Fotografen hätte das womöglich verhindert oder daraus etwas gemacht, was mir nicht recht gewesen wäre. Viele Reporter, die über meine Wanderung geschrieben hatten, waren meine Freunde geworden, und deshalb hoffte ich, daß sie meine Entscheidung verstehen würden.

Buzz versicherte mir, daß er Stillschweigen bewahren und den Park an dem betreffenden Tag für alle außer für mich schließen würde. Ich fragte Phil Pepin und meinen Freund Lynne Whelden, Filmemacher aus Pennsylvania, ob sie mich begleiten würden. Buzz wollte sich überlegen, wie er zwei Tage lang Fragen beantworten sollte, ohne dabei zu lügen, und wir beschlossen, am 24. Oktober aufzusteigen. Schließlich kam der Morgen, an dem Phil Pepin uns in seinem Kleintransporter zum Katahdin fuhr – was ungefähr vier Stunden dauerte.

In gewisser Weise war die Besteigung des Katahdin eine Antiklimax nach Monaten voller Erwartung. Beim ersten Schritt auf dem Trail hatte ich angefangen, vom Katahdin zu reden. Über eine sehr lange Zeit war er ein fernes, unerreichbares Ziel gewesen. Oben auf dem Gipfel zu stehen, das Schild zu küssen und meine Arme zur Siegerpose zu erheben, war eine Vision, die ich mit allen anderen Wanderern teilte. Es war die Krönung der physischen und emotionalen Erfahrung des Trails.

Den Katahdin außerplanmäßig zu besteigen, würde anders werden, als ich es mir vorgestellt hatte. Aber die großen Momente meines Lebens waren auch bisher selten den haushohen Erwartungen gerecht geworden, die ich in sie gesetzt hatte. Da mußte ich wieder daran denken, daß es nicht auf das Ziel, sondern auf die Reise ankam.

Mein wirkliches Interesse hatte nie den Bergen, sondern den Menschen gegolten. Der Katahdin war immer ein Teil des Planes gewesen, aber nie das höchste Ziel.

15 Katahdin

Die Indianer fürchteten den Mt. Katahdin und glaubten, dort wohne *Pamola*, ein böser Geist, der es nicht mochte, wenn jemand zu seinem Haus hochkletterte. Sie meinten, er nähme Menschen gefangen und führe unter dem Berg ein kleines »Umerziehungsprogramm« mit ihnen durch. Dreihundert Jahre lang waren Geschichten von Indianern, Jägern und Soldaten erzählt worden, die auf dem Katahdin auf Nimmerwiedersehen verschwunden waren. Moderne Wanderer, die am Daicey Pond – am Fuße des Berges – in ihrem Zelt das Ende eines Sturms abwarteten, erklärten, daß sie den Aufstieg solange verschieben würden, bis *Pamola* den Gipfel geräumt hatte.

Ich machte mir wegen *Pamola* keine Sorgen, hatte aber großen Respekt vor dem Berg.

Buzz Caverly sagte, Leute z. B. aus Boston, die in hochmodischer Wanderkleidung auftauchten und sagten, sie seien bereit, den Katahdin zu *erobern*, hätten seiner Meinung nach nicht alle Tassen im Schrank. Man konnte den Berg besteigen, aber niemals *erobern*.

In seinen dreißig Jahren als Park-Ranger hatte Buzz so gut wie alles erlebt. Dreimal hatte er einen bekannten Wanderer festgenommen, weil dieser versucht hatte, den Katahdin vor der Öffnung des Parks im Mai zu besteigen. In einem Sommer war Buzz dreiundzwanzig Mal auf den Katahdin geklettert, achtzehn Mal davon in der Nacht, meistens um erschöpfte oder verletzte Wanderer zu retten. Zu seinen schlimmsten Aufgaben gehörte es, die Leichen der Menschen zu bergen, die die Wegweiser nicht gelesen, ihren gesunden Menschenverstand nicht benutzt und dafür mit ihrem Leben bezahlt hatten. Noch immer versagte seine Stimme, wenn er erzählte, daß er die Leiche eines dreizehnjährigen Jungen den Berg hinuntergetragen hatte.

Meine Sicherheit lag ihm sehr am Herzen, und ich war dankbar für all seine Bemühungen, auch wenn ich ihn aus Spaß Buzz-*Stirb-nicht-in-meinem-Park*-Caverly nannte. Sein Wort war für mich Gesetz. Buzz hatte alles in seinen Kräften Stehende getan, damit mein Aufstieg sicher und erfolgreich ablief.

Leider konnte nicht einmal er den Regen abstellen.

Die Nacht zum 24. Oktober verbrachten wir auf dem Campingplatz am Daicey Pond. In unserer kleinen Hütte wurde es mit Hilfe des Holzofens schnell warm, und ich war froh, daß ich drinnen sein konnte, statt in dem Sturzregen draußen zelten zu müssen. Bei dem Geräusch des Regens, der gegen die Fensterscheibe trommelte, schlief ich ein und hoffte, daß bei Tagesanbruch die Sonne scheinen würde.

Als wir am nächsten Morgen die kurze Strecke zum Katahdin Stream Campground fuhren, regnete es immer noch. Um halb acht begannen wir mit dem Aufstieg. Hier folgt der Appalachian Trail auf ungefähr achteinhalb Kilometern dem Hunt Trail, wobei der 1700 m hohe Katahdin 1300 m über Bodenhöhe aufsteigt. Phil ging voraus, dann kam Lynne. Orient und ich bildeten die Nachhut. Es regnete immer noch wie aus Kübeln, und oft glich der Trail einem schnell strömenden Bach.

Orient kletterte über und um die Steine herum, während ich mich an den Metallstangen festhielt, die an manchen Stellen angebracht waren. Das Wetter war wirklich schrecklich, aber wenn man die Höhe und das ungeschützte Terrain bedachte, war es nicht so furchtbar kalt.

Lynne tat mir leid, weil seine Videokamera trotz aller Anstrengungen, sie warm und trocken zu halten, nicht funktionierte. Ich machte mir mehr Sorgen um ihn als um die Kamera, denn er trug Jeans und war von der Taille an klitschnaß. Bei dem eisigen Wind lief er Gefahr, sich eine Unterkühlung zu holen.

Phil und ich trugen unsere Rucksäcke mit Zelt, Schlafsack, Kocher und Lebensmitteln. Bei bedrohlichem Wetter war für den Aufstieg zum Katahdin eine Survivalausrüstung für den Winter vorgeschrieben.

Die sechseinhalb Kilometer nach Thoreau Spring schafften wir in vier Stunden und gingen von dort aus weiter zum Gipfel.

Oben angekommen ließ ich mich vor dem Schild fotografieren, und dann verbrachte ich eine Minute im Gebet. Das Wetter sorgte dafür, daß es nicht länger wurde. Im selben Atemzug wie »Amen« sagte ich: »Es ist kalt hier oben. Bloß weg von hier.«

Ich hätte wahrscheinlich etwas Tieferschürfendes sagen können, aber es wurde wirklich kalt. Wir verbrauchten schon eine Menge Energie damit, unsere Hände funktionsfähig zu halten. Lynne konnte die seinen schon nicht mehr bewegen und mußte den Gipfel sofort wieder verlassen. Die Begleitumstände – der strömende Regen, das eisige Wetter und der sechs Kilometer lange Abstieg, der jetzt um zwei Uhr nachmittags noch vor uns lag – brachten es mit sich, daß für bedeutende Gedanken oder Taten nicht mehr viel Energie übrig war. Ich hatte wenig Zeit, Betrachtungen anzustellen. Es war toll, daß wir den Gipfel erreicht hatten, aber es lagen immer noch sechs steil nach unten führende Kilometer vor uns, ehe ich überhaupt daran denken konnte, Erleichterung zu verspüren.

Die Euphorie, die ich eigentlich erwartet hatte, blieb aus. Wenn es der Abschluß der Wanderung und ein schöner sonniger Tag gewesen wäre, wäre es vielleicht anders gewesen – vielleicht. Ich erinnere mich nur noch, wie enttäuscht ich darüber war, daß ich mich über meine Leistung nicht mehr freuen konnte. Aber die Wanderung war noch lange nicht zu Ende, und das Gefühl, etwas vollbracht zu haben, würde sich erst später einstellen.

Wir hatten gehofft, am späten Nachmittag unten zu sein, aber als wir uns um fünf Uhr mit Buzz über Funk in Verbindung setzten, sagte er uns, daß wir noch Stunden entfernt seien. Doch würde er uns in Begleitung eines Wanderers, der sich *Jungblut* nannte, entgegengehen. Ein sehender Wanderer hätte vielleicht über die losen Kieselsteine und die schlüpfrigen Felsvorsprünge des Abol Trail, den wir für den Abstieg gewählt hatten, nach unten klettern können.

Aber Orient und ich konnten nur kriechen und uns bei jedem Schritt vergewissern, daß wir nicht den Halt verloren und abstürzten. An manchen Stellen stand mir das Wasser fast bis zu den Knien.

Phil versuchte, mir den Weg nach unten zu beschreiben und mir zu sagen, wo ich hintreten und wo ich anhalten sollte. Ich wußte, daß er mir nur helfen wollte, aber um sieben Uhr dröhnte mir der Kopf. Ich erklärte Phil, daß ich ihm für alles sehr dankbar sei, ihm aber einfach nicht mehr zuhören könne, und bat ihn, vorauszugehen und sich nicht um Orient und mich zu kümmern.

Ich betete um inneren Frieden, damit ich die sechs Kilometer nach unten schaffte.

Den Abol Trail für den Abstieg zu wählen, war ein schrecklicher Fehler gewesen. Er war steil und tückisch, buchstäblich eine Rutschbahn aus Kieselsteinchen. In dem Regen und der Kälte war jeder Schritt gefährlich.

Auf meiner Top-Ten-Liste schwieriger Abschnitte hatte der Katahdin seinen sicheren Platz, da er eine körperliche Herausforderung besonderer Art darstellte. Beim Aufstieg erinnerten mich die riesigen Felsbrocken an den Mahoosuc Notch, während mir beim Abstieg die losen Steinchen das Gefühl gaben, einen steilen Abhang aus Styropor-Erdnüssen hinunterzugehen. Nirgends hatte man sicheren Boden unter den Füßen, und meine Versuche, leicht aufzutreten, endeten oft in einer unkontrollierten Rutschpartie.

Um halb zehn waren wir endlich unten. Buzz versorgte uns mit Sandwiches und heißem Tee und bestätigte den Verdacht, den ich schon den ganzen Tag gehabt hatte: In den letzten vierundzwanzig Stunden war ungewöhnlich viel Regen – 7,62 Zentimeter! – gefallen.

Der Katahdin lag hinter mir. Dreihundert Kilometer lagen noch vor mir. Meine Ziellinie befand sich nun am Fuße des »größten Berges«, nicht auf dem Gipfel.

Am nächsten Tag schickten wir eine Pressemeldung raus und berichteten unseren Freunden bei den Medien, was ich getan hatte und warum. Netterweise erlaubte mir Buzz, sie alle zum letzten Tag meiner Wanderung in den Baxter State Park einzuladen und die letzten vier Kilometer mit Orient und mir zu gehen. Das bedeutete eine Menge Mehrarbeit für ihn und seine Leute, aber sie schienen es wirklich gerne zu tun. Buzz' Standardantwort war immer nur: »Kleine Fische«, so unmöglich das Ansinnen auch sein mochte, das man an ihn stellte.

Den Nachmittag davor hatte Buzz stundenlang am Telefon gesessen, um Presseleute abzuwimmeln, die von meinem vorzeitigen Aufstieg Wind bekommen hatten. Nachdem ein Fernsehproduzent die Pressemeldung erhalten hatte, rief er Buzz an und beschuldigte ihn der Lüge, der wissentlichen Täuschung und verschiedener anderer abscheulicher Verbrechen.

Als ich am nächsten Tag wieder in Stratton war, rief mich derselbe Mann noch wütender an, weil er meinen Aufstieg zum Katahdin nicht hatte filmen können. Ich konnte seine Wut verstehen, denn das war sein Job und er hatte den Ruf, gute Arbeit zu leisten. Doch ich erklärte ihm nur, er solle vor dem Schlafengehen Gott auf den Knien dafür danken, daß er und sein Team nicht mit uns auf dem Berg gewesen waren.

Leider hatte mein Aufstieg ein Opfer gefordert – Luanna, meine sprechende Uhr. Sie ertrank. Als ich sie das letzte Mal die Zeit sagen hörte, gurgelte sie etwas von neun Uhr, und das war's dann. Gott segne ihr kleines digitales Herz.

Ich wollte nun wieder meine Wanderung aufnehmen und Richtung Norden gehen. Orients Pelz wurde dick, jeden Morgen war er um fünf Uhr wach, wo er allen, die in seiner Reichweite lagen, das Gesicht ableckte und seine kalte Nase ins Ohr steckte. Ich versuchte, ihm die tägliche Weckzeremonie auszureden, aber es nützte nichts.

Ich dachte an die heißen, schwülen Tage in Virginia, als er sich morgens in der Ecke der Schutzhütte verkrochen hatte und hoffte, daß ich ihm das Führgeschirr nicht anlegte. Immer stellte ich ihm dann die übliche Frage: »Hast du Lust auf einen kleinen Spaziergang?« (Das war inzwischen ein Standardwitz unter den Wanderern geworden.) Damals war der Trail eine Qual für Orient gewesen. Jetzt war ihm das Leben im Freien zur Gewohnheit geworden, und er schien mit der Herausforderung eines jeden neuen Tages zu wachsen.

Ich wußte immer noch nicht, wann diese Wanderung zu Ende sein würde. Doch es sah allmählich so aus, als ob es Thanksgiving* werden könnte. Konnte ich auf dem Camping-Kocher einen Truthahn braten?

16 Eingeschneit

Als Orient und ich Stratton am Sonntag, den 28. Oktober, verließen, gab Phil Pepin mir den Schlüssel zur Hütte des Feuerwarts auf dem Gipfel des Bigelow Mountain. Bei schlechtem Wetter durfte ich sie benutzen und brauchte nicht in dem Wetterschutz unterzukriechen. Phil hatte bereits so viel für mich getan, daß ich ihm gar nicht entsprechend danken konnte. Diese Mainer waren nicht zu stoppen.

Wir umarmten uns. Der Abschied fiel mir schwer, obwohl ich darauf brannte, meine Wanderung fortzusetzen. Von jetzt an *mußte* ich einfach jeden Tag eine bestimmte Kilometerzahl schaffen. Ich war hier in Maine, wo die Leute sagten, daß Lady Winter in den Kulissen stehe und nur auf ihr Stichwort warte, die Bühne zu betreten.

Da die Jagdsaison begonnen hatte, trug Orient ein Tuch in leuchtendem Orange um den Hals, und ich hatte eine Leuchtweste über meinen Rucksack gehängt. Das Tagesgespräch in Maine war der Prozeß gegen einen Jäger, der im Jahr davor eine Frau erschossen hatte, weil er sie für einen Hirsch gehalten hatte. Sie war hinterm Haus gewesen und hatte weiße Handschuhe getragen.

Der Regen am Fuße des Bigelow Mountain ging bald in Schnee über und hörte auch während unserer zwölf Kilometer langen Klettertour über South Horn und West Peak nicht auf. Der Appalachian Trail führte uns direkt zu dem Wetterschutz Avery Memorial, aber die Temperatur sank, und ich wußte, daß ich unbedingt die Hütte des Feuerwarts finden mußte. Ich war hier auf einer Höhe von ungefähr dreizehnhundert Metern, und der an einer Seite offene Wetterschutz würde sich während der Nacht in eine Tiefkühltruhe

* Der vierte Donnerstag im November (Anm. d. Ü.)

verwandeln. Ich stellte mein Gepäck ab und machte mich mit Orient auf die Suche.

Ich fand zwar die Hütte, aber dann nur mit Mühe den Weg zurück zum Wetterschutz. Genauso schwierig war es, wieder zur Hütte zurückzugehen. Sie lag zwar nur hundert Meter entfernt, aber der knöcheltiefe Schnee und die tiefhängenden Äste, die den Trail blokkierten, brachten Orient und mich ganz durcheinander. Ich war ungeheuer erleichtert, als wir schließlich die Hütte wiederfanden und hineingehen konnten.

Auf dem Gasherd kochte ich mir Wasser fürs Abendessen und für eine Wärmflasche, die ich in den Schlafsack legte, um meine eiskalten Füße zu wärmen. Es gab einen Holzofen und einen kleinen Vorrat an Brennholz. Es war ein wunderbarer Platz für die Nacht, und beim Einschlafen murmelte ich Dankgebete, daß der Herr mir so viele Menschen und Segnungen mit auf den Weg gegeben hatte.

Am nächsten Morgen lagen ungefähr zehn Zentimeter Schnee auf der Veranda der Hütte. Da wußte ich, daß der steile Aufstieg zum Avery Peak und der ebenso steile Abstieg gefährlich werden würden. Es blieb uns nichts anderes übrig, als es langsam anzugehen. Der nächste Wetterschutz lag zehn Kilometer entfernt, aber siebenhundert Meter tiefer als die Hütte. Je weiter wir nach unten kämen, desto dünner würde natürlich die Schneedecke werden.

Ich legte Orient das Führgeschirr und das Gepäck um, schulterte meine eigene Last und schloß die Hüttentür ab. Als ich von der Veranda trat, stand ich bis zu den Knien im Schnee. In dem Glauben, daß es sich um eine Schneewehe handelte, ging ich weiter und versank bald bis zu den Hüften. Orient konnte überhaupt nicht gehen. Er sprang von einem Punkt zum anderen und versank jedesmal bis zur Schulter im Schnee. So konnte er unmöglich weitermachen.

Ein kurzer Gang hinter die Hütte überzeugte mich davon, daß der Schnee dort genauso hoch lag. Daraufhin ging ich wieder nach drinnen, machte ein Feuer an und fragte den Herrn, was wir tun sollten. Die Antwort lautete, wenigstens für diesen Tag: »Bleib, wo du bist.«

Ich schmolz Schnee, um Wasser zu haben, und ging sparsam mit dem Brennholz um.

Dummerweise hatte ich Phil das Funksprechgerät zurückgegeben, als ich Stratton verließ, und deshalb keine Möglichkeit, den Leuten mitzuteilen, daß alles in Ordnung war. Der Wetterbericht, den ich in einem kleinen Transistorradio hörte, sprach nur von zweieinhalb bis siebeneinhalb Zentimeter Schnee in den höheren Lagen und sagte steigende Temperaturen voraus. Vielleicht würde die Sonne den Schnee so weit wegschmelzen, daß ich am nächsten Tag aufbrechen konnte. Die Lebensmittel für Orient und mich reichten für zwei Tage, und so nahm ich mir vor, früh am nächsten Morgen loszugehen.

Am Dienstagmorgen herrschte klares, sonniges Wetter, aber es war eiskalt. Vom Schnee um die Hütte herum war nichts weggeschmolzen. Ich stellte meinen Trailführer an und überlegte, ob ich gehen sollte, kam aber zu dem Schluß, daß es eine Dummheit wäre. Die Hütte lag auf einem Paß zwischen dem West Peak und dem Avery Peak. Von der Hütte bis zum Gipfel des Avery Peak waren es vierundsechzig Meter, aber beim Abstieg ging es auf weniger als 1600 Meter siebenhundert Meter steil nach unten.

Mir kam die Geschichte eines Wanderers in den Sinn, dem die Füße erfroren waren, weil er glaubte, das Wetter würde besser werden, und losgegangen war.

Ich beschloß, noch einen Tag zu bleiben.

Orient und ich gingen auf Entdeckungsreise und stießen wieder auf den Wetterschutz. Nicht weit davon war angeblich eine Quelle, aber wir konnten weder ein Schild noch einen Pfad finden und mußten weiterhin Schnee schmelzen, um Wasser zu bekommen. Phil hatte mir gesagt, in der Nähe der Hütte sei ein Schuppen voller Holz. Da der Holzvorrat in der Hütte zur Neige ging, suchten wir zwei Stunden nach diesem Schuppen, aber er ließ sich nicht finden. Wo das Plumpsklo war, blieb ebenfalls ein Geheimnis. Der für dieses Gebiet zuständige Aufsichtsbeamte würde mir sicher verzeihen, daß ich mein Geschäft draußen verrichtete.

Obwohl die Temperatur nachmittags auf zehn Grad oder mehr stieg, würde es Tage dauern, bis der Schnee so weit geschmolzen war, daß wir uns auf den Weg machen konnten. Er ging mir immer noch bis zu den Knien und war ein großes Problem für Orient.

Ich wußte zwar, daß der Herr für die Situation verantwortlich war, aber sie ergab keinen Sinn. Warum saß ich hier oben in einer Hütte fest, wenn ich einige hundert Meter tiefer gut vorankommen konnte? Im Radio hieß es, in Augusta und Bangor herrsche Altweibersommer. Hier oben fiel die Temperatur nachts wahrscheinlich einige Grade unter Null.

Gegen drei Uhr flog ein Flugzeug so tief über uns hinweg, daß ich schon dachte, es würde die Bäume streifen. Ich band ein orangefarbenes Tuch an meinen Skistock und stürzte nach draußen, aber das Flugzeug kam nicht wieder. Vielleicht waren wir ja nicht als vermißt gemeldet worden.

Zweimal fegte ich die Hütte, hängte die Läufer zum Trocknen auf die Veranda, machte Popcorn und aß um halb fünf nachmittags mein Abendbrot. Da Luanna ihren Geist aufgegeben hatte, mußte ich zwischendurch immer wieder das Radio anstellen, um die Uhrzeit zu erfahren. Wenn wir nicht draußen herumgingen, lag Orient auf dem Boden und schlief, während meine Gedanken ständig um die Frage kreisten, was ich tun sollte.

Am Abend fing ich an, die letzten Holzscheite zu rationieren, ließ immer nur eins brennen und legte erst wieder nach, wenn es ganz heruntergebrannt war. Ich lag dösend in meinem Schlafsack vor dem Ofen, hing meinen Gedanken nach und betete.

Wenn ich es mir recht überlegte, war ich in meinem Leben sehr viel allein gewesen, besonders auch als Kind. Die Leute in Leeds hielten uns wahrscheinlich für eine ideale Familie, aber wir standen uns gefühlsmäßig sehr fern, vor allem mein Vater und ich. Eigentlich waren wir füreinander immer Fremde gewesen.

Kurz vor dem Ausbruch des Zweiten Weltkrieges – ich war damals zehn Monate alt – war mein Vater zum Militär gegangen. Bis zu meinem siebten Lebensjahr sah ich ihn vielleicht zweimal. Meine Mutter erzog meine Schwester Midge und mich alleine, bis eines Tages ein fremder Mann, der Papa genannt wurde, in unserem Haus erschien und blieb.

Er wurde ein sehr tüchtiger Chirurg und eine Kapazität in der Behandlung von Brandwunden und Hauttransplantationen, so daß Leute aus dem ganzen Süden ihn aufsuchten. In unserer Stadt kam er für die meisten Leute gleich nach dem lieben Gott. Ich wußte, daß er ein guter Arzt war, lebte aber in ständiger Furcht vor seiner Mißbilligung und seinem Zorn.

Als ich fünfzehn Jahre alt war, hatte mein Vater morgens beim Frühstück wieder einmal einen seiner Tobsuchtsanfälle und schlug mir ins Gesicht. Ein paar Tage später verließ ich mit zwei älteren Freunden in einem alten Mercury und mit einer gemeinsamen Barschaft von drei Dollar die Stadt. Wir kamen bis Tuscaloosa, Alabama, wo wir uns das Benzingeld nach Texas verdienten.

In Rockwall wohnte mein Onkel, der mir anbot, ein paar Wochen bei ihm unterzukriechen und in seiner Bäckerei zu arbeiten, bis ich einen Job auf den Ölfeldern fand. Damals bekam ich Krapfen derartig über, daß ich erst nach dreißig Jahren wieder einen essen konnte. Es war nicht das große Abenteuer, dafür brauchte ich aber nicht in der Angst vor meinem Vater zu leben.

Trotz meiner fünfzehn Jahre war ich schon ausgewachsen und sah wesentlich älter aus. Als ich das Angebot bekam, auf einem Bohrturm zu arbeiten, briet ich meinen letzten Krapfen und fuhr hundertsechzig Kilometer südöstlich nach Jacksonville, das zwischen Tyler und Palestine liegt.

Meine Freunde aus Alabama warfen nach zwei Wochen auf dem Bohrturm das Handtuch, aber ich blieb. Für einen Stundenlohn von zwei Dollar, plus Überstunden, arbeiteten wir siebzig Stunden in der Woche. 1955 war das für einen Jungen eine schöne Stange Geld.

Schon bald hatte ich eine Freundin gefunden. Natürlich dauerte es nicht lange, bis wir uns genauso stritten, wie ich es mit meinen Eltern getan hatte. Wovor ich auch von zu Hause geflohen sein mochte – es folgte mir in dieser Beziehung nach, von der ich mir die Lösung aller meiner Probleme erwartet hatte.

Obwohl ich die destruktiven Verhaltensmuster bei meinem Vater und meiner Mutter durchschaut hatte, war ich blind gegenüber den Anfängen identischer Verhaltensmuster in meinem eigenen Leben.

Nach sechs Monaten auf dem Ölfeld kehrte ich in meinem eigenen Auto nach Leeds zurück, entschlossen, mein Leben anders zu gestalten. Ich ging wieder zur Schule und erklärte meinen Eltern, daß ich für Kost und Logis bezahlen würde, wenn ich dafür keine

Ausgangssperre, keine Vorschriften und keine elterliche Kontrolle hinnehmen müßte. Noch ehe ich mit der Schule fertig war, heiratete ich zum ersten Mal.

Die Ölfelder lehrten mich eine Menge über das Leben, hinterließen aber körperliche und moralische Narben. Ich werde nie vergessen, wie ich einmal die Nähe eines Feuers suchte, um meine schmerzenden Füße zu wärmen, nachdem ich den ganzen Tag in eisigem Wasser gearbeitet hatte. Seit damals ruft mir der Geruch von Holzfeuer diese Szene immer wieder ins Gedächtnis.

Ich suchte Nähe, suchte Wärme; meine Füße waren so kalt, daß ich vor Schmerzen weinte. Der Rauch brannte mir in den Augen und in der Nase.

Das Bedürfnis, dem Feuer näherzukommen ... einem Menschen näherzukommen – Holzrauch ... die Füße schmerzten so unerträglich ... immer noch allein ...

Ich schreckte aus dem Schlaf hoch und merkte, daß ich weinte, wußte aber nicht, warum. Vielleicht lag es an dem Rauch, der sich vor dem Ofen kräuselte, oder an meinen schmerzenden Füßen. Konnte es etwas mit Mutter und Vater zu tun haben, die zwar beide tot waren, an die ich aber mit einer Mischung aus Sehnsucht und Reue zurückdachte? Vielleicht hing es auch nur damit zusammen, daß ich allein war.

Als ich mein letztes Holzscheit auflegte, fiel mir eine alte Hymne ein: »Wenn du auf den Wogen des Lebens vom Sturm hin und her geworfen wirst; wenn du mutlos bist und denkst, daß alles verloren ist; zähl all die Segnungen deines Lebens, zähl sie einzeln auf, und du wirst überrascht sein, was der Herr getan hat.«

Da ich außer Orient niemand störte, begann ich Gott laut für alles zu danken, auch für den Schnee, der mich gezwungen hatte, in der Hütte zu bleiben. Es war eine lange Dankesliste, auf der die Namen vieler Menschen und auch meine augenblickliche Situation standen. Obwohl ich kein Holz mehr hatte und Orient kein Futter, dankte ich Gott, daß Er die Verantwortung trug. Damit ließ sich gut schlafen.

Am nächsten Morgen teilte ich meinen Haferbrei mit Orient und machte ihm aus Milchpulver eine große Schale Milch zurecht. Es war nicht gerade die beste Nahrung der Welt für einen Schäferhund, aber besser als gar nichts. Am Vormittag gingen wir langsam an den Bäumen entlang, um den Holzschuppen vielleicht doch noch zu finden.

Plötzlich duckte sich Orient unter einigen schneebeladenen Zweigen und zog hart an dem Führgeschirr. Ich schüttelte den Schnee ab und folgte ihm ein kurzes Stück auf einem Weg, der direkt zum Schuppen führte. »Gelobt sei der Herr!« brüllte ich und ging mit einem Arm voll Holz zur Hütte.

Entschlossen, nun auch die Quelle zu finden, gingen wir am Nachmittag zu dem Wetterschutz und versuchten einen Pfad in der Richtung zu treten, in die ein Schild wies.

Ich war hundert Meter gegangen, als eine Stimme sagte: »Mann, bin ich froh, dich zu sehen!«

Ich dachte, ich hätte mir die Stimme nur eingebildet, und ging weiter. Als die Stimme wieder sprach, fragte ich: »Wer bist du?« Es war Peter Martel (*Mr. Maulwurfpelz*) und direkt hinter ihm Art Batchelder (*AB Positive*). Wenn nicht Orient ihnen die Hände geleckt hätte, hätte ich es wahrscheinlich getan.

Maulwurfpelz stieg wieder ab, um allen mitzuteilen, daß ich in Sicherheit war. Art verbrachte die Nacht bei mir, und am nächsten Morgen gingen wir zusammen mit Phil Pepin nach unten, der frühmorgens heraufgekommen war, um nach mir zu sehen.

Wie wir später rekonstruierten, waren meine Freunde Alice und Helen aus Richtung Norden gekommen, um sich wie verabredet am Montagabend am Wetterschutz von Little Bigelow mit mir zu treffen. Als ich dort nicht auftauchte, vermuteten sie, daß ich irgendwo zwischen Stratton und dem Wetterschutz, nämlich in der Hütte des Feuerwarts, sein mußte – und da beschlossen *AB Positive* und *Mr. Maulwurfpelz,* loszugehen und mich zu suchen. Als sie am Mittwochmorgen aufbrachen, lag immer noch hoher Schnee, und für die fünf Kilometer zur Hütte brauchten sie fast sechs Stunden.

Unten angekommen, gingen wir alle zu Phil.

Am Freitagmorgen war ich wieder auf dem Trail.

Ich wußte immer noch nicht, warum der Herr mich drei Tage allein in dieser Hütte hatte sein lassen. Vielleicht wollte er mich daran erinnern, daß Er die Verantwortung trug und die Wanderung immer noch nach Seinem Plan und nicht nach meinem ablief. Ich wußte, daß der Herr mich demütig und dankbar wissen wollte. Vielleicht wollte er mich an all das erinnern, was ich nicht brauchte.

17 So nah und doch so fern

Als ich am Samstag, den 3. November, nach Pierce Pond kam, hatten die meisten Seetaucher ihre Reise schon angetreten. Zwei von ihnen hörte ich nachts in der Ferne, als sie höchstwahrscheinlich Pläne schmiedeten, bald in ein wärmeres Klima zu fliegen. Das hätte auch mein Stichwort sein sollen: nach Süden zu ziehen – aber Orient und ich hatten noch 240 Kilometer in Richtung Norden vor uns. Das Ende des Trails schien so nah und doch so fern.

Dave McCasland kam wieder aus Colorado, um den Rest des Weges nach Katahdin mit mir zurückzulegen. Ich freute mich sehr, ihn wieder bei mir zu haben, und Orient begrüßte ihn wie einen lange vermißten Freund. Wir redeten stundenlang und sprachen über alles, was seit unserer Wanderung in den Whites vor fünf Wochen passiert war.

Am nächsten Morgen verdrückten wir im nahen Harrison's Camp sage und schreibe zwölf Pfannkuchen, ehe wir uns auf den Weg zu der kleinen Stadt Caratunk machten. Der Altweibersommer verwirrte uns mit einer Temperatur von einundzwanzig Grad und einer sanften Brise.

Um zehn Uhr machten wir eine Pause, und meine Gedanken wanderten zu meiner Sonntagsschulklasse in Burlington. Ich wußte, daß sie jetzt wie jeden Sonntagmorgen in den letzten acht Monaten für Orient und mich beteten.

Am vorigen Sonntag hatten sie unser gedacht, als wir zum Bigelow Mountain hinaufgingen, und ich wußte, daß sie auch während der Tage, an denen wir in der Hütte des Feuerwarts festsaßen, für uns gebetet hatten.

Gebete sind mir in mancher Hinsicht ein Rätsel, aber ich bin davon überzeugt, daß der Herr den Seinen zuhört und ihre Bitten erfüllt. Mein Onkel Gruder sagte immer: »Der Herr sorgt für Narren und Krüppel.« Vielleicht auch für Blinde.

Zwischen Pierce Pond und Caratunk liegt der mächtige Kennebec River, über den auf dem Appalachian Trail keine Brücke führt. Ich hatte gehört, es sei gefährlich hindurchzuwaten und an vielen Tagen sei er vollkommen unpassierbar. Flußaufwärts lag eine hydroelektrische Anlage, die täglich soviel Wasser freisetzte, daß der Wasserstand sehr schnell auf mehr als einen Meter achtzig ansteigen konnte. Es gab Wanderer, die immer noch durch den Fluß wateten, doch seit im Jahr 1985 eine junge Frau dabei ertrunken war, hat der MATC einen kostenlosen Fährbetrieb für Wanderer eingerichtet. Obwohl der Betrieb für die Saison 1990 am 8. Oktober eingestellt worden war, hatte ein Bekannter in Caratunk sich mit Steve Longley in Verbindung gesetzt und ihn gebeten, uns überzusetzen. Wir waren nicht sicher, ob er wußte, daß wir am Sonntagmorgen, den 4. November, kommen würden. Wenn er nicht da war, stand uns ein fast zwanzig Kilometer langer Marsch zu der Brücke bei Bingham bevor und die gleiche Strecke nochmal auf der anderen Seite.

Als wir am Fuße eines steilen Hügels am Südufer des Flusses ankamen, hörte ich, wie ein Kanu direkt vor uns gegen die Steine schrammte. Es war Steve. Er sagte, der Wasserstand sei an diesem Tage höher als während des Hochwassers im Frühjahr und er könne deswegen immer nur einen hinüberfahren. Wir kamen überein, daß er zuerst mich übersetzen, dann Orient und zum Schluß Dave holen sollte. Steve ließ mich im Bug Platz nehmen, stellte meinen Rucksack in die Mitte und setzte sich selbst ins Heck.

Orient blieb leise winselnd am Ufer zurück, während Steve und ich in dem ruhigen Wasser am Südufer ungefähr dreißig Meter flußaufwärts paddelten. Steve sagte, der Kennebec sei ungefähr hundert Meter breit und vier bis fünf Meter tief. Wir mußten mit aller Kraft paddeln, um nicht zu weit flußabwärts getrieben zu werden. Steve versicherte mir, daß wir technisch gesehen immer noch auf dem Appalachian Trail waren, da auf dem Boden des Kanus eine weiße Markierung aufgemalt war!

Als wir alle glücklich drüben waren, begrüßte uns Dan Hanson und bot uns an, uns auf den nächsten acht Kilometern das Gepäck abzunehmen. Dann sollten wir mit ihm zu seiner Hütte gehen. Zum Essen briet er ein Rebhuhn, und wir verbrachten einen wunderbaren Abend zusammen.

Am frühen Morgen sank die Temperatur auf unter Null. Wir brachen zeitig zum Pleasant Pond Mountain auf und schafften es ganz bis zum Wetterschutz von Joe's Hole, wo wir wegen der Kälte im Eiltempo unser Zelt aufschlagen mußten.

Am nächsten Tag überquerten wir bei dichtem, nassem Schneefall den Moxie Bald Mountain und fragten uns, wie sich dieses Wetter auf die vor uns liegenden Flüsse auswirken würde. Als wir am nächsten Nachmittag den westlichen Arm des Piscataquis River erreichten, wußten wir es.

An einem anderen Tag wäre der Fluß vielleicht ein knöcheltiefes Rinnsal gewesen. Doch an diesem Nachmittag war er ein reißender Strom, der sich weiß schäumend über riesige Steine wälzte. Wir mußten schreien, um uns verständlich zu machen. Sollten wir es riskieren, ihn zu durchqueren?

Achthundert Meter höher gab es einen alten Holzfällerweg, der nach acht Kilometern in Blanchard Village endete, wo wir den Piscataquis auf einer Brücke überqueren, auf einer Straße zweieinhalb Kilometer zurückgehen und so wieder auf den Appalachian Trail gelangen konnten. Das war natürlich ein Riesenumweg, und wir waren jetzt schon vollkommen erledigt. Ich fragte Dave, was wir tun sollten. Er meinte, der Fluß sei passierbar, wenn wir uns nur genügend Zeit ließen.

Da es nicht nur spät, sondern auch kalt wurde, hatten wir nicht viel Zeit, lange darüber zu diskutieren. Und so beschlossen wir, es zu wagen.

Es war ein Entschluß, der uns fast das Leben gekostet hätte.

Als ich den ersten Schritt in das eisige Wasser trat, zitterte ich am ganzen Leibe und wünschte, ich könnte zum anderen Ufer rennen. Aber ich bewegte mich langsam und ging Arm in Arm mit Dave. Den Rucksack hatte ich nicht festgeschnallt, für den Fall, daß das Schlimmste passieren sollte. Ich versuchte, mir gut zuzureden: »Setz den Wanderstock fest auf, taste den Boden ab, Zentimeter für Zentimeter, langsam, vorsichtig, mach keinen Fehler.«

Ich dachte schon, wir würden es schaffen, als Dave einen Schrei ausstieß und meinen Arm losließ. Die Strömung, die ihm bis zur Taille reichte, hatte ihm die Füße vom Boden weggerissen, und jetzt versuchte er strampelnd das andere Ufer zu erreichen. Sekunden später hatte die Strömung auch mich erfaßt, und ich ging ebenfalls unter. Glücklicherweise war Orient ein guter Schwimmer und hatte keine Schwierigkeiten, den wilden Fluß zu durchqueren.

Es ist mir immer noch ein Rätsel, wie Dave und ich ans andere Ufer gekommen sind, ohne unsere Rucksäcke zu verlieren. Es war ein Wunder. Wenn wir jetzt auch wieder Boden unter den Füßen hatten, so waren wir doch alles andere als in Sicherheit. Die Sonne war untergegangen, die Temperatur lag unter Null, und wir beide waren von Kopf bis Fuß durchnäßt. Das Wasser schwappte in unseren Stiefeln, als wir den Hügel hinaufgingen und versuchten, warm zu werden und gleichzeitig einen Lagerplatz zu finden.

Während wir eine Weile später zitternd im Zelt lagen, kämpfte ich einen inneren Kampf um die Frage, ob wir morgen weitergehen sollten. Bis zum Katahdin mochten uns noch ein Dutzend weiterer Flußdurchquerungen erwarten. Sollten wir bei dem eiskalten Wetter weiter durch hüfthohe Flüsse waten?

Hinzu kam, daß kein Kontakt mit den Menschen auf Wanderschaft – was ich ja als Teil meiner »Mission« betrachtete – mehr gegeben war. In den letzten drei Tagen hatten wir keinen einzigen Menschen getroffen. Nachdem wir nur noch eine Station in Monson und dann die Hundred Mile Wilderness nach Katahdin vor uns hatten, war die Wahrscheinlichkeit, im November noch Wanderer zu treffen, gleich Null.

Wollte ich aus egoistischen Motiven und um der Ehre willen, den ganzen Trail gegangen zu sein, weitermachen? War ein Versuch, es bis ans Ende zu schaffen, das Risiko wert?

Ich bat den Herrn, mir einen Fingerzeig zu geben. »Wenn es Dein Wille ist, daß wir die Wanderung hier abbrechen, laß es mich bitte wissen. Wenn wir weiter in Richtung Norden gehen sollen, laß es mich bitte auch wissen. Ich überlasse es Dir.«

Plötzlich war ich innerhalb von zwei Minuten von Kopf bis Fuß wieder warm. Normalerweise dauert es zwei Stunden, bis allein meine Füße wieder warm wurden. Ich hatte das Gefühl, daß diese Wärmewelle, die meinen Körper durchflutete, ein Zeichen Gottes war, daß wir die Wanderung fortsetzen sollten. Als ich zu Dave sagte, wir sollten meiner Meinung nach weitergehen, entgegnete er, er würde mir bis ans Ende folgen. Ich hatte keine Ahnung, wie wir es anpacken sollten, wußte aber, daß der Herr uns irgendwann eine Antwort geben würde.

Am Freitag, den 9. November, kamen wir nach Monson, wo wir die herzliche Gastfreundschaft der Besitzer des Shaw's Boarding House erlebten. 1978 hatten sie Wanderern ihre Tür geöffnet und sind inzwischen auf dem ganzen Trail zur Legende geworden. Schon seit Georgia freute ich mich darauf, sie kennenzulernen. Sie servierten uns riesige Portionen, und Keith würzte die Mahlzeiten mit Geschichten, bei denen ich lachen mußte wie schon seit Wochen nicht mehr.

Die beste Geschichte war Keiths Bericht von einem Wanderer, der ihr Frühstücksangebot »Iß, soviel du kannst« buchstäblich bis zur Gänze ausgekostet hatte. Um zu zeigen, was in ihm steckte, hatte sich der junge Mann insgesamt zwanzig Eier mit Schinken, ein ganzes Paket Krapfen, Toast, Kaffee, Orangensaft und mehr als einen Liter Milch einverleibt.

»Er wurde weiß wie ein Laken«, sagte Keith, »und klappte direkt neben dem Tisch zusammen. Zweieinhalb Stunden lag er da und kroch dann auf Händen und Füßen nach oben.« Der Wanderer blieb noch zwei Tage, um sich zu erholen, und ging, ohne einen weiteren Bissen zu sich zu nehmen, weiter.

Keiths Geschichte bestätigte die Meinung vieler Leute, daß der Ausdruck »verrückter Wanderer« eine Tautologie war!

Am ersten Abend lernten wir einen jungen Mann namens Al aus Illinois kennen. Er hatte Abol Bridge vor zehn Tagen verlassen und vorgehabt, den ganzen Trail bis Springer Mountain zu gehen. Er war jung und stark und besaß die allerneueste Ausrüstung, aber die Hundred Mile Wilderness hatte ihn davon überzeugt, daß man zu dieser Zeit in Maine nicht wandern konnte. Er berichtete, daß das Terrain sehr schwierig und der Trail mit umgestürzten Bäumen übersät sei. Manchmal hatte er nur mit Mühe den Trail finden können. Am nächsten Morgen wollte er nach Hause zurückkehren.

Wenn Dave und ich es zum Katahdin schaffen wollten, würden wir Rat und Hilfe brauchen – besonders bei der Hundred Mile Wilderness, dem abgelegensten und unzugänglichsten Teil des gesamten Appalachian Trail. Von Monson bis Abol Bridge kreuzte der A. T. nicht eine gepflasterte Straße und kam nicht einmal in die Nähe eines Telefons oder einer Stadt. Die meisten Führer empfehlen, einen Lebensmittelvorrat für mindestens zehn Tage mitzunehmen, da man nirgendwo einkaufen konnte.

Am Freitagabend rief ich Art Batchelder in New York an und machte von seinem Angebot Gebrauch, uns bei den letzten 160 km behilflich zu sein. AB war diesen Teil des Trails gerade gegangen und wußte genau, was einen erwartete. Als er am nächsten Tag kam, entwickelten wir einen Zeit- und Aktionsplan.

Art hatte einen Wagen mit Vierradantrieb und detaillierte Karten über die Holzfällerwege in der Hundred Mile Wilderness. Er sagte, das Gelände sei zwar abgelegen, aber zugänglich, solange es nicht übermäßig schneie. Wir vereinbarten für die nächsten zehn Tage sechs Treffpunkte, wo er uns mit Lebensmitteln versorgen und sich über unser Befinden informieren sollte. Wenn das Wetter lebensgefährlich wurde, konnte er uns zu einer nahegelegenen Stadt fahren und uns nach dem Ende des Unwetters wieder zum Trail zurückbringen.

Am Samstagabend kamen der Parkdirektor Buzz Caverly und sein Assistent Jean Hookwater von Millinocket und boten uns ihre Hilfe an. Ich war einfach überwältigt davon, wieviel Zeit und Mühe Buzz aufwendete, um mir dabei zu helfen, das Ende des Trails zu erreichen. Aber immer wenn ich ihm für etwas dankte, spielte er seinen Einsatz herunter und sagte: »Kleine Fische, Bill. Kleine Fische.«

Während des Essens übertrumpften Buzz und Keith Shaw sich gegenseitig mit Geschichten über Wilderer in den nördlichen Wäldern. Buzz schilderte halsbrecherische Verfolgungsjagden in einem '49er Ford V-8 über dunkle Felder, als er versuchte, die Wilderer auf frischer Tat zu ertappen. Keith konterte, indem er erzählte, wie er den Jagdaufsehern dadurch entwischt war, daß er sich in den unteren Zweigen dicker Nadelbäume versteckt hatte. Noch im Laufe des Abends kamen sie zu dem Schluß, daß sie bei mindestens einer Verfolgungsjagd jeweils auf der anderen Seite gewesen waren.

Buzz' Gegenwart war belebend. In seiner Stimme lag immer ein Lächeln. Baxter State Park war sein Leben, und er liebte es, Geschichten von früher zu erzählen. Als junger Förster hatte er einmal nicht weit von seiner Hütte eine Wasserpumpe aufgestellt und ein Schild angehängt, auf dem zu lesen stand: »Old Tracey's Quelle«. Die Pumpe war echt, aber nicht angeschlossen. Wenn die Wanderer sich beschwerten, die Pumpe funktioniere nicht, erklärte er ihnen, sie müßten das Wasser aus dem nahegelegenen See herbeipumpen. Das klappte natürlich auch nicht, und wenn sie sich die Mühe machten, den Holzkasten neben der Pumpe zu öffnen, fanden sie darin eine alte Sprungfeder und ein Schild: »Keep Smiling«.

Buzz hatte viel Spaß damit, bis eines Tages sein Vorgesetzter die Pumpe ausprobierte und schließlich frustriert den Kasten aufmachte. Er gab Buzz Bewährung. »Natürlich«, erzählte Buzz lachend; »dauerte meine Bewährung zehn Jahre!«

Als ich Buzz erzählen hörte, ging mir auf, wieviel er aufgegeben hatte, um 1982 Direktor des Baxter State Park zu werden. Seine Liebe galt Pfaden und Teichen, nicht Telefonen und Papierkram. Aber mehr als alles auf der Welt liebte er die zweihunderttausend Morgen, die der Park umfaßte und die Gouverneur Percival Baxter den Einwohnern von Maine als Erbe hinterlassen hatte. Buzz tat alles, um den Park als Wildnis zu erhalten, damit auch zukünftige Generationen ihre Freude daran haben konnten. Diese Aufgabe erforderte weit mehr Schreibtischarbeit, als ihm recht war, aber aus Liebe zur Sache nahm er sie auf sich.

Als wir mit dem Nachtisch fertig waren, kamen mehrere Jäger herein, die hier übernachten wollten. Buzz saß mit dem Rücken zur Tür, als sie eintraten, und Keith sagte: »Na, Jungs, habt ihr nicht Lust, ein paar Hirsche zu wildern?«

Sie antworteten mit einem Herzen kommenden »Und ob!«, als Buzz sich umdrehte und sie seine Dienstmarke sahen. »Wie geht's, wie steht's?« fragte er mit einem breiten Lächeln. Ich wäre vor Lachen fast vom Stuhl gefallen.

Viele Wanderer sagten, nichts sei in Maine so schwer, wie Shaw's zu verlassen. Wir blieben noch einen Tag und versuchten, alles für den letzten Kraftakt vorzubereiten. Unser Zeitplan sah für die Hundred Mile Wilderness ein Tagespensum von dreizehn bis sechzehn Kilometer vor. Das schien durchführbar, und ich war entschlossen, bis an die Grenze meiner Leistungsfähigkeit zu gehen.

Am Sonntagmorgen brachen Orient, Dave und ich auf, voller Optimismus und im Besitz einer Geheimwaffe, die wir in Monson erstanden hatten. Sie war so simpel, daß wir uns gar nicht erklären konnten, weshalb sie in keinem Führer erwähnt wurde. Jetzt hatten wir eine Möglichkeit, die Flüsse zu überqueren, ohne dabei naß zu werden.

Den ganzen Morgen wanderten wir bei gefrierendem Regen, passierten um die Mittagszeit den Wetterschutz Leeman Brook und marschierten weiter zu dem Holzfällerweg, wo wir uns mit Art treffen wollten. Gegen drei Uhr nachmittags verwandelte sich der Regen in dicke Klumpen nassen Schnees, und um vier Uhr standen wir oberhalb der Little Wilson Falls. Es fing bereits an zu dämmern, und immer noch lagen anderthalb Kilometer bis zu unserem Treffpunkt mit Art vor uns.

Der steile, felsige Pfad zum Fuß der Wasserfälle war mit Eis bedeckt, und erst nachdem ich einige Male hingefallen war, wurde mir klar, daß ich langsamer gehen mußte. Uns war ziemlich mulmig zumute, wie lange Art auf uns warten sollte. Wir hatten sogar davon gesprochen, daß wir bei schlechtem Wetter vielleicht am Wetterschutz von Leeman Brook haltmachen würden. Er konnte nicht wissen, wo wir waren oder wie lange er warten mußte.

Als wir die Furt am Little Wilson Stream erreichten, war es schon fast dunkel und Zeit für unsere Geheimwaffe. Dave und ich stiegen mit jedem Bein in Müllsäcke aus Plastik, die ein Fassungsvermögen von 135 Litern hatten, und banden sie so hoch wie möglich am Bein fest. Dann traten wir in das eisige Wasser. Wir dachten bereits daran, in der *Appalachian Trailway News* einen Artikel über unsere neue Technik der Flußdurchquerung zu schreiben. Aus Gründen, die mir bis heute unerklärlich sind, waren die Säcke sofort leck und boten überhaupt keinen Schutz. Meine füllten sich mit Wasser, so daß ich nicht nur den knietiefen Fluß durchqueren, sondern auch noch mit jedem Bein ca. achtzig Liter Wasser mitschleppen mußte. Wir gelangten heil ans andere Ufer, vergaßen aber die Wasserflaschen zu füllen, weil wir nur daran dachten, auf schnellstem Wege zu Art zu kommen.

Es war dunkel und schneite heftig, als wir die letzten achthundert Meter zum Holzfällerweg hochstiegen. Wir hofften natürlich, daß Art noch mit laufendem Motor und laufender Heizung auf uns wartete und wir für die Nacht ein warmes, trockenes Plätzchen finden würden. Aber als wir den Holzfällerweg erreichten, fand Dave frische Reifenspuren, doch keinen Art.

Es war unsere Schuld, weil wir ihm nicht genau gesagt hatten, wie lange er warten sollte. Es schneite immer noch, als wir das Zelt aufschlugen, die Müllsäcke auf unsere Rucksäcke legten und versuchten, aus einer sehr deprimierenden Situation das Beste zu machen. Dave stieg wieder zum Fluß hinab, um Wasser zu holen, kehrte aber zwanzig Minuten später mit leeren Händen zurück, weil er im Schnee die Orientierung verloren hatte und wußte, daß er nicht mehr klar denken konnte.

Da unsere vier Wasserflaschen leer waren und es offenbar in der Nähe kein Wasser gab, mußten wir uns mit getrockneten Früchten begnügen. Art hatte Orients Futter bei sich. Deshalb bekam Orient nur ein paar Plätzchen und lag dann zitternd mit uns im Zelt.

Im Laufe der Nacht wurde aus dem Schnee ein Sturzregen, und bald stellten wir fest, daß unser Zelt fünf Zentimeter hoch im Wasser stand. Das Kondenswasser, das zwei Männer und ein über siebzig Pfund schwerer Hund drinnen im Zelt erzeugten, entsprach fast der Regenmenge, die von draußen hereinsickerte. Es war eine der schlimmsten Nächte auf dem gesamten Trail.

Als wir am nächsten Morgen aufgefangenes Regenwasser erwärmen wollten, explodierte mein Kocher, weil Brennstoff ausgelaufen war. Orient jagte in großen Sprüngen aus dem Zelt und brachte sich in Sicherheit. Zum Frühstück mußten wir Müsli-Riegel essen. Die Plätzchen, die ich Orient anbot, lehnte er ab und benahm sich überhaupt etwas sonderbar. Als wir unser Zelt abbrachen und zusammenpackten, rollte er sich dreißig Meter von uns entfernt zusammen und weigerte sich, Wasser zu trinken oder sich sonstwie mit uns zu befassen. (Im Tageslicht hatten wir festgestellt, daß wir nur zwanzig Meter von einem Teich entfernt waren.)

Nachdem wir auf dem A. T.-Schild eine Nachricht für Art hinterlassen hatten – für den Fall, daß er zurückkehren sollte –, gingen wir los. Aus den Hügeln um uns herum schoß das Wasser heraus, als ob ein Riese darüber weggegangen wäre und sie mit einem spitzen Stab angestochen hätte. Oben auf dem Kamm war der Trail ein reißender Bach. An diesem Tag lagen Thompson Brook, Big Wilson Stream, Wilbur Brook, Vaughn Stream und Long Pond Stream vor uns. Vor zwei Wochen war eine Wanderin beim Durchqueren des Vaughn Stream von der Strömung umgerissen worden und fast den Wasserfall hinabgestürzt. Ich überließ wie gewöhnlich alles dem Herrn und bat Ihn, die Dinge so zu gestalten, wie Er sie haben wollte.

Beim Aufstieg zum Kamm glaubte ich jemanden rufen zu hören. Dave hatte nichts gehört. Eine Viertelstunde später hörten wir beide die Stimme – es war Art. Er hatte eine Thermosflasche mit heißem Kaffee und Schokolade bei sich und erklärte, was am Abend zuvor passiert war.

Wegen des vielen Wassers auf der Straße hatte er sein Fahrzeug stehenlassen und war die drei Kilometer zum Trail gelaufen. Dort hatte er bis eine Stunde nach Einbruch der Dunkelheit auf uns gewartet und war dann gegangen, weil er annahm, daß wir in dem Wetterschutz geblieben waren. Am Morgen hatte er versucht, eine alternative Strecke zum Holzfällerweg zu finden und war schließlich den gleichen Weg zurückgegangen.

Auf meine Frage nach den Reifenspuren sagte er, sechs Jäger hätten in einer Hütte übernachtet, die achthundert Meter von unserem Zeltplatz entfernt war. Hätten wir das nur gewußt!

Nach Arts Meinung konnten wir die Flüsse, die an diesem Tag vor uns lagen, auf keinen Fall überqueren. Wir sollten vielmehr dem alten A. T. entlang der Straße folgen und die Brücken benutzen. Als wir auf dem Weg zum Auto an der Hütte der Jäger vorbeikamen, luden sie uns zum Frühstück ein. Es gab Eier, Schinken und heißen

Kaffee, was ich auf einem Stuhl sitzend genoß, während ich meine Füße in den Ofen steckte. Luxus total.

Am nächsten Morgen waren wir wieder auf dem Trail, hatten diesmal aber einen besseren Treffpunkt mit Art für zwei Tage später ausgemacht. Ein heftiger Wind fegte über den Barren Mountain, so daß der alte Leuchtturm an seinen Kabeln riß wie ein angekettetes Tier. Nach einer fünfminütigen Pause in den Bäumen unterhalb des Gipfels zitterten wir vor Kälte.

Wir kamen kurz nach zwölf Uhr zum Wetterschutz von Cloud Pond und überlegten, ob wir hierbleiben oder lieber zum elf Kilometer entfernten Wetterschutz von Chairback Gap weitergehen sollten. Wenn wir zweieinhalb Kilometer in der Stunde schafften, könnten wir gegen fünf Uhr beim Chairback Gap sein, also ehe es vollständig dunkel wurde. Wir entschieden uns fürs Weitergehen, weil wir sonst nicht wußten, ob wir jemals bis zum Ende des Trails kommen würden.

Das Unwetter der vergangenen Nacht hatte eine zwanzig Zentimeter dicke Schneedecke auf der Barren-Chairback Range hinterlassen. In gewisser Hinsicht wurde uns dadurch das Gehen erleichtert, weil die Steine und Wurzeln nicht herausschauten. Aber auf den baumlosen Gipfeln waren die Trailmarkierungen auf den felsigen Boden gemalt, und der war jetzt unter dem Schnee verschwunden. Ohne Steinpyramiden oder Markierungen war es für Orient sehr schwer, den Trail zu finden. Doch durch Dave hatten wir ja wenigstens noch ein Paar Augen.

Um halb sechs machten wir unsere Stirnlampen an und entdeckten ein Schild mit dem Hinweis, daß es bis Chairback Gap noch sechs Kilometer waren. Hatten wir in den letzten fünf Stunden nicht mehr als fünf Kilometer zurückgelegt? Die Schilder mußten falsch sein!

Die Temperatur sank etliche Grade unter Null, und als wir auf den Third Mountain und Columbus Mountain zutrotteten, pfiff uns der Wind um die Ohren. Mehrmals verloren wir den Weg und gingen auf den baumlosen, schneebedeckten Gipfeln wieder zurück, bis wir den Trail wiederfanden. Abgesehen von zwei Tafeln Schokolade und etwas Dörrfleisch hatten wir den ganzen Tag nichts gegessen.

Als Dave eine Bemerkung darüber machte, wie töricht es sei, sich dieser lebensbedrohlichen Situation auszusetzen, fiel ich ihm ins Wort und sagte: »Ich bin bereit, das bis zum Katahdin jeden Tag zu tun, wenn es sein muß.«

Falls einer von uns allerdings einen bösen Sturz tat oder sich den Knöchel verstauchte, würden wir in ernste Schwierigkeiten geraten.

Ein paar Minuten später brach ich in dem dünnen Eis eines teilweise gefrorenen Sumpfes ein und versank bis zu den Knien. Die schneebedeckte Eisfläche hatte Orients Gewicht ausgehalten, aber unter meinem nachgegeben. Ich merkte, wie das kalte Wasser in meine Stiefel drang und meine Füße im Nu jedes Gefühl verloren. Am liebsten hätte ich sofort Halt gemacht, aber ich wußte natürlich, daß es Wahnsinn wäre, bei diesem Wind das Zelt aufzustellen. Wir mußten die Schutzhütte erreichen, wenn ich auch keine Ahnung hatte, wie lange ich noch gehen konnte.

Um halb acht lagen immer noch drei Kilometer vor uns. Der Schneeregen stach mir wie mit Nadeln ins Gesicht. Als ich stehenblieb, um nach Luft zu schnappen, spürte ich, wie sich der Trail unter mir bewegte. Da ich glaubte, daß mir schwindlig war, stützte ich mich mit der Hand an einen Baum und merkte, daß der Stamm von dem Sturm derartig hin und her gerissen wurde, daß die Wurzeln unter heftigen Schaukelbewegungen dabei waren, sich aus der Erde loszureißen. Wir hatten keine Wahl, wir mußten weiter.

Der Gedanke an die vorige Nacht ohne Wasser veranlaßte uns, neben einem Rinnsal stehenzubleiben. Um die festgefrorenen Verschlußkappen unserer Wasserflaschen zu lösen, mußten wir die Flaschen gegen einen Baum schlagen. In den Flaschen selbst war das Eis mehr als einen Zentimeter dick.

Um halb zehn taumelten wir schließlich in den Wetterschutz von Chairback Gap. Wir waren vierzehn Stunden ununterbrochen gegangen und hatten dabei achtzehn Kilometer zurückgelegt. Ich war nicht mehr in der Lage, den Reißverschluß einer Tasche aufzuziehen oder meinen Schlafsack vom Rucksack abzuschnallen.

Der Wind fegte mit einer Geschwindigkeit von knapp hundert Kilometern in der Stunde in die offene Seite des Wetterschutzes, so daß Dave seinen Rucksack vor den Kocher stellen mußte, als er heiße

Schokolade zubereitete. Obwohl ich zwei Tassen trank, wurde mir nicht warm.

Meine Finger waren taub und zu nichts zu gebrauchen. Ich konnte die Schnürsenkel meiner Stiefel nicht aufknoten, noch den Reißverschluß meines Schlafsacks aufmachen. Mir fehlte schon einer der fünf Sinne. Da ich nun auch noch das Tastgefühl und die Bewegungsfähigkeit meiner Hände eingebüßt hatte, war ich vollkommen hilflos. Dave half mir, die Stiefel auszuziehen und in den Schlafsack zu kriechen.

Wäre ich in jener Nacht allein gewesen, ich wäre gestorben.

Sogar in meinem Schlafsack zitterte ich noch eine Stunde lang weiter. Dave bereitete eine »yuppie«-Mahlzeit zu, aß die Hälfte und gab mir den Rest. Ich war so erschöpft, daß ich noch nicht einmal etwas essen wollte. Aber Dave zwang mich dazu: Das heiße Essen war genau das, was mein Körper brauchte, um Wärme erzeugen zu können. Eine Stunde vor Mitternacht fiel ich in einen erschöpften Schlaf.

Im Laufe der Nacht kam es durch den heftigen Wind und die bittere Kälte zu einer Verdunstungskälte von −37 Grad. Am nächsten Morgen waren unsere Schlafsäcke mit einer ein Zentimeter dicken Schneeschicht bedeckt. Obwohl Orient sich in der hintersten Ecke des Wetterschutzes zusammengerollt hatte, war auch er von oben bis unten weiß.

Nach dem Frühstück mußte ich meine Stiefel eine Stunde lang über dem Kocher auftauen, ehe ich sie anziehen konnte. Als wir schließlich alles gepackt hatten und uns auf den Weg machten, war es halb elf. Wir hofften, daß Art an der Straße wartete, die in einer Entfernung von acht Kilometern den Trail kreuzte. Tat er das nicht, würden wir weitere acht Kilometer auf der anderen Seite des Westarms des Pleasant River zum nächsten Wetterschutz gehen müssen. Denn auch wenn das Wasser uns nur bis zur Hüfte reichte, wäre es reiner Selbstmord, ihn in der lähmenden Kälte zu durchwaten.

Auf halbem Wege sagte ich laut: »Wir werden keine weiteren Flüsse bei diesem Wetter durchqueren. Ich glaube, der Herr möchte, daß wir den Trail zu Ende gehen, aber Er möchte auch, daß wir dabei Köpfchen beweisen.« Dave stimmte zu und Art auch, als wir ihn an St. Regis Road trafen.

Ehe ich Art von meinem Entschluß berichten konnte, bemerkte er: »Ich bin froh, daß ihr die letzten beiden Tage in diesem Wetter überstanden habt, aber ich muß euch etwas sagen. Wenn ihr darauf besteht, so weiterzuwandern wie jetzt, müßt ihr euch jemand anders suchen. Ich habe keine Lust, euch bei eurem sicheren Tod Hilfestellung zu leisten.«

18 In Seinem Sinne

Es war lange her, daß ich es mit so einer ehrlichen Kellnerin wie der im K. C.'s Place zu tun gehabt hatte. Als ich sie fragte, ob die Pommes frites fett seien, antwortete sie: »Natürlich. Sie sind in schwimmendem Fett gebacken. Da *müssen* sie doch fett sein!«

Die meisten Cafeteria-Angestellten tun gern so, als ob ihre gebratenen Sachen kaum mit Fett in Berührung kommen. Für einen Wanderer bedeutete Fett jedoch Kalorien und Energie. Und so bestellte ich eine große Portion Pommes und Zwiebelringe zu meinem Cheeseburger.

Es war Wochen her, daß ich so gute Pommes gegessen hatte.

Ich saß mit mehreren Leuten an der Theke und fragte sie, ob es in der Nähe irgendwelche Hotels gäbe. Sie sagten nein, meinten aber, daß wir eine Pension in Brownville Junction anrufen sollten, drei Kilometer von hier. Art versuchte es, aber keiner nahm ab.

Wir brauchten nichts Großartiges, nur ein Dach über dem Kopf, wo wir übernachten und uns überlegen konnten, wie wir die restlichen Kilometer zum Katahdin angehen sollten. Es war der zwölfte November, und ich konnte immer noch kein genaues Datum für das Ende meiner Wanderung angeben. Meine Familie und meine Freunde von der Kirche mußten Reisepläne machen, und ich wollte die Presse informieren. Am dringendsten war aber, daß ich mir klar darüber wurde, wie wir in der bitteren Kälte weiter nach Norden gehen sollten, ohne Flüsse und Bäche durchqueren zu müssen. Da es keine Motels gab, würde uns die Kirche in Brownville Junction vielleicht im Keller schlafen lassen. Fragen kostete nichts. Die Sonne war fast schon untergegangen, als wir beim Pfarrhaus der United Methodist Church anklopften. Rev. Ron Chaffee hatte nichts dagegen, mußte es aber erst mit den Mitgliedern des Kirchenrats abklären. Er lud uns zu Kaffee und Kuchen ein und hängte sich ans Telefon.

Der Kuchen schmeckte vorzüglich, und Ron erzählte, daß er von der »Lebensfeier« stammte, die er gestern für ein Mitglied der Kirche abgehalten hatte. »Was Wort ›Beerdigung‹ habe ich nie leiden können«, sagte er, »deshalb nenne ich es Lebensfeier. Wenn ein Christ stirbt und zum Herrn eingeht, ist er lebendiger, als er es je gewesen ist.«

Ich mochte den Pfarrer auf Anhieb.

Eine halbe Stunde später war alles klar, und er brachte uns in den Keller der kleinen Kirche. Als wir durch die Küche gingen, machte Art auf einen Zeitungsartikel aufmerksam, der an eine Schwarze Tafel gepinnt war: »Orient-Express auf dem Wege zum Katahdin.« Ron erzählte, ein Kind von der Sonntagsschule habe die Wanderung eines blinden Mannes und seines Hundes auf dem Appalachian Trail verfolgt. Mitten im Satz brach er ab, und ich glaube, daß er erst jetzt begriff, daß *ich* dieser Mann war.

Abends breitete Art seine Karten auf dem Küchentisch aus und umriß die Probleme, wie er sie sah. Nach dem Wetterbericht würde es weiterhin kalt bleiben, um und unter Null. Teile des Gulf Hagas Trail würden wahrscheinlich wegen der letzten Stürme unter Wasser stehen. Am Ostarm des Pleasant River war eine größere Furt ohne Zugang zur Straße. Wenn wir den Trail gingen, mußten wir durch. Unter den augenblicklichen Bedingungen war das aber nahezu unmöglich. Flüsse und Zuflüsse zu Seen, die sonst nur kleine Rinnsale waren, konnten uns jetzt leicht bis zur Taille reichen.

Art entwickelte einen Plan, nach dem wir ungefähr achtzig Kilometer auf alten Holzfällerwegen zurücklegen konnten, um dann fünfzig Kilometer vor dem Katahdin wieder auf den Trail zurückzugelangen. Wenn wir die Holzfällerwege in etwas mehr als zwei Tagen schafften und auf dem Trail täglich sechzehn Kilometer gingen, könnten wir am 19. November am Daicey Pond sein. Mir schien das die einzige vernünftige Lösung, und wir beschlossen, am nächsten Tag aufzubrechen.

Während Art im Pfarrhaus ein paar Telefonate erledigte, besuchte uns Ron mit einer Sonntagsschullehrerin, die ein Foto von Orient und mir machen wollte, um es den Kindern am nächsten Sonntag zu zeigen. Seit August hatten sie unseren Weg aufmerksam verfolgt und jede Woche für uns gebetet. Ron erzählte mir von den jungen Leuten in der Kirche und wollte wissen, ob wir vielleicht am nächsten Sonntag wiederkommen und am Gottesdienst teilnehmen könnten. Wenn wir es irgendwie einrichten könnten, würden wir kommen, sagte ich.

Vor dem Abendessen lasen wir Hebräer, Kap. 13, 1 und 2:

Bleibet fest in der brüderlichen Liebe. Gastfrei zu sein vergesset nicht; denn dadurch haben etliche ohne ihr Wissen Engel beherbergt.

Ich kam mir zwar nicht vor wie ein himmlisches Wesen, wußte aber, daß Ron und Sue und ihre Gemeinde demnächst einigen Engeln begegnen würden, denn ihre Türen und ihre Herzen waren offen.

In dieser Nacht legte ich meinen Schlafsack auf einen langen Tisch, den die kleineren Kinder bei der Sonntagsschule benutzten. Orient rollte sich auf einer kleinen Matte unter dem Tisch zusammen und stieß einen tiefen Seufzer aus, ehe er einschlief. Ich lauschte dem Wind, der an den Fenstern rüttelte, und dankte dem Herrn für die Menschen in dieser Kirche, die drei Fremde und einen Hund in ihrem Keller schlafen ließen.

Am nächsten Morgen setzte Art uns ab, nachdem er uns eine ganze Latte von Anweisungen gegeben hatte, wo wir auf den nächsten dreißig Kilometern auf der schneebedeckten Straße abbiegen sollten. An manchen Stellen würde ein Schild darauf hinweisen, daß es eine Strecke für Schneemobile sei. An anderen Stellen müßten wir die Entfernung schätzen und die Kreuzung wählen, die wir für die richtige hielten. Garantieren konnte man für gar nichts. Er versprach, uns bei Sonnenuntergang abzuholen und brauste los, um etwas in der Stadt zu erledigen.

Gegen Mittag kamen wir zu einem völlig vereisten Stück und hielten an, um unsere Steigeisen anzulegen. Durch die kleinen

Stahlnägel unter unseren Stiefelabsätzen waren wir in der Lage, ein gleichmäßiges Tempo beizubehalten. Ohne sie wären wir die ganze Straße entlanggeschliddert und nur mit Mühe die Hügel rauf und runter gekommen.

Es war ein Wunder, daß wir diese Steigeisen überhaupt hatten. Am Abend des 1. November war ich im Stratton Inn gewesen, nachdem ich bei der Hütte des Feuerwarts auf Bigelow Mountain »gerettet« worden war. Dave hatte herausbekommen, wo ich war, und von Newark, New Jersey, aus angerufen, um unser Treffen auf dem Trail endgültig festzulegen. Während ich mit ihm sprach, sagte Peter Martel zu mir: »Bitte Dave, zu Campmor zu gehen und ein paar Steigeisen zu besorgen.«

Am nächsten Morgen fuhr Dave im New Yorker Berufsverkehr zu Campmors Hauptgeschäft in Paramus, New Jersey. Ich hatte ihn gebeten, Steigeisen für den ganzen Fuß zu besorgen, aber er kaufte Steigeisen nur für den Absatz – es waren die letzten beiden Paare im Geschäft. Dann raste er die Autobahn entlang, um seinen Flug nach Bangor zu erwischen.

Als wir an jenem Nachmittag zu dieser vereisten Strecke kamen, hatten wir also die Steigeisen bei uns. Sie waren genau das, was wir brauchten. Steigeisen für den ganzen Fuß hätten für Orient eine enorme Gefahr dargestellt, da ich ihm so dicht auf den Fersen folgte, daß ich mehrmals am Tag mit meinem linken Fuß auf seine rechte Hinterpfote trat.

Mir fiel dabei die Geschichte ein, die Peter Putnam erzählt hatte. Ein Blinder war mit den todbringenden Stahlnägeln auf die Pfote seines Blindenhundes getreten. Obwohl der Hund sofort zum Tierarzt gebracht worden war, war er verblutet. Hackensteigeisen verringerten somit die Gefahr für Orient, aber sicherheitshalber ging ich langsamer und hielt größeren Abstand zu ihm.

Am späten Nachmittag überquerten wir den Ostarm des Pleasant River. Ich blieb einen Augenblick auf der alten Holzbrücke stehen und lauschte dem Wasser, das unten über die Steine schäumte. Wir standen an der richtigen Stelle – oben drüber, nicht mittendrin. Und so klang das Wasser auch. Bis halb fünf waren wir fünfunddreißig Kilometer gegangen, aber von Art war nichts zu sehen. Wir hätten vom letzten Mal noch wissen sollen, daß immer etwas schiefgehen konnte, waren auf diese Möglichkeit aber nicht eingerichtet. Wir hatten unsere Rucksäcke zurückgelassen und nur Wasser und einen leichten Lunch bei uns. Keiner von uns besaß ein Streichholz, um ein Feuer anzuzünden. Solange wir uns bewegten, blieben wir warm, aber nach fünfunddreißig Kilometern reichte es uns.

Kurz vor Einbruch der Dunkelheit hörte Orient ein Geräusch hinter uns, und schon bald warfen die Scheinwerfer von Arts Jeep ihr Licht über den Hügel. Wieder einmal waren wir vor den Folgen unserer eigenen Dummheit bewahrt geblieben. Art entschuldigte sich, daß er etwas zu spät kam, und reichte uns eine Thermoskanne mit heißem Kaffee. Er war an dem Tag über dreihundert Kilometer gefahren und hatte viele Telefongespräche geführt, um sicherzustellen, daß die nächsten Tage nach Plan abliefen. Dieser Art war ein echter Mainer!

Ganz gleich, wo Orient im Jeep saß, es gelang ihm immer, seinen Kopf auf Arts Schoß zu legen. Die beiden waren große Freunde. Orient schlief sofort ein, als Art uns zu einem wunderschönen Haus mit tief heruntergezogenem Dach am Lower Jo-Mary Lake fuhr, wo Buzz Caverly uns für die Nacht Quartier besorgt hatte.

Kaum waren wir dort, schlang Orient sein Essen hinunter und blieb wie ein Sack Kartoffeln auf dem Teppich liegen. Ich genoß den ungewohnten Luxus, meine Stiefel ausziehen und meine Füße neben einem warmen Ofen ausstrecken zu können.

Sollte ich in Wirklichkeit jetzt in irgendeinem Wetterschutz liegen und langsam den Erfrierungstod sterben, so wollte ich aus diesem Traum jedenfalls nicht mehr erwachen.

Am nächsten Tag bewältigten wir dreißig Kilometer, die Hälfte davon mit Hilfe der Steigeisen. Abends besuchten uns Buzz und seine Frau Jan und brachten »Pizza und Soda« mit. Von Millinocket, wo sie wohnten, bis zu uns war es eine lange Fahrt, aber Buzz behauptete auch diesmal wieder, daß es nur »kleine Fische« seien. Reporter, Carolyn, Freunde vom Trail und meine Kinder hatten angerufen. Offenbar hatte er den ganzen Tag am Telefon verbracht, um alles für das Ende der Wanderung zu arrangieren – falls es je kommen sollte.

Nachdem Buzz und Jan weggefahren waren, fand ich in meiner Essensbox eine Kassette mit der Aufschrift: »Briefe an Bill Irwin«, die Schüler der dritten und vierten Klasse in Burlington geschrieben und ein Freund auf Band gesprochen hatte.

Die Briefe waren eine Wucht. Das größte Vergnügen bereitete mir der Brief eines kleinen Mädchens. »Ich bin froh, daß du mit dem Trail fast fertig bist«, schrieb sie. »Es macht bestimmt keinen Spaß, 30 000 Kilometer zu gehen.«

Sie war der erste Mensch, der einen Begriff davon hatte, wie lang mir der Trail vorkam.

Die Lehrerin erzählte, ihre Lieblingsfrage sei die eines kleinen Jungen, nämlich: »Wenn er blind ist, wie weiß er dann, daß er bis ans Ende des Trails gekommen ist?« Sie konnte ihm darauf keine Antwort geben, und ich war mir nicht sicher, ob ich es können würde.

Ich wußte aber, daß wir am nächsten Tag wieder auf dem Appalachian Trail sein würden und nur noch gute vierzig Kilometer zu gehen hatten. Ich könnte es bis Thanksgiving schaffen, wenn, wie Keith Shaw es ausdrückte, »der Herr es will und der Teufel nichts dagegen hat«.

Wieder einmal war jedoch alles nicht so einfach, wie ich es mir vorgestellt hatte. Am nächsten Morgen bogen wir in Arts Jeep falsch ab und fuhren anderthalb Stunden durch die Gegend, bis wir endlich den Pollywog Stream fanden. Offenbar war es mein Los, spät zu starten, obwohl wir uns immer so anstrengten, früh aufzubrechen. Mit jeder Stunde, die wir morgens verloren, wurde die Wahrscheinlichkeit größer, daß wir auch noch nach Einbruch der Dunkelheit unterwegs waren, und dazu hatte ich nicht die geringste Lust.

Die beiden Tage auf den Holzfällerwegen hatten mich verwöhnt. Auf den ersten drei Kilometern neben dem Rainbow Stream jammerte ich über die Steine, die Wurzeln und die Erosion. Nachdem ich mich ausgejammert hatte, brauchte ich mir nur noch darüber Sorgen zu machen, wie wir den Fluß überqueren sollten.

Im Wetterschutz von Rainbow Stream machten wir Lunchpause, und Dave las mir aus dem Gästebuch vor. Die letzten Eintragungen von Wanderern in Richtung Norden waren drei Wochen alt. *AB Positive, Mr. Maulwurfpelz, Mitternachtsexpreß, Kreuzfahrtkontrolle* und *Daddy Langbein* hatten sich auf dem Weg zum Katahdin in kurzen Kommentaren hier verewigt. Von Al, dem jungen Mann, den wir bei Shaws kennengelernt hatten, stammte die letzte Eintragung. Er hatte hier am 31. Oktober allein übernachtet und schwärmte in den höchsten Tönen von seiner Wanderung in Richtung Süden.

Im Winter sehen die Dinge in Maine schnell anders aus!

An dem Tag, als wir Monson verlassen hatten, waren drei Wanderer vom Katahdin aus in Richtung Süden gegangen, entschlossen, mehr als dreißig Kilometer pro Tag zu gehen und Lebensmittel für nur fünf Tage mitzunehmen. Alle Führer warnen davor, Lebensmittel für weniger als zehn Tage zu berechnen. Zu viele Dinge konnten schiefgehen. Als das Trio in fünf Tagen vierundsechzig Kilometer zurückgelegt hatte, wanderte es zu einem Holzfällerweg und rief Keith Shaw an, er solle sie abholen.

Vor der Schutzhütte stand eine riesige Birke. Als ich die Hand auf den Stamm legte, mußte ich laut lachen. Irgend jemand hatte eine elektrische Steckdose mit einem Plastikdeckel in den Stamm montiert. Das erinnerte mich an das Telefon in der Schutzhütte von Jerry Cabin in Tennessee, dessen Schnur aus einem Balken herauskam. Alle Wanderer wußten, daß das Telefon nicht funktionieren konnte, konnten aber der Versuchung nicht widerstehen, den Hörer abzunehmen, um sich davon zu überzeugen.

Zehn Meter unterhalb des Wetterschutzes führten zwei eisbedeckte Baumstämme über den schnell dahinströmenden Rainbow Stream. Wer es hier eilig hatte, konnte schnell naß werden und in Schwierigkeiten geraten. Orient lief alleine hinüber, während ich mich auf Händen und Füßen auf die andere Seite schob. Vor vielen Monaten hatte ich zu Warren Doyle gesagt, ich würde notfalls nach Maine kriechen. Jetzt sollte er mich mal sehen!

Ein poetischer Wanderer hatte geschrieben: »In Maine ist Lady Winter schön und verführerisch, aber unzuverlässig. An einem Tag flüstert sie dir eine zärtliche Einladung ins Ohr und schenkt dir ein schnelles, sonniges Lächeln. ›Komm‹, lockt sie, ›wir wollen uns amüsieren.‹ Am nächsten Tag wendet sie sich von dir ab, wird eisig, zornig und hochmütig. Flirte mit ihr, wenn du magst, mach ihr den Hof, wenn du willst. Liebe sie, wenn du mußt. Aber trau ihr nicht. Niemals.«

Der Rainbow Lake hatte einen Eisrand, als wir nachmittags um ihn herumgingen. Wieder einmal hatte Buzz in der Wildnis eine Unterkunft für uns gefunden, und eine Stunde vor Dunkelheit erreichten wir Rainbow Camps. Der Campingplatz war zwar für Wanderer geschlossen, doch die Besitzer boten uns liebenswürdigerweise eine Hütte für die Nacht an. Herb und Lynne Stufflebeam, das Hausmeisterpaar, begrüßten uns. Zwei Manager luden Dave und mich zum Abendessen ein, an dem auch noch ein anderer Wochenendgast teilnahm. Wenig später genossen wir Elchsteaks, Grillhähnchen, warme Brötchen und gefüllte Zucchini. Zum Nachtisch servierte Lynne einen frischgebackenen Apfelkuchen. Das hier sollten Entbehrungen sein? Das zweite riesige Stück konnte ich nur noch mit schlechtem Gewissen verputzen.

Wir wurden schnell gute Freunde, als sie mir Fragen stellten, weshalb ich die Wanderung machte und wie Orient und ich die schwierigen Abschnitte des Trails gemeistert hatten. Als ich ihnen sagte, daß ich ohne die Hilfe des Herrn keinen einzigen Schritt hätte tun können, antwortete der eine mit stockender Stimme: »Ich weiß genau, was du meinst.«

Dann erzählte er mir, daß seine schöne neunzehnjährige Tochter sich langsam von den schweren Gehirnschäden erholte, die sie sich vor einigen Monaten bei einem Verkehrsunfall zugezogen hatte. Die Gnade Gottes und die Hilfe und die Gebete von hunderten von Leuten hätten seiner Familie Kraft gegeben. Seine Bereitschaft, mir, einem vollkommen Fremden, diese sehr persönliche Geschichte zu erzählen, rührte mich tief.

Am 17. November brachten wir den letzten Abschnitt der Hundred Mile Wilderness hinter uns und gingen bei Abol Bridge über den Penobscot River, wo Art uns erwartete, um uns nach Brownville Junction zu fahren. Dort wollten wir am nächsten Tag am Gottesdienst teilnehmen. Rev. Ron Chaffee hatte mich gebeten, in der Kirche zu den Kindern zu sprechen, und ich hatte beschlossen, ihnen zu erzählen, wie man auf dem Pfad des Lebens seinen Weg fand.

Am Samstagabend luden Tom und Nancy Belvin uns in ihrem Haus in Brownville Junction ein und verwöhnten uns mit einem echten Südstaaten-Essen. Da Tom vor seiner Ehe mit Nancy in Birmingham, Alabama, gelebt hatte, konnten wir uns in vielen Erinnerungen ergehen. Nancy servierte mir eine Schüssel mit gebratenem Okra, so daß ich mir wie zu Hause vorkam.

Als Orient und ich am nächsten Morgen in der Kirche aufstanden, kicherten die Kinder. Wahrscheinlich war es das erste Mal, daß sie einen Hund in der Kirche sahen. Ich hielt eine weiße Markierung auf einem Stück Papier hoch und erklärte ihnen, wie die Wanderer auf dem Appalachian Trail den Markierungen an den Bäumen und Steinen folgten. Mehr Anweisungen brauchte man nicht, um von Georgia nach Maine zu gelangen.

»Was mußte man tun, um auf dem Trail zu bleiben?« fragte ich dann. Alle wußten die Antwort: Die Markierungen finden und sich danach richten. Wenn jemand diese weiße Markierungen jedoch ignorierte, würde es ihm übel ergehen, sagte ich. Dann fragte ich: »Wäre es nicht herrlich, wenn es eben so leicht wäre, unseren Weg im Leben zu finden? Man brauchte nur den Markierungen von einem Punkt zum anderen zu folgen.«

Sie stimmten zu, und ich sagte ihnen, daß Gott den Weg für uns markiert hatte – Seine Markierungen fanden sich in der Bibel.

Für die Kinder war das vollkommen klar. Wenn wir die Bibel lesen, aber ihre Botschaft ignorieren, geht es uns schlecht. Aber wenn wir Gottes Wort folgen und danach leben, führt Er uns auf Seinem Pfad zum ewigen Leben.

Ich besuchte die Kinder während des Sonntagsschulunterrichts, und sie freuten sich darüber, Orient zu sehen und ihn immer wieder an sich zu drücken. Orient war genauso glücklich. Als sie für uns sangen, stellte ich überrascht fest, daß es Weihnachtslieder waren. Einen Monat vor Ostern hatte ich mit meiner Wanderung begonnen, und jetzt sangen diese Kinder von den Hirten, die ihre Herden in der Nacht bewachen. Ich dachte an den einen Nachmittag, als ich den Herrn gefragt hatte, ob es nicht an der Zeit sei, mit dem

Wandern Schluß zu machen, weil ich keine Leute mehr treffen würde. Er hatte mir geantwortet: »Geh weiter.« Denn Er wußte, wen ich noch alles treffen würde. Ich hätte es nicht planen können, aber wie bisher auf dem Trail hatte Er es auf Seine Weise geschehen lassen.

19 Die wahre Geschichte

Am Montag, den 19. November, war ich um halb sechs wach und wunderte mich, weshalb ich nicht schlafen konnte. Am Daicey Pond waren Art, Dave und ich von einigen Freunden in Empfang genommen worden, und wir planten, an jenem Tag zwölf Kilometer in südlicher Richtung von Daicey nach Abol Bridge zu gehen. Vom Verstand her wußte ich, daß nur noch insgesamt sechzehn Kilometer auf dem Trail vor mir lagen. Gefühlsmäßig war ich hin und her gerissen zwischen dem Wunsch, die Wanderung abzuschließen, und der Erkenntnis, daß ein unwiederholbares Kapitel meines Lebens sich dem Ende näherte.

So viele Gedanken gingen mir durch den Kopf. Ich dachte viel an die Indianer, die den Trail vor mir gegangen waren. Ich dachte an *Pamola*. Und ich dachte an Thoreau, der viermal versucht hatte, den Katahdin zu besteigen. Es war ja ganz unglaublich, daß ich es geschafft hatte und Thoreau nicht!

Und ich dachte auch darüber nach, daß es jetzt vorbei war. Ein kleines Stück lag noch vor mir, und das würde ich gemeinsam mit vielen anderen Leuten gehen. Wieder einmal staunte ich darüber, daß ich alle diese Leute in der letzten Woche kennengelernt hatte, wo ich doch davon ausgegangen war, daß der Teil »Menschenbegegnung« auf dem Trail zu Ende war.

Meine Gedanken wanderten zu den Menschen und den Stationen auf dem Trail zurück.

In Damascus, Virginia, hatte ich mich mit einer jungen blinden Frau unterhalten, die einen Blindenhund beantragt hatte. Unser Gespräch hatte ihr auf die Frage Antwort gegeben, wieviel Unabhängigkeit ihr die Anschaffung eines Blindenhundes schenken würde. Ich war einmal in der gleichen Situation gewesen und kannte die Zweifel und Ängste, die ihr auf der Seele lagen. Ihr Mut und ihre Risikobereitschaft, den Horizont ihres Lebens zu erweitern, rührten mich.

Großen Mut hatte mir auch Bob Barker gemacht, der an MS leidet und trotzdem den A. T. dreimal auf Krücken von Anfang bis Ende gegangen ist. In dem Dokumentarfilm *Five Million Steps* (Fünf Millionen Schritte) sah man, wie er mit seinem Rucksack die Berge hochkletterte, während er davon sprach, wie sein Glaube ihm die Kraft zum Weitergehen gab. Immer wenn ich mich einen steilen Abstieg hinunterkämpfte oder über ein Geröllfeld ging, fragte ich mich, wie Bob Barker es bloß geschafft hatte. Das hatte mich davor bewahrt, noch mehr zu jammern, und mich in dem Willen bestärkt, weiterzumachen.

Nach meiner Ansicht brauchten Wanderer, die den ganzen Trail gingen, immer wieder Aufmunterung und Unterstützung, denn es war unmöglich, sich geistig und körperlich auf sechs Monate Trail-Leben vorzubereiten. Einem künftigen Wanderer von den Qualen des Trails zu erzählen, war ungefähr das gleiche, wie wenn man einer Frau in ihrer ersten Schwangerschaft erzählte, daß die Geburt etwas unbehaglich sein würde.

Die Leute, die mir unterwegs ihre Güte und ihr Interesse bewiesen hatten, waren nicht zu zählen. Waren es hunderte? Zweitausend? Manchmal war es nur ein Händedruck, eine Umarmung, ein Wort der Anerkennung oder des Dankes an Orient und mich gewesen. Ein kaltes Getränk, ein Apfel, eine Fahrt in die Stadt konnte das größte Geschenk für uns sein. Wenn wir bei einem Gottesdienst willkommen geheißen wurden und an Familienmahlzeiten teilnehmen durften, kehrten wir dankbar und mit neuem Mut auf den Trail zurück.

Gegen acht meldete sich knackend das Funksprechgerät mit der vertrauten Stimme von Buzz Caverly. Er war auf dem Weg zu uns, und ich wußte, daß ich mich beeilen mußte. Meine Familie und einige Freunde von der Kirche trafen nach und nach im Big Moose Inn außerhalb von Millinocket ein, um am Mittwoch den Sieg mit mir zu feiern. Leute von der Presse hatten mehrere Zimmer gemietet und eine Satellitenschüssel für die Übertragung von Fernsehinterviews anmontiert. Buzz und seine Leute arbeiteten achtzehn Stunden am Tag, um das Kommen und Gehen im Baxter Park zu koordinieren. Allmählich wurden die Dinge ein wenig verrückt.

Als Carolyn Starling kam, hielten wir uns fünf Minuten lang in den Armen, ehe sie aufhörte zu weinen. Fast neun Monate lang war sie die erste gewesen, die freudige und traurige Erlebnisse auf dem Trail mit mir geteilt hatte. Wir hatten zwar jede Woche miteinander gesprochen, aber es war sechs Monate her, seit wir uns zuletzt gesehen hatten. Ich wußte nicht genau, ob sie weinte, weil sie sich freute, mich zu sehen, oder weil sie erleichtert war, daß sie von nun an ihre Abende nicht mehr am Telefon verbringen mußte.

Ohne ihre Tatkraft und Unterstützung hätten Orient und ich es niemals geschafft.

Während der Wanderung hatten die Reporter ihre Aufmerksamkeit auf Orient und mich konzentriert, aber ich wünschte, ich hätte sie davon überzeugen können, daß hinter der eigentlichen Story hunderte von Leuten standen, deren Namen und Gesichter nie Schlagzeilen machen würden. Sie waren es, die mich ermutigt hatten weiterzumachen und die durch ihre Arbeit und ihre Gebete dazu beitrugen, daß ich nicht aufgab. Ich hatte ein phantastisches Team in North Carolina gehabt und ein weiteres, das sich auf dem gesamten Trail verteilte. In jedem Staat hatte Gott mein Vertrauen in Ihn gestärkt und meinen Glauben an die Menschen erneuert.

Und dann war da Orient. Was für ein Beispiel selbstloser Liebe er gegeben hatte! Er lebte, um zu führen, und fand seine Freiheit in dem Führgeschirr, durch das er das Beste, was er hatte, jemand anders gab. Das war ein weiteres Teil in dem Puzzle, aus dem meine Wanderung sich zusammensetzte.

Ein Tierarzt aus dem Ort nahm bei Orient eine gründliche Untersuchung vor und erklärte, daß er in ausgezeichneter Verfassung sei. Die Gerüchte von seinem schlechten Gesundheitszustand und sogar von Mißhandlungen hatten trotz regelmäßiger Untersuchungen und Pflege die ganze Wanderung begleitet. Jetzt würden diese Gerüchte ein Ende haben, und Orients Leistung würde hoffentlich im rechten Licht erscheinen.

Ich dachte an den Abend vor zwei Jahren, als Orient und ich The Seeing Eye zum ersten Mal als Team verlassen hatten. Auf dem Weg nach Hause machten wir in Washington D. C. Station, um Freunde zu besuchen, denen ich Sailor, meinen früheren Blindenhund, gegeben hatte. Sailor hatte wegen eines Rückenproblems aufhören müssen. Er konnte immer noch gehen und war ein wunderbares Haustier, aber nicht mehr imstande, die schweren körperlichen Leistungen, die einem Blindenhund täglich abverlangt wurden, zu erfüllen. Es war ein wenig ungewöhnlich, Orient in das Haus zu bringen, in dem Sailor lebte, aber ich mußte diesen Besuch machen.

Ich hatte Sailor vor drei Monaten das letzte Mal gesehen, aber er erkannte mich natürlich sofort. Nach unserer Begrüßung sah er mich und dann Orients Führgeschirr immer wieder an, und ich konnte mir genau vorstellen, was in seinem Kopf vorging. War ich gekommen, um ihn zu holen? Würden wir nach Hause gehen? Wer war dieser andere Hund?

Als die anderen sich nach dem Abendessen vor dem Fernseher versammelten, um sich ein Fußballspiel anzusehen, nahm ich Orient das Führgeschirr ab und bat einen der anderen, ihn an die Leine zu nehmen. Dann rief ich Sailor und ging mit ihm nach draußen, wo ich ihm Orients Führgeschirr anlegte. Überrascht merkte ich, wie Leben in ihn kam. Wir gingen in der kalten Luft die Straße runter, und ich merkte, wie er sich freute, wieder arbeiten zu dürfen.

Als er mich um einen niedrig hängenden Zweig herumführte, lobte ich ihn: »Sailor, was für ein tüchtiger Junge du bist!« Er streckte den Kopf hoch in die Luft und führte sich auf, als wäre er der wichtigste Hund der Welt.

Nach einem Spaziergang von ungefähr drei Kilometern traten wir wieder ins Haus, wo ich ihm zum letzten Mal das Führgeschirr abnahm. Durch ein Führgeschirr, das viele Hunde als Gefängnis empfinden würden, hatte Sailor den Sinn seines Lebens wiedergefunden. In einer Rolle, die manche als unterwürfig bezeichnen würden, hatte er sich wirklich frei gefühlt.

Buzz und seine Leute fuhren mehrmals über die vereisten Straßen in den Park, um zu kontrollieren, ob alle heil angekommen waren. Gegen zehn Uhr vormittags machten wir uns auf den Weg nach Abol Bridge. Die Leute, die den Zug anführten, unterhielten sich, lachten und folgten dabei – ganz typisch – dem falschen Trail. Als Orient immer langsamer ging, fragte ich, ob jemand eine weiße Markierung sähe. Und siehe da, wir befanden uns auf einem blau markierten Seitenpfad. Wir mußten vierzig Meter zurückgehen, schafften es aber von nun an, auf dem A. T. zu bleiben.

Ein schlecht gelaunter Himmel ließ den ganzen Tag Schneeflokken auf uns herabfallen. Der Lunch lief nach dem gewohnten Muster Schwitzen-Stehenbleiben-Frieren ab, so daß ich schnellstens weiterwollte. Als wir zum Katahdin Stream kamen, empfing uns eine Masse weißen wogenden Wassers. Zum Glück hatte jemand eine L-förmige Brücke aus Baumstämmen errichtet, die zu unserem Pech aber alle mit einer Eisschicht bedeckt waren. So dauerte es fast eine Stunde, bis alle drüben waren. Orient weigerte sich strikt, durch den Fluß zu schwimmen. Erst als alle auf der anderen Seite waren, konnte ich ihn mit guten Worten rüberlocken. Wieder einmal erlebte ich, daß es schlechterdings unmöglich war, sich auf dem Trail zu langweilen.

Al Dale und ein Fernsehteam von ABC begleiteten uns auf den letzten drei Kilometern dieses Tages. Bei einem Interview in dem kleinen Laden in Abol Bridge fragte Al mich: »Welche Botschaft willlst du den Menschen mit deiner Wanderung vermitteln?« In Wirklichkeit stellte er mir dadurch aber wieder nur die Frage: »Was ist der Sinn des Ganzen?«

Was für eine Frage! Sie erinnerte mich an die Fragen bei den Preisausschreiben, die den Cornflakes-Schachteln in meiner Kindheit beigelegt waren. Die Antwort des Siegers mußte originell, klar und kreativ sein – und aus fünfundzwanzig Worten oder weniger bestehen.

Was der Sinn des Ganzen war? Welche Botschaft ich geben wollte?

Ich holte tief Luft und sagte: »Der Sinn des Ganzen ist, daß Jesus Christus am Kreuz für unsere Sünden gestorben ist und daß Er uns durchs Leben führen und uns helfen will, wenn wir an Ihn glauben und uns Ihm überantworten.«

Das war höchstwahrscheinlich nicht die Antwort, die Al sich gewünscht hatte, und ich zwar mir ziemlich sicher, daß sie sie in der Nachrichtensendung der ABC nicht gebrauchen konnten. Aber eine andere Antwort konnte ich ihm nicht geben.

Wenn ein Mensch ja zu Gott sagt und bereit ist, Ihm zu folgen, wird Gott diesem Menschen dabei helfen, auf Seinem Pfad zu bleiben. Was Gott auf dem Appalachian Trail für mich getan hatte, zeigt nur, was Er nur zu gern für jeden tun möchte, der einen Schritt nach dem anderen mit Ihm gehen will. Mir schauderte, wenn ich daran dachte, wie leicht ich alles hätte verlieren können.

20 Am Ziel

Am nächsten Morgen beschlossen wir, uns den ganzen Tag zu erholen. Als wir am Mittwoch, den 21. November – einen Tag vor Thanksgiving –, aufwachten, war der Himmel klar und blau, ein richtiger »Carolina-Himmel«. Es herrschte eine Temperatur von ungefähr Null Grad, und über dem eisbedeckten Daicey Pond erhob sich in der Ferne der Katahdin mit seiner Schneekrone.

»Nudeln zum Frühstück« klang gut, denn Haferbrei kriegte ich einfach nicht mehr runter, nicht einmal am letzten Tag der Wanderung. Ich wußte zwar nicht genau, was ich von nun an essen würde, aber ich konnte mir die Sachen vorstellen, die auf meiner Speisekarte ganz unten stehen würden. Ich hatte das Frühstücksgeschirr noch nicht einmal abgewaschen, als schon die Leute herbeiströmten.

Ich ging nach draußen und sprach mit den Leuten von NBC und einer CBS-Station in Bangor. Die Fragen kamen in Wellen:

»Freuen Sie sich darauf, Ihre Wanderung zu beenden? Was für ein Gefühl ist es, es geschafft zu haben? Werden Sie den Trail vermissen? Was war der schwerste Teil? Welche große Wanderung planen Sie als nächstes? Den Pacific Crest Trail? Den Continental Divide? Was hält Orient von all dem?«

Während ich mit den Reportern sprach, checkten Buzz und seine Leute, ob alle Teilnehmer gut angekommen waren. Gegen zehn Uhr brachen wir auf, um die letzten vier Kilometer zu gehen.

Es war herrlich, die Stimmen meiner Familienangehörigen zu hören, die tausende von Kilometern gekommen waren, um diesen Tag gemeinsam mit mir zu verbringen. Fünfzehn Mitglieder meiner Kirche hatten eine sechsunddreißigstündige Autofahrt von Burlington auf sich genommen, um den Trail mit mir zu beenden und Gottes Treue zu feiern. Mir fehlen die Worte, um zu beschreiben, was ihre Anwesenheit an diesem Tag für mich bedeutete.

Alles in allem müssen sich an die hundert Menschen auf diesem kleinen Abschnitt des Trails gedrängt haben. Eine Gruppe von Pfadfindern half den Leuten dabei, auf Steinen zwei Flüsse zu überqueren. Hinter mir schwoll das Stimmengewirr an oder ab, je nachdem, ob die Menschen sich unterhielten oder vor der Schönheit um sie herum verstummten.

Ungefähr zwanzig Meter vor der Ziellinie in Katahdin Stream Campground bat Buzz mich, mit Orient zurückzubleiben, während die anderen vorausgingen. Ich glaube, es war richtig, daß Orient und ich die letzten Meter so zurücklegten, wie wir angefangen hatten, nämlich nur wir beide und Gott, der Herr.

Ich hatte das Gefühl, als ob wir den Countdown in einem Spiel erlebten, bei dem wir den Sieg schon lange in der Tasche hatten. Beim Startschuß würde ein paar Augenblicke lang geschrien werden, aber die wahre Befriedigung würde darin liegen, auf den gesamten Wettkampf zurückzublicken und sich an all die zu erinnern, die zu dem Sieg beigetragen hatten.

Ich kraulte Orient am Kopf und fragte mich, was in ihm vorging. Ahnte er, daß das Ende nahe war? Ohne ihn zu sehr vermenschlichen zu wollen, war ich mir doch einer Sache sicher: Orients Sinn für Freude und Leistung orientierte sich einzig und allein an mir. Er führte mich aus Liebe, nicht aus Pflichtgefühl. Sein Sieg lag in der Treue, wenn er sich jeden Morgen bereitwillig das Führgeschirr anlegen ließ und mich sicher den Trail entlangführte.

Ich konnte mir nicht vorstellen, daß ich mich einem anderen Hund je so nahe fühlen würde wie Orient. Gott hatte ihm die Fähigkeit zur Liebe und Loyalität gegeben, und die hatte er mir zugute kommen lassen. Der Trail hatte uns zu einem Team zusammengeschweißt, und ich war stolz, ein Teil des *Orient-Express* zu sein.

Orient ging zügig über die schneebedeckte Straße. Er hatte offenbar das Gefühl, daß wir sicheren Boden unter den Füßen hatten, und so marschierten wir in langen Schritten. Als wir uns der Menge näherten, fingen die Leute von meiner Kirche an zu singen, und Orient verlangsamte seinen Schritt. Alle stimmten in den ersten Vers von *Amazing Grace* mit ein, und dann herrschte Stille.

Ich zog an Orients Führgeschirr, damit er noch langsamer ging. Je näher wir der Ziellinie kamen, desto mehr wollte ich den Augenblick auskosten. Wie jeder andere Wanderer hatte ich den Wunsch, daß die Wanderung ein Ende fand, aber nicht, daß sie aufhörte. Doch jetzt lag sie wider aller Erwartung, trotz aller Unkenrufe, dank all der Liebe und all der Gebete, hinter mir.

Orient ging wieder schneller und richtete sein Augenmerk auf den Katahdin, als die Stimmen in der Menge ihn zum Stehen brachten:

»Das Schild ist links von dir! Du hast es geschafft! Du bist da!«

Orient ging nach links und führte mich zu dem vertrauten Holzschild, meinem letzten auf dem Appalachian Trail. Tiefe Stille trat ein, als ich die Hand ausstreckte, das Schild berührte und auf die Knie fiel.

Es war unglaublich, es war geschafft.

Orient lag neben mir, als ich versuchte, Gott dafür zu danken, daß er mir auf meiner Wanderung beigestanden und mich bis ans Ende geführt hatte. Doch anstelle von Wörtern bildete sich nur ein Kloß in meiner Kehle. Unterwegs hatte ich dem Herrn tausende von Malen für jeden Sturz, jeden Engel und jedes Gebet eines Freundes gedankt. Doch jetzt mußten meine Tränen Ihm dafür danken, daß die Wanderung beendet war und ich die Freude hatte, meinen Weg mit Ihm fortzusetzen.

Als ich aufstand, begannen der Jubel und die Umarmungen. Ich empfand es als eine große Ehre, daß ich von den Menschen, die ich am meisten liebte, umgeben war.

Meine Frage: »Wohin gehen wir jetzt?« deuteten manche als eine wichtige philosophische Frage.

In Wirklichkeit wußte ich aber, daß Buzz Erfrischungen mitgebracht hatte, und ich hatte Hunger. Da es technisch gesehen immer noch ein Wandertag war, brauchte ich heute noch nicht normal zu essen!

An jenem Tag war so viel los, daß ich einfach keine Zeit hatte, darüber nachzudenken, was es bedeutete, daß ich die Wanderung beendet hatte.

Glückwünsche und Erinnerungsfotos folgten, und dann stiegen wir in einen Lieferwagen, um die dreißig Kilometer zum Big Moose Inn zu fahren. Vielleicht fand ich nach der Pressekonferenz am Nachmittag und dem Festessen am Abend Zeit zur Entspannung. Vieleicht würde es aber auch viel länger dauern, als ich ahnte, bis ich wieder Zeit zur Entspannung fand.

Während der Fahrt sagte mir jemand, Orient sitze aufrecht und schaue aus dem Rückfenster. Das tat Orient sonst nie. Sobald er in einem Auto oder in einem Laster war, legte er sich auf den Boden und rührte sich nicht mehr. Wußte er, daß alles vorbei war? Spürte er, daß unsere Tage auf dem Trail zu Ende waren? Vielleicht begriff er besser als ich, was wir hinter uns ließen.

Orient schaute aus dem Rückfenster, bis wir das Tor des Baxter State Park passiert hatten und auf einer gepflasterten Straße weiterfuhren. Dann legte er den Kopf nach unten, schloß die Augen und kreuzte die Pfoten.

Ich hatte den Appalachian Trail hinter mir.

Letzten Endes handelt es sich bei meiner Geschichte um eine ganz einfache Sache.

Im fünfzehnten Kapitel des Evangeliums nach Lukas steht das Gleichnis vom verlorenen Sohn. Ich hatte achtundvierzig Jahre gebraucht, um zur Besinnung zu kommen und zu sagen: »Ich will mich aufmachen und zu meinem Vater gehen.« Als ich das tat, empfing mich Gott, verzieh mir und öffnete mir die Augen.

Auf jedem Schritt, den ich auf dem Appalachian Trail tat, konnte ich Seine Gnade und Sein Erbarmen erkennen. Er ist der einzige Grund, daß wir es bis ans Ende geschafft haben.

21 Rückblick

Ich glaube, in den letzten Tagen auf dem Trail waren mir hunderte von Gedanken über meine Wanderung durch den Kopf gegangen, wenn ich eigentlich auch nicht viel Zeit hatte, über ihren tieferen Sinn nachzudenken.

Die Frage, die mir von anderen am häufigsten gestellt wurde, lautete: »Welchen Sinn sehen Sie darin?«

Damals konnte ich die Frage nicht beantworten. Ich wußte nur, daß die Wanderung auf dem A. T. meinen Glauben, meine körperliche Verfassung und mein Verhältnis zu anderen Menschen verändert hatte.

Andere Wanderer hatten mir prophezeit, ich würde mich so sehr auf die Bedingungen des Trails einstellen, daß meine Anpassung an die andere Welt – die richtige Welt, wo es Thermostate, Lichter, Schalter und Telefone gab – schwierig sein würde. Damals glaubte ich ihnen nicht.

Aber jetzt.

Die meisten Wanderer betrachten ihre Tage auf dem Trail als einen der wichtigsten Abschnitte in ihrem Leben. Sie stellen Alben aus Fotos, Gedichten und Tagebucheintragungen zusammen und erzählen jedem, der bereit ist zuzuhören, stolz ihre Geschichten. Kinder und Enkel schlafen bei den lebendigen Schilderungen der Abenteuer auf dem A. T. langsam aber sicher ein.

In der Erinnerung eines Wanderers wird diese Investition von Zeit, Energie und Geld, die viele Leute für verrückt halten, unter der Rubrik Pflicht und Freiheit eingeordnet. Das sind die voneinander untrennbaren Prinzipien, die diesem großartigen Unternehmen zugrundeliegen.

So war es jedenfalls bei mir. Auf einer über dreitausend Kilometer großen Leinwand hatte Gott ein atemberaubendes Bild der Freiheit gemalt, die aus der Pflicht, Seinen Weg zu gehen, resultierte. Ich war immer noch ziemlich neu darin, dem Herrn zu folgen, und hoffte, daß ich die Lehren und die Menschen des Appalachian Trail nie vergessen würde. Ich glaube, ich bin jetzt toleranter als früher. Nach der großen Bandbreite von Erfahrungen, die ich auf dem A. T.

gemacht habe, können Kleinigkeiten mich jetzt nicht mehr so irritieren. Im großen Kontext betrachtet sind sie eigentlich unbedeutend. Nchdem ich mit so vielen verschiedenen Menschen in jeder nur möglichen Umgebung auf engstem Raum zusammengelebt habe, habe ich gelernt, andere Verhaltensweisen zu tolerieren.

Ich habe mich mit Menschen ausgesöhnt und Neues gelernt. Darunter waren Dinge, von denen ich nicht wußte, daß ich sie wissen mußte.

Es ist mir klar, daß ich einen anderen Weg, einen anderen Trail, eine andere Strecke hätte gehen oder vielleicht etwas vollkommen anderes hätte machen können. Es hätte überall sein können, es hätte alles mögliche sein können. Der A. T. war nur ein Vehikel. Er war da, um Ereignisse zu ermöglichen, die sonst nie passiert wären. Viele Dinge geschahen in mir. Manche Ereignisse, manche Strapazen, manche Stunden der Einsamkeit führten dazu, daß ich neue Wege im Denken und Glauben beschritt. Der Trail zwang mich, mich mit Dingen zu beschäftigen, um die ich mich sonst nie gekümmert hatte. Das war mein Weg gewesen. Und ich habe jetzt viel mehr Vertrauen, nicht nur zu mir selbst, sondern auch zu Orient.

Die Monate auf dem Trail stärkten meinen Glauben. Oder vielleicht erneuerten sie ihn. Auf der Rückfahrt erkannte ich, wieviel mehr ich den Menschen jetzt wieder vertraute. Es hatte Zeiten in meinem Leben gegeben, in denen ich sehr zynisch gewesen war. Während der Monate auf dem A. T. hatte ich sehr, sehr positive, warme und tröstliche Erfahrungen mit Menschen gemacht. Auf dem ganzen Weg hatte ich großartige Menschen kennengelernt.

Die Schmerzen, die Einsamkeit, die Strapazen, die Kälte und die Hitze vermisse ich nicht. Das eigentliche Wandern hat mir nie Spaß gemacht. Dazu fühlte ich mich nur verpflichtet. Meine Entscheidung war es nicht.

Aber es gibt Nächte, in denen ich wieder auf dem Trail bin. Ich liege in einem Schlafsack und atme die kühle, erfrischende Luft ein, höre Orient im Gebüsch herumschnüffeln, rieche den Wald, und schon bin ich wieder da!

Dann erwache ich aus dem Halbschlaf und stelle fest, daß ich nicht da draußen bin – ich hatte nur geschlafen und von dem Appalachian

Trail geträumt. Und in dem Augenblick packt mich wieder eine große Traurigkeit.

Vielleicht vermisse ich ihn ja mehr, als ich weiß.

Vermißt Orient ihn? Wenn wir wieder einmal wandern, auch nur für kurze Zeit, ist Orient so begeistert, wenn er den Trail sieht, daß er ganz aus dem Häuschen gerät. Er ist förmlich außer sich. Die ersten beiden Stunden auf dem Trail kann er es nicht aushalten, er möchte immer nur voran, voran, voran. Nach meiner Ansicht ist er dem Wandern verfallen.

An vielen Tagen muß ich den ganzen Tag am Telefon sitzen, was für Orient langweilig ist. Er will nach draußen und rennen, in den Wald gehen und – so glaube ich – noch einmal die Dinge erleben, die wir auf dem Trail erlebt haben. Er würde sofort auf den Trail zurückkehren. Augenblicklich. Er hat den Appalachian Trail nicht vergessen.

Orient hat eine Entwicklung durchgemacht. Erst mochte er nicht wandern, dann lernte er allmählich, Gefallen daran zu finden. Aber im Unterschied zu den meisten Menschen, die sich schwer umgewöhnen, fiel ihm der Übergang vom Führhund in der Stadt zum Führhund auf dem Trail und wieder zurück leicht.

Ob ich den Trail empfehlen würde? Ich weiß es nicht. Der A. T. birgt viele Risiken. Es ist ein ungeheures Risiko, sich sechs Monate seines Lebens freizumachen und ein ganz anderes Leben zu führen. Aber das größte Risiko ist die Rückkehr. Ich habe erlebt, daß Wanderer, die mir ans Herz gewachsen waren, Schwierigkeiten hatten, in dieser »richtigen« Welt wieder Fuß zu fassen. Ich habe sogar von Leuten gehört, die sich das Leben nahmen, weil sie mit ihrer alten Welt nicht mehr zurechtkamen. Andere haben mir erzählt, daß sie wandern müssen, daß sie versuchen müssen, den »Zauber des Trails« wiederzufinden. Doch ich sage ihnen, daß der Rückzug zum Trail ihre Probleme nicht lösen wird.

Ich habe gerade an einer Konferenz der Appalachian Long Distance Hiker's Association (Verband der Fernwanderer in den Appalachen) in Pipe Stem, West Virginia, teilgenommen. Viele Leute, mit denen ich dort gesprochen habe, suchen immer noch nach denselben Dingen, die sie vor ihrer Trail-Wanderung zu finden hofften. Und als sie sie dort nicht fanden, wanderten sie einen anderen Trail oder verbrachten sechs Monate auf dem Grund des Grand Canyon.

Ich verstehe gut, wie man in diese Falle gehen kann, vor allem solche Menschen, für die der Trail nicht so strapaziös ist wie für mich. Der Trail bietet eine gute Fluchtmöglichkeit vor der Realität. Hinzu kommt das Erlebnis der »Familienzusammengehörigkeit« der Wanderer und der »Zauber des Trails«. Aber zu erwarten, daß die Wildnis Probleme lösen wird, die man zu Hause nicht gelöst hat, ist unrealistisch. Manchmal ist es leichter, Teil einer Gemeinschaft zu sein, die sich über dreitausend Kilometer bewegt, als sich zu Hause ernsten persönlichen Problemen und Fragen zu stellen und eine Lösung für sie zu finden.

Als Familienberater weiß ich, daß sie sich für den A. T. nur Zeit nehmen, um die Probleme zu lösen, die sie lösen wollen, aber nicht können.

Mein Rat an solche Leute: »Die Antwort findest du nicht auf dem Trail. Die findest du nur in *dir*. Du kannst dir auch oben auf dem Mount Katahdin nicht entfliehen. Du bist immer noch da. Ich kenne nicht alle Antworten und werde sie auch nie kennen. Aber das eine weiß ich: Um dich selbst zu finden, brauchst du nicht den Appalachian Trail. Du mußt mit deinen Problemen in der Welt kämpfen, die du zurückgelassen hast.«

Ich glaube, dieses Buch macht klar, wo ich meine Antwort gefunden habe.

Bill Irwin, 1992

Nachwort von Carolyn Starling

Unvergeßliche acht Monate

Ich lernte Bill Irwin vor etwas längerer Zeit nach einem Sonntagabendgottesdienst kennen. Bei diesem ersten Treffen redeten und lachten wir unheimlich viel, und er kam mir vor wie der große Bruder, den ich mir schon immer gewünscht hatte. Weil er blind war, hatte ich das Gefühl, daß er mich so akzeptierte, wie ich war. Es war schön, mit jemandem zu sprechen und sich dabei keine Sorgen machen zu müssen, ob er der Unterrock rausguckte oder die Wimperntusche verschmiert war.

Als ich mich bereit erklärte, die Aktivitäten von Bills Team in der Kirche zu koordinieren, glaubte ich, daß es damit getan war, Nahrungsmittel einzupacken, Post zu beantworten, und hin und wieder einen Anruf entgegenzunehmen, falls ein Notfall eingetreten war. Aber als Bill mich nach nur vier Tagen auf dem Trail von Neel's Gap aus anrief, fragte ich mich, ob ich nicht schon bis zum Hals in der Sache drinsteckte.

Bill brauchte einen neuen Skistock, weil er seinen in dem Lieferwagen eines Freundes vergessen hatte. Ob ich ihm einen besorgen könnte und ihn durch *United Parcel Service* in Fontana Dam schikken lassen könnte? Sechsundzwanzig Pfund Kleidung und Ausrüstung, die er nicht brauchte, waren auf dem Wege zu mir. Ob ich die Sachen aufbewahren und ihm etwas schicken könnte, wenn er es brauchte? Außerdem legte er noch ein Dutzend Zettel mit verschiedenen Namen bei. Könnte ich dafür sorgen, daß diese Leute das Rundschreiben bekämen, in dem er von seiner Wanderung erzählte, oder eine Bibel, oder eine Antwort auf ihre Fragen? Als ich auflegte, drehte sich mir der Kopf, und ich wußte überhaupt nicht, wo ich anfangen sollte. Als Bill Hot Springs, North Carolina, erreichte, war ich seine Pressesekretärin geworden und nahm wöchentlich acht bis zehn Anrufe von Reportern entgegen. Nachdem ein Artikel in *USA Today* erschienen war und *ABC* in *World News Tonight* einen Bericht gesendet hatte, bekam ich dreißig Anrufe täglich.

Bill ging dazu über, fast jeden Wunsch nach einem Interview an mich weiterzuleiten, so daß ich die offizielle Informationsstelle für alle wurde, die eine Frage hatten oder mit ihm in Kontakt kommen wollten. Oft saß ich nach meiner Arbeit bis elf Uhr nachts am Telefon, in der einen Hand einen Bleistift, in der anderen eine Tasse Kaffee. Das *Appalachian Trail Data Book*, das jede Schutzhütte, jede Straßenkreuzung und jeden Berggipfel auf dem gesamten A. T. aufführt, wurde mein ständiger Begleiter.

Bill auf dem Trail aufzuspüren, war eine Kunst, keine Wissenschaft, und manche Leute wurden ungeduldig, wenn ich ihnen nicht genau sagen konnte, wann und wo er zu finden war. Ich konnte nicht mehr tun, als ihnen eine ungefähre Vorstellung davon zu geben, wo er sein mochte, und ihnen dann sagen: »Wenn der Herr will, daß Sie ihn finden, werden Sie es auch tun.« Als ein Fernsehproduzent mir sagte, das genüge ihm nicht, ärgerte ich mich und antwortete: »Tut mir leid, mein Freund, aber das *ist* genug.«

Als die Anfragen und Anrufe immer mehr wurden, sagte Bill zu mir, ich könne jederzeit aufhören. »Hör zu«, sagte er, »du hast einen Mann und zwei Kinder zu Hause und bist außerdem noch voll berufstätig. Sowohl das eine als auch das andere ist wichtiger als das, was ich tue.«

Ich lachte und sagte, Gott habe mich zu dieser Aufgabe berufen, genau wie Er ihn dazu berufen habe, den Trail zu begehen. Bill widersprach nicht, wiederholte aber, wenn es mir zu viel würde, solle ich Schluß machen.

Mein schlimmstes Erlebnis begann mit einem ominösen Anruf. Eines Morgens im Juni rief ein Reporter an und fragte, ob mit Bill und Orient alles in Ordnung sei. Ich antwortete, so weit ich wüßte, gehe es ihnen gut, und erkundigte mich dann vorsichtig: »Haben Sie irgendeinen Grund, das Gegenteil anzunehmen?«

Er druckste ein wenig herum, bis er schließlich damit rausrückte, er habe gehört, daß Bill in einen Unfall verwickelt sei. Ich dankte ihm für sein Interesse und rief sofort Laurie Peele in der ATC-Zentrale in Harper's Ferry an. Laurie sagte, sie könne keine offizielle Auskunft geben, wenn ich aber Fragen stellen wollte, würde sie sie beantworten.

»Ist Orient verletzt?« fragte ich.

»Viel schlimmer«, antwortete Laurie.

»Ist Bill verletzt?«

»Schlimmer«, sagte Laurie wieder.

Schließlich hatte ich genug gehört, um daraus zu entnehmen, daß eine zuverlässige Quelle berichtet hatte, Orient sei schwer verletzt und Bill tot. Ich konnte jetzt nichts weiter tun als aufhängen und abwarten, ob das stimmte.

Es hatte keinen Sinn, jemand anders anzurufen, und es gab auch nichts, was ich in diesem Fall tun konnte. Ich betrachtete das Foto mit Bill und Orient, das an der Wand meines Büros hing, und bat den Herrn, Bill zu grüßen, wenn er sich bereits bei Ihm befände. Danach fing ich an zu weinen.

Die Leute, die Bill gut kannten, hatten immer im Scherz gemeint, daß er es entweder ganz bis nach Katahdin schaffen oder bei dem Unternehmen umkommen würde. Da ich immer schwarzsehe, fand ich das gar nicht komisch. Schwere Verletzungen oder der Tod waren ja wirklich Möglichkeiten, mit denen Bill täglich rechnen mußte. Schon sehende Wanderer brachen sich das Bein, zogen sich eine Unterkühlung zu und verirrten sich unentwegt. Wenn Bill und Orient sich verletzt hatten, als sie alleine wanderten, konnte viel Zeit vergehen, bis jemand zufällig vorbeikam und ihnen helfen konnte. Für mich war es fast am allerwichtigsten, den *Orient-Express* Gottes Händen anzuvertrauen und Ihm die Verantwortung für seinen Schutz zu überlassen.

Sechs Stunden nach dem Anruf, der mir einen solchen Schock versetzt hatte, klingelte das Telefon, und Bill Irwin war dran. Er sagte, daß die Berichte von seinem Tod enorm übertrieben seien und daß es ihm gutgehe. Ja, das Sterben hatte sich an dem Tag für ihn ganz schön gelohnt. Als er zu einer Forststation kam, wollte eine Suchmannschaft sich gerade auf die Suche nach seiner Leiche machen. Während sie herauszufinden suchten, wo und weshalb die Gerüchte aufgekommen waren, bekam Bill Lunch, zwei Liter Eiscreme und so viele kalte Getränke, wie er herunterbrachte, zum Nulltarif serviert. Er fragte, ob wir nicht in regelmäßigen Abständen Berichte über seinen Tod lancieren könnten.

»Bill Irwin«, sagte ich, »wenn du wieder stirbst, bringe ich dich um!«

Mit den nächsten Meldungen über seinen Tod – und es gab mehrere – wurde ich leichter fertig.

Man kann getrost sagen, daß der *Orient-Express* der Mittelpunkt unserer Familie wurde. Es verging nicht ein Tag, an dem wir nicht an die beiden dachten und für sie beteten. Mein Mann, Bill Starling, ist ein begabter Komponist und Sänger. Er schrieb einen wundervollen Song, den er *Maker of Mountains* (Schöpfer der Berge) nannte, und sang ihn zum ersten Mal mit einem Quartett in unserer Kirche. Der Text hat sich in meinem Gedächtnis unauslöschlich eingeprägt:

Ein blinder, müder Wanderer schleppt sich den Pfad entlang.
Der Weg ist steil und steinig, an jeder Biegung wird ihm bang.
Doch ich muß weiter, immer weiter, muß künden nur von Ihm,
der mich schützt und rettet, bis am Ziel ich bin.
Wenn deine Berge nicht enden, und du stolperst und fällst,
sehen blinde Augen Seine Pracht, hören taube Ohren Seinen Ruf.
Und scheint der Weg auch dunkel und traurig
und du bist am Ende deiner Kraft,
sieh zu dem Schöpfer der Berge und dem Herrn, der alles schafft.

Mein ganzes Leben lang habe ich das Gefühl gehabt, im Dienste Gottes weniger nützlich zu sein als andere. Ich kann nicht singen, vor Gruppen sprechen oder viel Geld spenden. Ich war deshalb ganz überrascht, als ich ein Gefühl der Nützlichkeit darin entdeckte, Bill zu helfen. Das zwang mich aus meiner bequemen Ecke, brachte mich zum Beten und zum kreativen Denken.

Am Anfang der Wanderung hatte ich den Leiter der Postämter in den Kleinstädten am Trail geschrieben und sie darauf aufmerksam gemacht, wie wichtig diese Lebensmittelkartons, die ich ihnen geschickt hatte, für Bill waren. Später erfuhr ich, daß einige Überstunden gemacht hatten, um sicher zu sein, daß Bill seine Lebensmittel bekam, wenn er den Ort passierte. Es war das erste Mal in meinem Leben, daß ich Gott gebeten hatte, mich als Hilfe für einen anderen Menschen zu gebrauchen, und dann solch eine unmißverständliche Antwort erhalten hatte.

Bill Irwin ist einer der wunderbarsten Menschen, die ich kenne. Er ist gütig, sensibel, mitfühlend, humorvoll und Gott auf eine herrlich praktische Weise ergeben. Es gibt niemanden, den ich mehr respektiere als ihn.

Bill hatte drei kurze Antworten auf eine Menge Fragen, die die Leute ihm auf dem Trail stellten: »Bete.« »Vertraue dem Herrn.« »Sprich mit Carolyn.«

Die letzte Antwort schenkte mir die interessantesten acht Monate meines Lebens.

Mehr über Orient

Die meisten Leute begnügten sich nicht mit einer Frage über Orient. Sie wollten wissen, wie alt er war, wie lange ich ihn schon hatte, was er aß, wo er schlief und wie es ihm gelang, den Trail zu finden.

Und ich wollte wissen, wie er es schaffte, daß ihn die Frauen so oft an sich drückten.

Orient wurde am 6. Juni 1987 in der Hundezucht der Organisation *The Seeing Eye* in Mendham Township, New Jersey, geboren. Er war einer von zwei Rüden in einem Wurf von sieben Welpen.

Der Name seiner Mutter war Lilac. Nach Aussage von Dr. Marion Jerszyk, der Leiterin des Zwingers, war Lilac eine der intelligentesten Schäferhündinnen, die sie je dort gehabt hatten. Als die Welpen ein paar Tage alt waren, wollte eine Angestellte des Zwingers sie wiegen. Sie legte die Welpen in einen Korb, verriegelte die Tür zu Lilacs Ställchen und ging die Halle runter zur Waage. Einige Augenblicke später spürte die Frau, wie etwas ihre Beine streifte, und als sie nach unten sah, stellte sie fest, daß Lilac, die Schnauze am Korb, neben ihr herging. Lilac hatte den Riegel zur Seite geschoben und war ihrem Nachwuchs nachgeeilt.

Als die Welpen am nächsten Tag untersucht und geimpft werden sollten, passierte das gleiche. Lilac war der einzige Hund, den sie je gehabt hatten, der den Riegel an seinem Ställchen zur Seite schieben konnte.

Orients Vater hieß Mozart. Er war ein großer, hübscher Hund mit einer außergewöhnlichen Persönlichkeit und einem goldigen Wesen, Charakterzüge, die er regelmäßig an seine Nachkommen weitergab.

Alle Würfe der *Seeing-Eye*-Welpen trugen ihren Namen nach einem Buchstaben des Alphabets, je nachem, wann der Wurf im Laufe des Jahres zur Welt kam. Dementsprechend hieß Orients Bruder Obi, und die Namen seiner Schwestern waren Odessa, Olivia, Ongi, Oprah und Ottie.

Die ersten beiden Monate seines Lebens verbrachte er im Zwinger und wurde regelmäßig auf den weitläufigen Rasen und die Spielwiese der Welpen gebracht. Er meisterte die kleinen Hindernisse sofort und muß, da bin ich sicher, alle mit seiner Geschicklichkeit beeindruckt haben. (Der Zwinger liegt oben auf einem Hügel in einer ruhigen ländlichen Gegend in dem wunderschönen Washington Valley. Ich nehme an, daß er von Anfang an ein Berghund war.)

Im Alter von neun Wochen kam Orient zu einer tierlieben Familie auf dem Lande, die in einem Nachbarstaat lebte, und für das nächste Jahr übernahm ein Kind aus der Familie die Verantwortung für ihn. Es brachte ihm bei, auf seinen Namen zu hören, lehrte ihn die elementaren Hundemanieren und machte ein Gehorsamkeitstraining mit ihm. Außerdem lernte er, mit anderen Hunden und Menschen in unterschiedlichen Situationen zusammenzusein. Vor allen Dingen aber lernte er, viel Liebe zu geben und zu empfangen.

Ich habe keine Ahnung, wer die Familie war, die sich um Orient kümmerte, oder wo sie wohnte. *The Seeing Eye* wahrt klugerweise die absolute Anonymität der Familien, die die Welpen großziehen.

Seine allerschwierigste Zeit erlebte Orient ganz sicher, als er seine Familie verlassen mußte und in das Trainingscenter von *The Seeing Eye* in Morristown kam. Ich kann es nur damit vergleichen, daß ich als Erwachsener aus meinem gemütlichen, ruhigen Haus ausziehen und in ein Studentenwohnheim umziehen müßte. Nachdem er eine enge Bindung an diese Familie entwickelt hatte, mußte es eine traumatische Erfahrung für ihn sein, wieder mit einem Haufen Hunde zusammenleben zu müssen.

Da ich Orient kenne, weiß ich, daß er erstmal eine lange Ruhepause vor seiner nächsten Trainingsphase einlegte. (Ich glaube, er kann immer und überall schlafen.)

Sein faules Leben endete, als sein Unterricht begann. Zwölf Wochen lang war Orient mit zehn Hunden und einem Lehrer vom *Seeing Eye* in der Klasse. Er lernte, im Führgeschirr zu ziehen und auf die wesentlichen Kommandos zu hören: »voran«, Suchweg links«, »Suchweg rechts«, »komm«, »bring«, »langsam«, »Platz« und andere. Er ging viele Kilometer auf den Bürgersteigen von Morristown auf den nahegelegenen Landstraßen mit seinem Trainer Doug Bohl.

Wenn Orient kein Führgeschirr trug, wurde er wie jedes andere Haustier behandelt und mit Liebe und Zärtlichkeit überschüttet. Aber wenn das Führgeschirr über seinen Kopf und seine Schultern gezogen wurde, veränderte sich seine Haltung, und er wurde ganz geschäftsmäßig. Er wurde ernst, er wollte gern laufen und den Lehrer sicher um die Hindernisse an den verschiedensten Schauplätzen herumführen.

Orient ist mein dritter Blindenhund. Am Tag vor Thanksgiving 1988 schlossen wir unser Training am *Seeing Eye Center* ab. Seit dem Tage, an dem wir uns kennenlernten, sind wir enge Freunde.

Zu Orients Aufgaben gehörte es, einen Mann verstehen zu lernen, der in Alabama aufgewachsen ist, in North Carolina lebte und so sprach, wie er es in New Jersey noch nie gehört hatte. In den Südstaaten ist »Platz« ein zweisilbiges Wort. Er stellte sich jedoch recht geschickt an und hatte schon nach einem Mal begriffen, daß ich einen Hundekuchen hinter meinem Rücken versteckte, wenn ich ihn fragte: »Möchtest du ein Plätzchen?«

Ich habe noch nie einen Hund erlebt, der über solch eine Skala von Ausdrücken verfügte. Er kann auf die verschiedenste Weise grunzen und knurren und damit seine Meinung zu allem und jedem kundtun. Ich bin immer wieder überrascht, wie er seine Stimme modulieren kann und alles zu verstehen scheint, was ich ihm sage.

In Burlington war Orients Leben sehr reglementiert. Er bekam zweimal am Tag Futter und machte viermal am Tag seine Geschäfte, wenn ich mit ihm rausging. In unseren ersten anderthalb Jahren kamen seine Pfoten nur mit Asphalt oder Teppichboden in Berührung, weil unser Leben sich in solchen Bereichen abspielte. Ich wußte, daß der Appalachian Trail eine größere Veränderung für ihn als für mich bedeuten würde.

Und so war es auch. Aber das galt auch für die Heimkehr. Orient brauchte mehrere Monate, um wieder zu lernen, was er während unserer langen Wanderung durch die Wildnis vergessen hatte. Da sein Training meine Aufgabe ist, übernehme ich die volle Verantwortung für seine Fehler, auch für die peinlichsten.

Er beschwerte sich nicht über das Leben in der Stadt, aber ich weiß, daß der Appalachian Trail ihn verändert hat, genauso wie er mich verändert hat. Orient lernte alles und alle auf dem A. T. lieben. Ich wünschte, ich könnte seine Gedanken lesen oder mich mit ihm darüber unterhalten, was er gelernt hatte.

Wir sind ein paarmal für kurze Wanderungen auf den Trail zurückgekehrt, und jedesmal spürte ich seine Aufregung. Sobald ich seinen Rucksack aus dem Schrank nehme, fängt er vor Vorfreude zu winseln an. Kaum hat er den Trail betreten, werden seine Schritte zu einem federnden Gang.

Ein Überblick über den Appalachian Trail

Der Appalachian Trail (AT) erstreckt sich über mehr als 3400 km durch 14 Staaten, vom mächtigen Massiv des Mt. Katahdin bis zum bewaldeten Springer Mountain in Georgia. Er durchquert acht Waldschutzgebiete, sechs Nationalparks und 60 Naturschutz- oder Wildgebiete einzelner Bundesstaaten. Fast zwei Drittel der amerikanischen Bevölkerung leben weniger als eine Tagesreise von diesem Wanderweg entfernt, der auf der ganzen Länge markiert ist.

Maine. Der AT zieht sich in Maine 450 km durch reine Wildnis abseits jeglicher Zivilisation. Man kann ihn hier, grob gesehen, in drei Abschnitte unterteilen. Der Ostabschnitt – das sind die 200 km vom Katahdin bis Monson – ist durch einzeln stehende Berge geprägt, die von großen und kleinen Seen, Bachtälern und herrlichen Wäldern umgeben sind. Die Strecke ist nicht schwierig, doch eins der einsamsten Stücke auf dem ganzen Trail.

Der zweite Abschnitt beginnt mit einem kurzen, steinigen Weg, gefolgt von einer Strecke, die zu den leichtesten Kilometern in Maine gehört. Der Abschnitt im Westen besteht aus steilen, bis zu 1500 Meter hohen Bergen, in denen es ständig auf und ab geht. Zu den Höhepunkten des AT in Maine gehören Kanufahrten und Schwimmgelegenheiten.

New Hampshire. Höhepunkt des AT in New Hampshire sind die herrlichen, wildzerklüfteten White Mountains. Ein Großteil des Weges verläuft oberhalb der Baumgrenze, und das Wetter kann sehr plötzlich umschlagen. Jederzeit ist Schnee möglich. Hier zu wandern, setzt kluge Planung voraus. Auch sollte man sich viel Zeit nehmen. Zwischen den White Mountains und dem Connecticut River überquert der Trail unebenes Gelände im Wechsel von Bergen und Tälern. Mt. Cube, Smarts Mountain, Moose Mountain und die Stadt Hanover sind Höhepunkte dieses Stücks.

Vermont. Westlich des Connecticut River auf die Grenze zu führt der Weg über hochgelegenes, steiniges Land mit verlassenen, verwilderten Feldern und schönen Wäldern. Vom Sherburne Pass südlich folgt der Trail 150 km dem berühmten »Long Trail« des Green Mountain Clubs: direkt auf dem Kamm der Green Mountains.

Massachusetts. Hier wandert man durch die Berkshire Hills – ein schönes Stück durch bewaldete Hügel und Täler, mit den herrlichen Gipfeln des Mt. Greylock und Mt. Everett am Horizont.

Connecticut. Die Route durch die Nordwestecke Connecticuts schlängelt sich durch die verwitterten Reste einer jetzt abgetragenen hohen Bergkette. Besonders malerisch sind das Housatonic River Valley im Osten und die Taconic Range im Westen.

New York und New Jersey. Von Connecticut bis zur Kittatinny Range in New Jersey ist der Trail weit weniger einsam als sonst: Von manchen Stellen aus sieht man die Skyline Manhattans! Der Harriman-Bear Mountain State Park, wo 1923 der erste Abschnitt des AT fertiggestellt wurde, zieht viele Besucher an. Dann kehrt der Weg der Zivilisation wieder den Rücken, führt über felsiges Gelände an der Kittatinny Range entlang und kreuzt den Delaware River am malerischen Delaware Water Gap National Recreation Area.

Pennsylvania. Der Weg folgt den Ausläufern der Ostkette der Alleghenies mit dem Susquehanna River im Westen. Etwa 15 km hinter dem Susquehanna durchquert er das Cumberland Valley und folgt den nördlichsten Ausläufern des Blue Ridge.

Maryland. Eine Strecke des AT von 60 km verläuft in Maryland am Grat des South Mountain entlang, einem nord-südlich verlaufenden Höhenzug, der sich von Pennsylvania bis zum Potomac River erstreckt. Für diesen Abschnitt sollte man sich gut und gern drei bis vier Tage reservieren. Überall bietet sich schöne Aussicht, und Anfahrten von nahegelegenen Städten und Straßen sind leicht möglich.

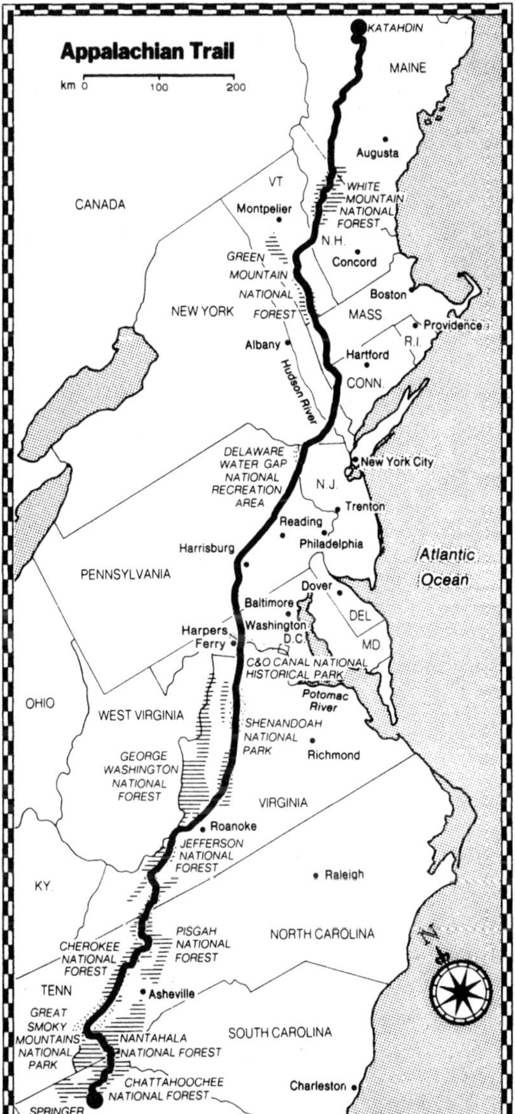
Appalachian Trail
km 0 100 200
KATAHDIN
MAINE
Augusta
WHITE MOUNTAIN NATIONAL FOREST
VT
CANADA
Montpelier
N.H.
GREEN MOUNTAIN NATIONAL FOREST
Concord
Boston
NEW YORK
MASS
Providence
Albany
R.I.
Hartford
Hudson River
CONN.
DELAWARE WATER GAP NATIONAL RECREATION AREA
New York City
N.J.
Trenton
Reading
Harrisburg
Philadelphia
Atlantic Ocean
PENNSYLVANIA
Dover
Baltimore
DEL
Washington D.C.
Harpers Ferry
MD
C&O CANAL NATIONAL HISTORICAL PARK
Potomac River
OHIO
WEST VIRGINIA
SHENANDOAH NATIONAL PARK
Richmond
GEORGE WASHINGTON NATIONAL FOREST
VIRGINIA
Roanoke
JEFFERSON NATIONAL FOREST
Raleigh
KY.
PISGAH NATIONAL FOREST
NORTH CAROLINA
CHEROKEE NATIONAL FOREST
TENN
Asheville
GREAT SMOKY MOUNTAINS NATIONAL PARK
NANTAHALA NATIONAL FOREST
SOUTH CAROLINA
CHATTAHOOCHEE NATIONAL FOREST
Charleston
SPRINGER MOUNTAIN
GEORGIA
N

West Virginia. Bei Harper's Ferry betritt der Wanderer auf einer Fußgängerbrücke über den Potomac den Boden West Virginias. Der Weg führt fast direkt am Hauptquartier des ATC vorbei, überquert den Shenandoah River, erklettert die Loudoun Heights und schneidet die Grenze zwischen West Virginia und Virginia 40 km weiter südlich.

Virginia. Ein Viertel des AT führt durch Virginia. Die 90 km im Norden liegen hauptsächlich auf einem Gebiet, das eigens für den AT angekauft wurde. Es folgt der Shenandoah Nationalpark mit 150 km ebenem, gut unterhaltenem Trailstück. Eine ganze Anzahl von Rundwanderwegen lädt zu lohnenden, ein-, zwei- oder dreitägigen Abstechern in die Umgegend ein. Die Nähe des benachbarten Skyline Drive ermöglicht Wanderern eine besonders leichte Anfahrt. Daher ist der Park an Wochenenden und im Sommer gut besucht.

Im Süden der Shenandoahs folgt der AT einer Route, die etwa parallel, aber doch in einiger Entfernung vom Blue Ridge Parkway verläuft. Nur zweimal auf den 110 km durch den Pedlar District des George Washington National Forest kreuzt er den Parkway. Im Glenwood District des Jefferson National Forest kommt das schon häufiger vor. Es ist ein Stück mit schönen, alten Waldbeständen, hohen Bergrücken und prachtvoller Wildnis. Der Trail wendet sich dann durch das Tal nach Westen und führt durch die New Castle-, Blacksburg-, Wythe- und Holstondistrikte des Jefferson National Forest. Diese Strecke in Südwestvirginia bietet großartige Wildnis. Überall im Gebiet des Mt. Rogers locken im Juni und Juli die Rhododendron- und Azaleenhecken mit ihrer Blütenpracht.

Tennessee–North Carolina. Von Damascus, Virginia, führt der Weg teilweise über Bergketten im Cherokee National Forest bis zur Staatsgrenze zwischen North Carolina und Tennessee. Hier liegt der Roan Mountain, bekannt für seine Rhododendronhänge und weite Panoramaaussicht. Weiter nach Süden zieht sich der AT an der Grenze entlang und durch den Pisgah National Forest. Der Wanderer betritt die majestätische Berglandschaft der Südappalachen.

Der Great Smoky Mountains Nationalpark, wo der Trail 110 km über Bergkämme führt, weist die höchsten Erhebungen des gesamten AT auf. Nach den Smokies erwartet den Wanderer das schwierige Gelände des Stecoah-Cheoah Mountain. Es folgt die großartige Nantahala-Strecke mit Schluchten bis zu 1300 Metern Tiefe und 1600 Meter hohen Gipfeln. Der reiche Baumwuchs und die herrlich blühenden Büsche machen diesen Abschnitt, zusammen mit eindrucksvollen Fernblicken, zu einem unvergeßlichen Erlebnis.

Georgia. In Georgia durchquert der AT den Chattahoochee National Forest mit seiner zerklüfteten Wildnis.

Kontaktadresse für Appalachian-Trail-Interessenten:
The Appalachian Trail Conference
P.O. Box 807
Harper's Ferry, West Virginia 25425
Tel. 001-304/535-6331
http://www.atconf.org